TEACH
Me
DESIRE

STEFF ANYE

Titre : Teach me desire
Auteur : Steff Anye

© Studio 5 Éditions
Dépôt copyright : Janvier 2023

Couverture : © Studio 5 Éditions
Création : Lana Graph
Mise en pages : © Tinkerbell Design
Crédit photos : Istock

ISBN : 9 782 492 631 658

Studio 5 Éditions
65 route de saint leu
95600 Eaubonne
IMMATRICULATION : 891 250 458

Studio5editions@gmail.com
www.studio5editions.com

Prologue

La chaleur de son souffle sur ma peau me fait frémir de désir. La pulpe de ses doigts et sa langue experte caressent les points les plus sensibles de mon anatomie. Ses baisers légers, telle une plume délicate sur mes lèvres, accélèrent le battement erratique de mon cœur. Il sait comment me faire frissonner, me faire gémir, m'exciter comme ce n'est pas permis. Depuis des mois que l'on se découvre, il a appris chaque parcelle de ma peau sur le bout des doigts. Il arrive toujours à me combler de ce plaisir devenu indispensable à ma vie. Tout comme cet homme qui m'électrise et me renverse. J'aime son corps sculpté dans le marbre, sa voix sensuelle qu'il s'évertue de camoufler dans un murmure, dressant systématiquement tous mes poils… Mais bien que je sois aujourd'hui la seule qui connaisse son visage, il ne sera jamais à moi. Les règles du club l'interdisent. Éros. Ce bel inconnu que j'ai appris à découvrir dans ce lieu privé, secret où seuls quelques initiés et privilégiés peuvent assouvir tous leurs désirs. Tout cela, dans le plus grand anonymat. Jusqu'à mon arrivée ici, personne n'avait jamais trouvé l'identité d'un des membres du club… Il fallait bien que ça arrive un jour, et c'est tombé sur moi. Le destin m'a joué un tour, mettant sur ma route celui dont je ne pourrais plus me passer et dont je suis obsédée.

Ce soir, il est temps que je lui dise la vérité, au risque de me brûler les ailes et de me déposséder de son emprise. Mais, avant, j'ai besoin, une dernière fois, de me fondre dans ses bras, car je sais qu'après la révélation, je le perdrai à tout jamais.

Chapitre 1

CHIARA

LE SUJET CROUSTILLANT

Deux mois plus tôt.

C'est le déluge dehors, je me précipite à l'intérieur du café où ma meilleure amie, Eva m'attend. Les gouttes ruissellent sur mon visage et mes vêtements me collent à la peau tant ils sont trempés. Je fourrage dans mes longs cheveux bruns pour les sécher plus rapidement. Je m'active pour quitter mon imper au plus vite, et me rapproche de la chaleur du radiateur situé juste à côté de la petite table qu'Eva a choisie.

— Salut ma belle. Excuse-moi pour le retard, mon rendez-vous s'est éternisé !

— Pas de souci, je viens d'arriver.

C'est le début de l'automne et la météo n'est déjà plus clémente depuis plusieurs jours. Nous commandons un thé pour nous réchauffer avec quelques douceurs pour l'accompagner et discutons, comme à notre habitude, de notre semaine passée. Ce petit rituel entre nous est devenu indispensable. On se raconte tout dans les moindres détails, le travail, les rencontres, les plans cul, enfin la vie quoi. Nos boulots respectifs nous prenant beaucoup de temps, ce moment est le seul que nous nous autorisons pour décompresser de ce quotidien que nous vivons à cent à l'heure.

— Alors ? Dis-moi un peu quel sera ton prochain article croustillant.

— Figure-toi que je sèche complètement ! Ma patronne veut que je trouve un sujet intéressant sur le thème du plaisir. Comment trouver un scoop qui n'a pas été traité des centaines de fois ? Tu vois, un truc qui sort de l'ordinaire et qui ferait fantasmer les gens.

— Balade-toi dans un sex-shop, ça regorge de tenues et de gadgets hallucinants pour se faire du bien !

— Non, je cherche autre chose, une autre façon de faire des rencontres et de s'octroyer des moments de pure jouissance.

— Un club libertin alors ! C'est bien un lieu de rencontre et de débauche, non ?

— Certes, mais ça a déjà été décortiqué dans de nombreux articles. J'ai besoin de trouver LE sujet croustillant si je veux une promotion.

En effet, depuis quelque temps, Shirley Davidson, patronne du plus grand journal féminin où j'ai la chance de travailler, cherche sa prochaine rédactrice en chef. Sa collaboratrice de toujours, part à la retraite très bientôt. Cela fait maintenant plus de deux ans que je bosse pour ce magazine, enchaînant les articles qui ont fait le succès de la rubrique dont je m'occupe. Je prends mon métier très à cœur et m'oblige à tester toutes les idées choisies par mes soins afin de retranscrire au mieux les découvertes et les sensations que les lectrices attendent toujours avec impatience. Mais à ce jour, nous sommes deux à pouvoir prétendre à ce poste que je convoite et je ne compte pas me laisser voler la place. Atteindre enfin le Saint Graal pour un journaliste, le poste de RÉDACTEUR EN CHEF ! Et pour en mettre plein la vue, j'ai besoin de trouver LE sujet qui pourra m'ériger vers ce but ultime.

Après m'être séchée et confiée à ma meilleure amie, je décide d'aller m'inspirer en naviguant sur internet, convaincue que les sexshops ne m'apporteront aucune idée lumineuse. Je dénicherais bien de quoi faire un bon article.

***

Depuis déjà une semaine, je fouine, discute avec des femmes pour essayer de comprendre et de trouver ce qui pourrait bien les stimuler. Mais je dois me rendre à l'évidence, rien ne m'inspire ! L'idée d'Eva n'est peut-être pas si terrible. Après tout, je n'ai plus rien à perdre. Je choisis alors d'arpenter la ville à visiter toutes les boutiques affriolantes pour enfin finir dans un sexshop. Cela fait des heures que je suis à la recherche d'un sujet croustillant, mais le magasin ne m'évoque aucune idée qui ferait chauffer les petites culottes de mes lectrices. Au moment où je décide de quitter les lieux, une conversation entre le gérant et un client m'interpelle. Je m'approche discrètement, faisant mine de regarder des tenues plus que sexy.

— On recherche de nouveaux membres pour le club, si jamais tu vois ou tu connais quelques personnes susceptibles d'être intéressées, n'hésite pas à leur donner ça.

L'homme lui tend de petites cartes noires, brillantes qui éveillent davantage ma curiosité. J'attends qu'il parte pour en savoir plus sur ce mystérieux endroit, en priant pour que ce ne soit pas un de ces nombreux clubs libertins aux mêmes codes. Le gérant m'ayant repérée, s'avance vers moi et me demande si j'ai besoin d'un conseil. Je profite de cette occasion pour le questionner sur ce fameux lieu en usant de mes charmes pour qu'il veuille bien me lâcher le plus d'informations possible et pour qu'il me fasse confiance. D'abord surpris par mon intérêt, il finit par me dévoiler tous les secrets entourant ce mystère étant à la recherche d'autres membres ! Et là, c'est la révélation ! Je tiens mon sujet, et l'un des plus croustillants que je n'aurais jamais expérimentés. Il m'amène vers l'arrière de la boutique pour plus de discrétion et commence à m'expliquer les règles, les conditions, les codes de ce club d'un nouveau genre. Cet endroit atypique et énigmatique est ouvert uniquement à des personnes parrainées par des membres actifs et VIP. L'anonymat est obligatoire et de rigueur. Tous les adeptes doivent cacher leur identité et leur visage à l'aide d'accessoires et de masques en tout genre et respecter un dress code. Sa description attise mon intérêt, notamment quand il aborde la partie la plus intéressante, qui, malgré les apparences, n'a rien avoir avec un club libertin ordinaire. Il me dévoile la présence de quatre personnages emblématiques, au nom de divinités, qui donnent du plaisir et initient ceux qui le souhaitent. Chaque dieu a des envies sexuelles particulières. Deux hommes et deux femmes, chacun étant un dominant ou un soumis pratiquant le BDSM plus ou moins soft selon les désirs des membres. Ces dieux sont si convoités qu'il faut prendre un rendez-vous pour obtenir leurs faveurs. Le gérant me décrit avec précision leur aptitude à vous rendre accro et faire passer n'importe quel amant pour un vulgaire puceau. Ce qui a le don d'éveiller ma libido. C'est justement la présence de ces personnalités qui font de ce club une innovation. Les libertins choisissent la divinité avec laquelle ils souhaitent s'amuser en fonction de leur pratique. Pris dans ces explications qui l'animent, il se dirige vers son bureau et m'invite à m'asseoir en face de lui. Il poursuit alors sa description :

— Je vous rassure, en dehors de ces quatre VIP, vous pouvez faire votre propre expérience avec les autres membres. La seule et unique règle à respecter, c'est de ne jamais apprendre l'identité des divinités ni même de ceux qui fréquentent ce lieu sous peine d'exclusion.

— Et comment s'appelle ce club si incroyable ?

— Le Sanctuaire, ma chère.

Il me tend alors la petite carte noire que j'ai aperçue tout à l'heure :

— Ceci est le précieux sésame qui vous permettra d'entrer. Mais avant d'être acceptée définitivement et d'obtenir la carte magnétique qui vous ouvrira les portes, il faut passer un test pour savoir si vous êtes digne du Sanctuaire. Je ne peux pas vous en dire plus sur ce rituel d'entrée, il faut bien garder une part de mystère. C'est ce qui rend les choses plus excitantes et palpitantes, vous ne croyez pas ?

Je me sens subitement gênée et déstabilisée. Il continue, un sourire mutin greffé sur le visage :

— Si vous êtes intéressée, voici l'adresse et la date du prochain recrutement.

Il griffonne les coordonnées sur un bout de papier qu'il me tend.

— Soyez ponctuelle, sexy et masquée. Ensuite, rendez-vous devant une porte rouge située à l'arrière du bâtiment. Mais avant ça, il faut vous trouver un nom d'emprunt, celui qui ne vous quittera plus au Sanctuaire pour préserver votre anonymat. Alors ? Quel nom dois-je donner ? lance-t-il, sûr que j'accepte sa proposition.

— Vous me prenez de court là ! Je ne sais pas, moi. Quel nom porte-t-on dans ce genre d'endroit ?

— C'est votre peau qui m'a interpellé. Elle parait si douce, sans imperfection, le nom de Satine me vient à l'esprit.

Le rouge me monte aux joues lorsque ses yeux d'un bleu translucide me déshabillent littéralement. Cet homme a un certain charme qui ne me laisse pas insensible. Je suis plutôt ouverte aux nouvelles expériences, et celle-ci m'excite déjà beaucoup. Bien entendu, mon but premier est de m'infiltrer dans ce lieu secret pour faire un article du feu de dieu. C'est l'ambition qui m'anime, mais je dois dire que ma nature joueuse ne demande qu'à en profiter.

— Ok pour Satine ! J'y serai, comptez sur moi.

— J'espère avoir un jour la possibilité de vous y côtoyer. Si jamais, ne donnez sous aucun prétexte votre véritable nom, mais celui du club, Satine. Moi, c'est Devil. Je suis plutôt adepte de la domination et des pratiques SM. Mais face à Éros, je ne fais pas le poids.

Ces fameuses divinités m'intriguent. Quels genres de plaisir peuvent-ils vous procurer pour que leurs performances soient considérées comme les meilleures ? Je pense qu'il n'y a pas seulement la pratique qui rentre en ligne de compte, mais la connexion avec son partenaire. S'il n'y a pas cette alchimie, peu importe les méthodes, je sais que je ne côtoierai pas le septième ciel. De ce fait, la curiosité est plus forte que tout. J'ai besoin de savoir. Mais pour cela, il va falloir se faire une place auprès de ces Dieux tant convoités. Et étant novice dans le libertinage et nouvelle dans ce club, je ne suis pas sûre de tester leurs performances avant longtemps. Le problème, c'est que du temps, je n'en ai pas pour rendre mon article. Et le sujet n'est pas le Sanctuaire en lui-même, mais la présence de ces VIP capables de vous donner un plaisir sans précédent. Mes lectrices vont adorer. Avant toute chose, je dois absolument être admise en tant que membre permanent et j'ignore à quelle sauce je vais être mangée.

— Vous savez, ce sera une grande première pour moi. Je ne peux pas venir en votre compagnie afin que vous puissiez m'expliquer le concept et que vous me fassiez visiter les lieux ?

— Ç'aurait été avec plaisir, mais un employé du Sanctuaire se chargera de la visite ainsi que des règles. Il répondra à toutes vos questions. Ce sont leur façon de procéder et je n'ai pas le droit d'intervenir dans le

14

processus de recrutement. Je propose votre parrainage, ensuite, c'est à eux d'approuver ou non.

— Et qui est le propriétaire de ce club ?

— Un mystère, comme tous ceux qui le fréquentent.

— Pourquoi autant de secrets autour de ce lieu ? J'espère que rien d'illégal ne se trame derrière ces murs !

Soudain, j'ai un doute. Ce bâtiment pourrait être une façade pour mieux cacher des pratiques ou des affaires clandestines. Prostitution, trafics en tout genre ou je ne sais quoi d'autre. Comme s'il voyait la peur et l'incertitude m'assaillir, Devil s'empresse de me rassurer :

— Holà doucement ma belle ! Ça fait deux ans déjà que je fréquente le sanctuaire et je peux vous assurer que rien n'est fait sans votre consentement, Ok ? C'est un lieu de plaisir uniquement. Personne ne vous contraint ni vous oblige à faire quoi que ce soit. Le respect est primordial sous peine d'être exclu. Aucun homme ne vous fera pression. Il est interdit d'avoir une attitude insistante ou indélicate. Tout est possible, mais rien n'est imposé. Le libertinage est avant tout basé sur la tolérance, l'ouverture d'esprit et le libre arbitre. C'est à vous de décider, de façon sereine, du choix de votre soirée. Mais l'équipe du sanctuaire saura vous expliquer tout ça mieux que moi.

— Je trouve que vous vous débrouillez plutôt bien pour rassurer. Ils devraient vous embaucher pour leur communication.

Il me sourit du coin des lèvres et s'avance vers moi. Il me tend alors la précieuse carte noire, la clé pour entrer dans ce lieu atypique, enivrant, capable d'embraser les esprits les plus sages.

— Maintenant, c'est à vous de jouer. J'appelle le staff et leur donne votre nom ainsi que le mien pour votre parrainage. Vous n'avez plus qu'à vous laisser porter par tous vos désirs et bien plus encore. Le recrutement des nouveaux membres se passe dans quatre jours, ça vous laisse le temps de digérer toutes ces informations.

Ses mains frôlent avec légèreté mon bras et ses mots se perdent dans un souffle, électrisant la peau de mon cou. J'ai soudain très chaud.

— Merci Devil. À bientôt alors.

Je me retourne et sors de la petite boutique, le cœur battant. La peur, l'excitation et la curiosité s'emparent de tout mon être. Une nouvelle expérience s'offre à moi et peut-être même l'opportunité d'accéder au job tant convoité, mais ce n'est pas sans risque. J'ai quatre jours pour me préparer psychologiquement avant de me jeter dans cette aventure.

Chapitre 2

(Madonna Vs Sickick – Frozen remix)

CHIARA

L'IMMERSION

Je finis de déposer le rouge carmin sur mes lèvres pulpeuses, redessinant leur contour avec soin. Le goupillon de mon mascara déploie mes longs cils dans un volume extrême. C'est l'atout glamour pour un regard de biche et pour souligner la couleur jade de mes iris. J'attache mes cheveux dans un chignon flou, laissant quelques mèches s'échapper autour de mon visage. Je déroule les bas le long de mes jambes et les crochète à mon porte-jarretelle. Un joli soutien-gorge à balconnets pigeonnants met en valeur ma poitrine déjà bien volumineuse. Un tanga de la même couleur aux broderies séduisantes valorise mes fesses rebondies et musclées, la partie de mon anatomie que je préfère. J'ai toujours pris soin de mon corps en réservant plusieurs heures de sport par semaine pour entretenir la forme et façonner mes courbes. J'ai besoin de me défouler et de ressentir ce bien-être après une séance intense et éprouvante à transpirer. Je fais de la course à pied, utilise dès que je le peux le vélo pour mes déplacements et fréquente une salle de training pour travailler davantage mon cardio. La pratique du yoga me permet d'acquérir une certaine souplesse et un renforcement musculaire. Après de longues heures à hésiter entre plusieurs tenues, j'ai opté pour une robe noire moulante au décolleté indécent et laissant apercevoir mon porte-jarretelles quand je m'assois. J'ai réussi à dénicher un magnifique loup en filigrane serti de paillettes qui met en valeur mon regard. Il recouvre entièrement le haut de mon visage, comme ça, on ne voit que ma bouche et mon menton. À la base, j'ai pensé mettre une perruque, mais finalement, quelques fausses mèches argentées sur mes cheveux feront l'affaire pour m'enfoncer encore plus dans l'anonymat. Mes escarpins noirs, brillants, aux talons vertigineux et à la fameuse semelle rouge finissent d'affiner l'attirail de la parfaite petite libertine. Un dernier coup d'œil à mon miroir pour admirer une inconnue. À mon grand étonnement, je me sens très sexy et ne me reconnais pas moi-même. Merde, si ma famille savait… J'ai un peu honte de moi, mais un journaliste digne de ce nom doit savoir aller sur le terrain. Non ? Malgré mes hésitations, je suis enfin prête à entrer dans cet univers qui n'a pas quitté mon esprit depuis plusieurs jours. Bien entendu, Eva a été informée de ma découverte. Elle a été aussi excitée que moi par cette expérience atypique et mystérieuse, impatiente que je lui dévoile tous les secrets qui entourent ce lieu de plaisir. Mais mon objectif principal reste celui d'approcher ces divinités. On verra bien comment se passera cette première immersion, même si je stresse et que j'appréhende à mort.

***

Fébrile, le cœur au bord de l'explosion, j'arrive devant une ancienne bâtisse aux murs de pierres. Comme Devil me l'a indiqué, je fais le tour de la demeure et aperçois au loin, cette fameuse porte rouge où je dois me rendre pour ma première entrée. Je saisis mon précieux sésame que je presse avec fébrilité entre mes doigts. Arrivée devant le seul accès au Sanctuaire, j'appuie de mon index tremblant sur la petite sonnette située à ma droite contre le mur. Ce court laps de temps est terrible, j'aimerais fuir comme une gazelle chassée par un lion, je me demande ce que je fais là, mon sang pulse si fort dans mes tempes que je peux sentir mon rythme cardiaque dans mon crâne. La porte s'ouvre sur un homme en costard d'une élégance rare, portant un masque recouvrant son visage dans son intégralité. Cette apparition surréaliste me fait frissonner. Je sens mes jambes flageoler, ma gorge se serrer et une boule au ventre me comprimer l'estomac. À deux doigts de rendre mon diner, je respire un grand coup et donne l'illusion à mon hôte dans un sourire forcé. *Mais putain, dans quoi vais-je mettre les pieds ?*

— Bonsoir mademoiselle, veuillez me donner votre carte ainsi que votre nom.

Sa voix est agréable et rassurante, malgré son apparence impressionnante, ce qui a le don de faire baisser la pression. Je lui tends ma carte et lui souffle timidement mon pseudo.

— Satine… Je viens de la part de Devil.

— Je sais. Bienvenue au Sanctuaire, Satine. Veuillez me suivre.

Après avoir scanné mon pass et vérifié sur son téléphone les informations requises, concernant le parrainage pour entrer dans le royaume des plaisirs, je m'engouffre dans un couloir sombre.

Je le suis vers un coin salon situé dans une alcôve. L'endroit est tamisé, seuls des néons rouges éclairent les lieux donnant une atmosphère propice à l'érotisme et à la sensualité.

— Je vous en prie, vous pouvez vous asseoir.

Il me montre un petit canapé couleur carmin sur lequel je m'installe et me tend une coupe de champagne. En se plaçant face à moi, il commence à m'expliquer les règles de l'établissement. Devil m'a auparavant très bien renseignée et l'homme masqué à mes côtés ne m'apprend rien de plus de ce que je sais déjà. Il me rassure :

— Vous savez, rien n'est obligatoire. Pour cette première fois, vous pouvez tout simplement regarder, vous familiariser avec tout ce qui vous entoure et vous laisser aller aux nombreux plaisirs accessibles.

Posant ses coudes sur ses cuisses, il s'approche de moi, si près que je peux sentir son souffle sur ma peau. Sans aucune retenue, il me scrute avec intérêt. Le mouvement de sa tête qui suit les courbes de mon corps ne laisse plus place au doute.

— Magnifique tenue. Vous avez parfaitement compris le dress code de ce lieu. Vous êtes renversante et je parie que vous allez attirer tous les regards. Les Dieux vont être ravis.

— Vous avez dit les Dieux ? Je vais les rencontrer dès ce soir ?

— C'est eux qui décident et qui choisissent les nouveaux membres. Les parrains suggèrent, mais seuls les Dieux vous donnent ou non l'accès aux portes du paradis. Tout le monde ici a eu le privilège de goûter au plaisir avec eux.

Choquée, je dois me retenir de me décrocher la mâchoire. Je vais pouvoir les croiser dès maintenant. L'excitation et la peur me gagnent. Cette unique soirée pourra-t-elle suffire pour écrire mon article ? Je dois tout miser sur celle-ci, au cas où je ne puisse plus y mettre les pieds. La pression est telle que je ne sais pas comment me comporter. On ne peut pas dire que je sois novice en matière de sexe, je suis même plutôt ouverte à la nouveauté, loin d'être coincée du cul. Mais là, je dois avouer que je manifeste une certaine appréhension sur ce que je vais devoir faire pour entrer dans les bonnes grâces de ces dieux de la luxure.

— Avez-vous d'autres questions ?

— Non, je crois que tout est clair. Merci pour l'accueil.

— Ce fut un plaisir de vous rencontrer Satine. J'espère vous revoir très bientôt. À présent, veuillez me suivre, je vais vous amener au cœur de l'action. Un coin VIP vous a été réservé. Restez-y au moins la première demi-heure pour vous familiariser avec l'ambiance. Après, vous pourrez danser et visiter les lieux comme bon vous semble. Soyez attentive à ceux qui vous entourent, car seuls les Dieux ont le pouvoir de décider de votre avenir ici.

Nous nous levons et nous dirigeons vers une porte menant droit vers un monde inconnu. Mon cœur bat à cent à l'heure, mes mains sont moites, mon sang pulse dans mes tempes au rythme de la musique que je perçois de plus en plus forte.

— Le Sanctuaire est un lieu d'exception de l'époque napoléonienne considéré comme l'un des plus beaux clubs libertins où flirtent charme et raffinement. Je vous laisse le voir par vous-même.

Il ouvre alors les portes devant moi et j'aperçois, avec étonnement, des caves en clé de voûte. Mon hôte poursuit sa visite.

— L'attrait baroque des salons et l'accueil chaleureux sont à votre disposition pour découvrir cet antre du plaisir. Le Sanctuaire est un club libertin de nouvelle génération où la sensualité et la convivialité sont mises en valeur. Tout est fait pour que vous passiez une soirée sans aucune contrainte, afin que vous puissiez pleinement profiter de votre moment de détente.

Je suis submergée par la chaleur étouffante de cette salle dans laquelle des corps s'entremêlent et s'attisent sous des regards emplis de désir. La musique lascive et l'atmosphère chargée d'érotisme font dresser tous les poils de mon épiderme. Je me sens oppressée, chancelante et bizarrement, un brin excitée. La vision de l'orgie qui se déroule sous mes yeux me met dans un état second. Je commence à ressentir des picotements au creux du ventre et des pulsations entre mes cuisses. Nous traversons la piste de danse pour accéder au salon privé. Les effleurements et les regards insistants des danseurs à mon passage m'électrisent. Arrivée devant un canapé rouge en velours, je m'empresse de m'asseoir pour reprendre ma respiration. C'est comme si j'étais en apnée pendant tout le temps de la traversée de cette salle. Mon guide se penche à mon oreille.

— Profitez bien de cette soirée, Satine. Une bouteille de mousseux va vous être servie. Cadeau de la maison pour vous souhaiter la bienvenue. Bonne soirée et à très bientôt, j'espère.

Il me saisit la main et, malgré son masque, simule un baisemain pour me saluer. Le rouge me monte aux joues. D'un geste de la tête, je salue les nouveaux venus et vide quelques coupes pour me sentir plus à l'aise. L'effet des petites bulles commence à me détendre et le rythme de la musique à me démanger. Au bout d'une bonne demi-heure à reluquer les personnes qui m'entourent et à boire, je décide de me lancer sur la piste de danse, l'appel de la mélodie étant plus fort que tout. Après tout, ça me permettra peut-être de me relaxer un peu et de me laisser aller. J'ondule en harmonie avec le tempo. Je ferme les yeux et me laisse emporter par cette ambiance sensuelle en caressant mon corps. Mes bras remontent de façon lascive mes cuisses, ma taille, ma poitrine puis se lèvent au-dessus de ma tête. Des perles de sueur glissent le long de mon cou pour se nicher dans mon décolleté. Mais la bulle dans laquelle je suis enfermée éclate quand je sens des mains m'attraper les hanches et un torse puissant presser mon dos. Une odeur musquée, enivrante me saisit les narines et la chaleur de ce corps m'électrise. Le souffle chaud de sa bouche caresse ma peau et quand sa voix rauque, suave me murmure à l'oreille ces quelques mots, je perds définitivement pied.

— Votre corps est un appel aux péchés, vous allez me tuer sur place si vous ne cessez pas tout de suite cette danse indécente, à moins que vous ne m'autorisiez à vous rejoindre dans ce corps à corps des plus excitants.

Chapitre 3

(Trey Songz – Na na)

CHIARA

LA RENCONTRE

Ma peau s'embrase à son contact. Son corps moule parfaitement le mien et entame les mêmes ondulations au rythme de la musique. C'est si intense, si électrisant, si excitant. Je ne pensais pas me lâcher avec autant de facilité face à cet inconnu. Avec ses assauts langoureux très érotiques, il est capable de me mettre en transe. Ses mains caressent les courbes de mon anatomie avec délicatesse, tel un effleurement galvanisant la peau de mes bras nus. Je sens son érection se presser contre mes fesses. Chacun de ses frottements me procure une vague de chaleur, enflammant tout sur son passage. Je n'ai qu'une envie, qu'il vienne éteindre ce feu en moi qui ne cesse de me consumer. Ma respiration se fait plus rapide, mon palpitant a perdu le rythme et moi, je m'engouffre dans un tourbillon de sensations inavouables. *Putain, Chiara, qu'est-ce que tu fous...* Dans un mouvement lent, je me retourne pour faire face à cet homme mystérieux que je n'ai toujours pas vu. La vision de cet apollon me scotche sur place. Il doit mesurer pas moins d'un mètre quatre-vingt-dix. Un loup noir souligne un regard intense et empli de désir. Je découvre une bouche aux lèvres pulpeuses ne demandant qu'à être goûtée. Vêtu d'une chemise noire en satin, ouverte sur sa presque totalité, elle laisse entrevoir un torse imberbe magnifiquement sculpté. Un pantalon de la même couleur moule à merveille ses formes généreuses, que ce soient ses fesses qui semblent bien fermes ou la bosse proéminente qui laisse deviner son érection. Il me saisit par la taille et me ramène tout contre lui, pressant mon bas ventre sur son excitation. Son visage s'engouffre dans mon cou où il inhale mon odeur comme s'il sniffait un rail de coke. Quand le bout de sa langue lèche ma carotide, des frissons se propagent sur mon épiderme. Je me déconnecte de tout ce qui nous entoure et me retrouve propulsée dans une bulle de plaisir et de volupté avec cet inconnu à l'aura magnétique, capable de vous désinhiber d'un claquement de doigt. Son corps à corps sensuel, son toucher hypnotique, les effluves de son parfum désorientent tous mes sens. Comme possédée, je me plie à tous ses assauts et m'abandonne à sa bouche qui se faufile le long de ma gorge, aspirant le lobe de mon oreille pour redescendre jusqu'à la clavicule. Ses mains glissent le long de mon dos, puis s'arrêtent au creux de mes reins. Il en profite pour me rapprocher encore plus près de lui, comme s'il était possible de fusionner davantage. Ma poitrine est désormais comprimée contre ses pectoraux bien fermes et son sexe dur se frotte de façon indécente contre mon pubis. Sa voix rauque n'est plus qu'un murmure, ce qui finit de me faire complètement chavirer.

— Si tu savais comme j'ai envie de toi. Tu sens comme tu m'excites ? Suis-moi ou je te fais l'amour, là, maintenant au milieu de la foule.

Soudain, la peur me saisit. Comment puis-je me laisser aller avec autant de facilité ? Ce n'est pas dans mes habitudes et tout me semble aller trop vite. À peine ai-je le temps de me poser davantage de questions, qu'il m'attrape la main et m'entraîne en dehors de la piste de danse. Nous traversons un long corridor plongé dans la pénombre et pénétrons dans un couloir menant devant quatre portes. Je distingue un nom sur chacune d'entre elles. Mais mon mystérieux inconnu ne me laisse pas le temps de lire les inscriptions et s'arrête devant l'une d'elles qu'il s'empresse d'ouvrir avec une clé pour m'attirer ensuite à l'intérieur. Je commence à paniquer. Si je reste loin des autres, je ne vais pas pouvoir apercevoir les Dieux et encore moins les convaincre de me garder parmi les membres permanents. Je commence à reculer, prête à m'enfuir, mais il semble avoir lu dans mes pensées et se précipite sur moi, me plaquant contre la porte. Ses mains sont posées de chaque côté de mon visage, sans parler de son corps viril et puissant qui m'écrase littéralement. Son souffle chaud contre ma joue est aussi saccadé que le rythme de mon cœur.

— Où comptes-tu aller comme ça ? Je croyais que tu avais l'air d'en avoir autant envie que moi. Me suis-je trompé ?

Sa voix est comme une caresse sur ma peau frissonnante. Je déglutis avec pénibilité et tente de reprendre mes esprits en lui expliquant tant bien que mal mon désarroi face à cette situation.

— C'est juste que c'est la première fois que je mets les pieds dans ce club… Et si je reste ici, je ne pourrai pas rencontrer les Dieux qui sont censés décider de mon avenir entre ces murs.

C'est un mensonge teinté de vérité. La vraie raison, c'est que je ne suis pas censée me laisser aller. Je suis en mission secrète. Je dois garder les pieds sur terre et de toute évidence, ce mec pourrait très bien me faire perdre le fil de ma présence ici.

— Ne t'inquiète pas pour ça, je suis sûr qu'ils t'ont déjà remarqué. Ça ne peut pas en être autrement. Tu es si sexy, si envoûtante, si désirable.

À chaque mot qu'il prononce, son visage se rapproche de plus en plus du mien. Sa bouche est à présent à quelques millimètres de la mienne. J'humecte mes lèvres asséchées par ce déferlement de sensations et de désir intense. Ce geste, pourtant anodin, suffit visiblement à le faire craquer. Sa bouche pulpeuse s'écrase sur la mienne avec passion. Je le repousse.

— Non, attends…

Ton article, Chiara, ton article…

— Impossible, j'ai déjà trop attendu.

Le divin tentateur revient à la charge, m'achevant en effleurant mes lèvres des siennes. L'envie et l'alcool mélangés ont raison de moi. J'ouvre alors le passage pour laisser sa langue s'introduire et me goûter. Il l'enroule autour de la mienne et poursuit ses assauts langoureux en me dévorant, me mordillant et me cajolant avec délectation. Ce qui a le don de me procurer un plaisir intense et insensé. Jamais je n'avais ressenti ça avec un seul baiser. Je gémis naturellement, enroule mes bras autour de son cou pour approfondir cet échange surréaliste. Mes doigts fourragent dans ses cheveux plus longs sur le dessus. Ils sont doux et épais. Il nous amène, en me soulevant par les fesses, sur le lit qui trône au milieu de la pièce et m'allonge délicatement sur le matelas king size. *Et merde… Bon, qu'est-ce que je risque à en profiter un peu ? Si j'étais chargée d'écrire un article sur un restaurant étoilé, n'aurais-je pas le droit de goûter à ses plats ?*

Dressé devant moi, l'étalon commence à déboutonner avec lenteur les derniers boutons de sa chemise qu'il fait glisser sur ses épaules. Un magnifique corps musclé se révèle alors à mes yeux. Sa peau hâlée et ruisselante ne demande qu'à être touchée. Je salive devant ce spectacle et cet homme presque irréel, aux formes parfaites. Je me redresse sur les coudes pour ne pas en louper une miette, alors qu'il continue de se déshabiller avec sensualité tout en faisant voler dans la pièce son pantalon. Seul un boxer recouvre ce corps d'Apollon. Il s'approche de moi et se met à genoux sur le lit pour me saisir les jambes qu'il écarte avec délicatesse. Puis, il effleure la peau de mes cuisses du bout des doigts en remontant vers mon tanga. Il soulève alors ma robe et m'aide à la retirer. Tout en se reculant, il continue de me déshabiller du regard, en passant sa langue sur sa lèvre inférieure, comme s'il allait me dévorer. Mon entrejambe palpite d'un désir intense à tel point que je sens mes sucs se déverser dans ma dentelle. Il se dirige vers une petite enceinte et met une musique sensuelle en fond sonore. Je n'ai qu'une envie, lui appartenir entièrement. Aucun homme n'avait réussi à éveiller ma libido à ce point. Je suis en transe et me sens prête à succomber à tous ses fantasmes, comme connectée à ses désirs. Il transpire le sexe et j'adore ça ! Tel un prédateur en chasse, mon inconnu s'avance vers moi en mettant en mouvement sa musculature impressionnante. Ma gorge est sèche, l'attente est un supplice. J'ai besoin qu'il me touche, qu'il me délivre de ce feu ardent qui ne cesse de me consumer.

— Magnifique… Parfaite… susurre-t-il de sa voix suave.

Son regard empli d'ardeur et d'envie me liquéfie sur place. Je ne me suis jamais sentie aussi désirée, belle et sexy. Il a ce pouvoir de faire céder toutes les barrières qui m'empêcheraient de faire des folies de mon corps. En s'allongeant sur moi, il commence à effleurer mes lèvres avec de légers baisers, puis il attrape l'une d'elles entre ses dents, déclenchant une onde de frissons. Sa langue vient les étreindre pour s'enfoncer au fond de ma bouche et s'enrouler autour de la mienne. Ses mains descendent sur ma poitrine et commencent à me malaxer les seins avec ferveur. Sa bouche glisse à la commissure des miennes puis longe le contour de ma mâchoire. Ses baisers humides marquent ma peau du cou, de mon décolleté et de ma poitrine. En glissant les bretelles de mon soutien-gorge, il libère mon sein. Sa langue titille mon téton dressé d'excitation. Je ne peux plus contenir mes gémissements ni les mouvements de mon corps qui l'incitent à continuer son exploration. Il relève alors la tête vers moi et son sourire en coin finit de me faire craquer pour cet homme si sexy. À cet instant, j'aimerais tant voir son visage, ses yeux malheureusement cachés par ce masque et la pénombre des lieux. Il dégrafe mon balconnet à dentelle et adule ma voluptueuse poitrine de sa bouche, de sa langue, de ses dents et de ses mains. Pas un seul centimètre de ma peau n'est épargné. En continuant sa progression sur mon ventre, il prend le temps de jouer avec le creux de mon nombril et glisse ses doigts sous l'élastique de mon tanga qu'il retire en déposant des baisers sur le chemin que prend ma petite culotte. *Putain, je vais vraiment coucher avec cet inconnu ?* Il embrasse mon pubis, puis l'intérieur de mes cuisses jusqu'à mes genoux et finit en vénérant mes pieds toujours dans leurs escarpins. Il soulève ma jambe et la dépose sur son épaule, écartant mes cuisses. Mon intimité exposée, ruisselante de désir pour lui, palpite sous son regard brûlant. Son souffle chaud effleure mon clitoris gonflé de désir. Oh, mon dieu. Trop tard. Je ne peux plus faire marche arrière. Sa langue vient laper ce bouton prêt à exploser, puis pénètre ma fente. Mon apollon aspire ma vulve, lèche ma cyprine en s'en délectant. Mes jambes reposent désormais sur ses épaules, sa tête enfouie au creux de mon plaisir, ses doigts pinçant mes tétons et moi, déjà au bord de l'orgasme. Mon corps entier sursaute sous cette vague de désir qui déferle en moi. Je gémis si fort que ma voix résonne dans toute la pièce. Bien décidé à ne pas me laisser une seule seconde de répit, il me pénètre de deux doigts et continue de déclencher des orgasmes à la chaîne. Mon corps ne me répond plus et se laisse aller dans les limbes de la luxure et des sensations intenses. Après l'effet de l'ivresse orgasmique estompé, je n'ai plus qu'une envie, qu'il me remplisse de sa queue raide et humide. Comme s'il avait entendu mes pensées, il se saisit d'une capote et déroule avec lenteur le morceau de latex le long de son sexe bandé en faisant quelques va-et-vient avec sa main pour m'exciter davantage. Il s'allonge à mes côtés et me demande avec une petite pointe d'autorité :

— Maintenant, viens empaler ta petite chatte ruisselante sur ma bite et montre-moi si tu te déhanches aussi bien dans un lit que sur une piste de danse.

Ses paroles crues et son ton directif affolent tous mes sens. Je me mets à califourchon sur lui, empoigne sa verge et la glisse à l'entrée de mon intimité. Ses mains sur mes hanches, j'enfonce son membre au plus profond de mon vagin avec des coups puissants qui me font gémir. Il m'accompagne dans mes gestes et remonte sur ma poitrine pour malaxer mes tétons. Le frottement de mon clitoris sur son pubis m'embrase et une fois de plus la jouissance me submerge. Je suis à peine remise, qu'il me bascule sur le côté et m'incite à me mettre à quatre pattes sur le lit. Je m'exécute sans broncher, me laissant porter par cet homme qui ne me fait plus quitter le septième ciel. C'est un véritable dieu vivant du sexe, c'est une certitude. Et si les Dieux du club ne sont pas accessibles, je me contenterai des performances démentielles de mon amant du soir. Mon cul tendu vers lui, exposant ma fente luisante, je me cambre davantage, prête à l'accueillir. Mais il me surprend une fois de plus en titillant de sa langue mon clitoris en ébullition, la tournoyant autour de mon centre nerveux, le suçotant jusqu'à l'extase ultime. Juste avant que la petite mort ne m'anéantisse de nouveau, il s'arrête, puis me pénètre violemment en accélérant ses coups de boutoir. Il me caresse avec délicatesse les fesses puis me les claque de sa paume. Déjà au bord du nirvana, une vague sans précédent me terrasse pour la quatrième fois consécutive. Ses râles et ses coups de plus en plus rapides me plongent dans un état de pur délice, presque irréel. Comment retrouver une vie sexuelle normale après ça ? N'importe quel homme va paraître fade face à cet apollon capable de vous donner des orgasmes sans limites. Après un dernier coup, il finit par lâcher sa semence dans un gémissement sensuel. Son torse trempé se colle à mon dos, son souffle erratique dans mon cou fait palpiter mon cœur et dans un dernier élan me susurre à l'oreille :

— Content de voir que les fessées t'excitent autant que mes coups de langue. Tu as été parfaite.

Il se retire lentement, et c'est une vraie torture. Une sensation de vide me saisit tandis que le froid s'immisce instantanément. Intérieurement, un sentiment de honte me submerge, sans parler de l'impression d'être faible, de ne pas avoir su me contrôler.

Je tente de reprendre mes esprits et recherche mes vêtements disséminés un peu partout dans la chambre. Lui se relève et se dirige vers un minibar dans lequel il attrape une petite bouteille d'eau qu'il vide d'une traite. Il se retourne vers moi et me demande si j'en veux une. Je décline son offre et me prépare à sortir d'ici au plus vite. Après cet interlude des plus incroyables, le retour à la réalité est brusque et la sensation de honte ne me quitte pas. *Non mais sérieux ?! Qu'est-ce que j'ai fait ?!* Ce n'était pas moi, je ne me suis pas reconnue face à cet homme qui m'a dévergondée comme jamais. Il a fait de moi une nymphomane en un claquement de doigts. Sentant mon malaise soudain, il se rapproche toujours avec cette même prestance qui me subjugue et me pose quelques questions :

— Comment dois-je t'appeler ?

— Satine.

— Alors, je te souhaite la bienvenue au Sanctuaire, Satine. Tu fais désormais partie des membres privilégiés de ce club. J'espère te revoir très bientôt pour continuer ton initiation, si tu le désires, bien entendu.

Il me raccompagne à la porte et je reste là, interloquée par ce qu'il vient de me dire. Pourquoi pense-t-il que je fais partie des membres permanents du club ? Je n'ai toujours pas rencontré ceux qui sont censés me donner ce pass.

— N'hésite pas à visiter les lieux et à continuer à prendre du plaisir dans les nombreux salons du Sanctuaire.

— Attends ! Je peux connaître ton nom moi aussi ?

— Tu pourras le lire sur la porte. Bonne soirée, Satine.

Il referme derrière moi et je découvre avec stupéfaction le nom d'Éros gravé sur le battant.

Oh putain ! Je viens de baiser avec le dieu du sexe en personne. Je comprends mieux tout ce qu'on peut dire sur eux et l'addictivité qu'ils peuvent procurer. Jamais je n'ai pris autant de plaisir dans ma vie sexuelle et jamais, je ne me suis laissé aller aussi facilement avec un inconnu. Cet endroit de tous les fantasmes est diabolique. Capable de déchaîner des émotions et des sensations intenses à tous ceux qui ont le privilège d'y pénétrer. Mon article va tout déchirer. Encore faut-il que j'aie le cran de tout divulguer dans les moindres détails. En attendant, j'ai besoin d'un verre de toute urgence. Après, je partirai. Je crois que j'ai eu ma dose de sensations fortes pour ce soir.

Chapitre 4

(Sickick –For Your Love)

CHIARA

LA PROPOSITION

J'en suis à mon deuxième cocktail, tentant de reconnecter mes neurones qui sont restés dans cette chambre avec celui qui m'a complètement chamboulée. La chaleur de ces lieux ne m'aide en aucun cas à reprendre mes esprits. Et c'est encore pire avec les scènes indécentes et érotiques qui se déroulent sous mes yeux. Une main posée sur mon épaule m'extirpe de mon voyeurisme indiscret. L'homme masqué qui a eu la gentillesse de m'accueillir à mon arrivée fait son apparition et s'installe sur un tabouret à côté de moi.

— Le prochain est pour moi, me dit-il en me montrant le verre posé sur le bar.

— Merci, mais je pense que je vais y aller.

— Je voulais vous féliciter et vous annoncer que vous êtes devenue membre permanent du Sanctuaire. J'ignore ce que vous avez fait, mais Éros est sous votre charme. Il désire prendre rendez-vous avec vous au plus vite pour commencer votre initiation, si vous le souhaitez évidemment. Sachez que ce sont les dominants qui décident avec qui ils ambitionnent de partager leurs fantasmes. L'attente est longue pour obtenir leurs faveurs, alors estimez-vous privilégiée.

Cette annonce me laisse sur le cul. Sans mauvais jeu de mots. Il est vrai que nous avons passé un moment intense et brûlant, mais je suis sûre qu'il doit vivre tout ça de nombreuses fois avec d'autres membres. Lui ai-je tapé dans l'œil ? J'ai dû marquer des points pour avoir l'honneur de remettre le couvert avec lui aussi rapidement. Je m'empresse d'ailleurs de demander à mon hôte de m'éclaircir sur un terme qui me titille.

— De quelle initiation parlez-vous ?

— Si vous aimez être soumise, découvrir les plaisirs que peuvent vous apporter la domination dans le sexe, alors Éros saura vous apprendre les codes de cette pratique. Vous seriez surprise de l'intensité qu'elle peut vous procurer. Essayez ! Vous n'avez rien à perdre, au contraire, vous avez tout à y gagner. C'est une chance d'être choisie par celui qui est tant convoité. Saisissez-la. Vous pourrez tout arrêter si cela ne vous convient pas. Mais il saura vous l'expliquer au moment venu. Le respect et la confiance sont de mise dans cet apprentissage. N'ayez crainte, on se fait beaucoup d'idées préconçues sur cette expérience hors du commun, alors qu'il n'en est rien.

— Il n'y avait rien de SM dans nos ébats de tout à l'heure. Il a l'air capable de prendre du plaisir de façon tout à fait normale et conformiste.

— Il n'a tout simplement pas voulu vous effrayer ni vous braquer. La première fois, il agit toujours de cette manière pour tester les futures aptitudes de sa soumise potentielle. Il a dû voir en vous une certaine capacité à répondre à ses attentes. Alors ? Acceptez-vous ce rendez-vous ?

Le sujet de mon article devient de plus en plus palpitant. Entre la particularité de ce club avec la

36

présence de ces dieux et maintenant la pratique du SM, mon édito va être riche d'éléments croustillants. Éros a éveillé ma curiosité ET ma libido. J'ai cette irrépressible envie de le revoir et de goûter de nouveau à cette jouissance indescriptible qu'il a su me donner. Après tout, pourquoi ne pas tenter ? Je n'ai pas su résister ce soir, mais maintenant que c'est fait, je dois me rapprocher de ce Éros. Il en va de la survie de mon futur succès.

— J'accepte ! Mais hors de question de me lancer dans cette « initiation » sans qu'il m'explique avant tout les principes et les règles de cette pratique.

— L'initiation commence justement avec l'obtention de votre confiance. Sans elle, rien ne peut évoluer. Mais il saura mieux que moi vous expliquer. Revenez demain à vingt-deux heures. Cette fois-ci, vous pourrez entrer par la porte de devant. Soyez ici même, au bar. Commandez un cocktail au doux nom de tentation. Vous verrez, c'est un délice. Portez une tenue rouge sans aucun sous-vêtement. Ce sont ses exigences.

— Je suppose que l'initiation commence par mon consentement à ses demandes. J'accepte. Dites-lui que je serai là demain.

— Sage décision. Bonne soirée Satine et à demain.

Il se relève et saisit de nouveau ma main pour me saluer d'un baisemain, puis s'éloigne au milieu de la foule. J'ai atterri dans un autre monde en m'embarquant dans une expérience de dingue. Je ne sais plus vraiment ce que je suis en train de faire, mais je ne peux plus reculer. Mon attirance pour cet univers et le maître de ces lieux est trop forte pour lutter. Il m'a droguée, ça ne peut pas être autrement. Sur cette pensée, je m'éloigne à mon tour du bar et quitte la salle de danse, fébrile. Mon regard est soudain attiré vers la silhouette de ce dieu, debout dans une alcôve. Un verre à la main, Éros me scrute avec ferveur. Il lève sa boisson d'une couleur ambrée dans ma direction et baisse la tête pour me saluer. Le magnétisme qui émane de cet homme me fait frissonner. Mon corps entier réagit à cette attraction. Deux femmes caressent son torse nu. Il saisit la chevelure de l'une d'elles dans sa main et d'un geste autoritaire, tire sa tête en arrière pour lui dévorer le cou. Son regard toujours ancré au mien, il se délecte de sa peau. Cette vision déclenche une chaleur insidieuse entre mes cuisses. Un mélange de convoitise, de jalousie et de désir m'envahit. Je détourne mon attention de cette scène surréaliste et m'engouffre dans le couloir menant à la sortie. J'ai besoin d'air, et vite. Le froid mordant ma peau nue et moite me saisit violemment. D'un pas rapide, je m'élance sur le parking, faisant claquer mes talons dans le silence de la nuit. Une fois dans ma voiture, j'expire un grand coup en laissant tomber ma tête contre le volant. J'essaie de reprendre mes esprits en occultant les évènements qui viennent de se dérouler dans ce paradis du sexe. Les images de son torse luisant, de sa bouche provocante et de ses mains expertes défilent dans ma tête. Il m'a imprégnée de son odeur, de son toucher et de son aura puissante. Je comprends mieux pourquoi ces femmes se soumettent à lui pour n'avoir ne serait-ce qu'une attention de sa part. Le manque de ce corps à corps commence déjà à se faire ressentir alors que je n'y ai goûté qu'une seule fois. Pourtant, l'angoisse de ne pas apprécier les tendances sexuelles qu'il affectionne me tétanise. Si je n'adhère pas à sa domination et à ses pratiques, il me laissera et je n'aurais plus la chance de partager d'instants de plaisir avec lui ni d'écrire mon article. Cette idée me mine le moral. Cet éphèbe m'a envoûtée. Ils doivent diffuser dans l'air des stimulants capables de vous rendre accro. C'est la seule explication possible. Après avoir fini par calmer mes ardeurs et mes appréhensions sur la suite des évènements, je démarre ma voiture et rejoins mon domicile.

Enfin chez moi, je profite de l'eau chaude apaisante de la douche pour me délasser suite à cette séance de sexe intense avec mon beau dominant. Après m'être démaquillée, séchée le corps et les cheveux, j'enfile une nuisette en satin noire, un tissu que j'affectionne tout particulièrement et dans lequel je me sens à l'aise et sexy. En me regardant dans le miroir, une idée me vient alors à l'esprit. Et si je venais dans cette tenue lors de mon prochain rendez-vous avec Éros ? Il ne souhaite pas que je porte de sous-vêtements et cet ensemble met en valeur mes courbes à la perfection. Il se trouve que j'en ai toute une collection dont plusieurs rouges, la couleur qu'il m'a demandé de porter. Je m'allonge sur mon lit et ferme les yeux en imaginant la présence de mon futur formateur SM. Une chaleur intense m'enveloppe. Même loin de moi, Éros est capable de me faire ressentir cette volupté d'une force sans précédent. Cette alchimie entre nous a fait son œuvre, c'est une certitude. Je me remets de mes émotions et tombe aussitôt dans les bras de Morphée

Chapitre 5

CHIARA

LE TEST

Je suis assise au bar à déguster mon cocktail au doux nom de tentation, et attends, fébrile, la venue d'Éros. Ma vie ne tourne plus qu'autour de cette expérience insensée. Depuis la veille, je suis obsédée par les images de mon bel inconnu et de son corps brûlant contre le mien. La journée est passée au ralenti tant je me languissais de fouler à nouveau le sol de ce lieu de luxure. Les couples à mes côtés se caressent, se frôlent et se déhanchent. Le désir commence doucement à s'immiscer en moi, réveillant mon entrejambe d'un feu ardent. Le souffle chaud dans mon cou et la voix rocailleuse d'Éros me sortent de ma contemplation.

— Tu aimes ce que tu vois ?

J'essaie de reprendre contenance pour faire face à mon interlocuteur, mais il se presse contre mon dos et m'immobilise.

— Reste comme ça. Tu n'as pas répondu à ma question. Alors, je te la repose et je veux une réponse cette fois. Ne me la fais pas répéter ou tu seras sévèrement punie.

Je déglutis face à cette autorité qui me hérisse le poil. Mais bizarrement, son ton m'échauffe plus qu'il ne m'effraie.

— Je trouve ça excitant.

— Moi, c'est toi que je trouve excitante. Ta nuisette rouge est parfaite pour révéler tes formes. Voir tes tétons se dresser avec fierté me met dans tous mes états. J'espère que ta petite chatte aussi est à l'air libre et qu'elle mouille déjà devant ce spectacle.

Ses mots sont crus et exaltants à la fois. Ces paroles d'un érotisme fracassant font ruisseler mon intimité.

— J'ai suivi à la lettre vos recommandations. Je suis heureuse que ma tenue vous convienne.

— Maintenant, je veux que tu écartes les cuisses.

Soudain, je me sens mal à l'aise. À l'abri des regards, cela me dérangerait moins, mais là, devant toutes ces personnes autour de nous, j'avoue être un peu nerveuse. Pourtant, j'obéis et ouvre avec lenteur mes jambes, en laissant le tissu de ma nuisette cacher mon intimité. La main d'Éros se faufile avec douceur le long de ma peau et remonte jusqu'à ma fente qu'il s'empresse de titiller de ses phalanges agiles. Quelques gémissements s'échappent de ma bouche quand il me pénètre brusquement.

— Tu es trempée. Je veux que tu t'abreuves des scènes qui se déroulent devant nous pendant que je te doigte. Imagine-toi à la place de cette femme qui se fait prendre sauvagement par son amant.

Contre toute attente, j'arrive à me déconnecter du contexte dans lequel nous nous trouvons et me libère petit à petit du malaise que j'éprouvais. La force de mon désir pour cet homme et de ce qu'il me transmet annihile tous mes doutes et mes peurs. Je me laisse porter par son toucher et la vue de ce couple en face de moi qui s'abandonne aussi dans le plaisir. Je ne peux contenir ni mes cris qui s'échappent de ma gorge, ni mon déhanché qui accompagne les mouvements de va-et-vient de sa main dans mon vagin.

— Je t'interdis de jouir sans ma permission. Quand tu sens que l'orgasme arrive, dis-le-moi.

Étant dans un état second, je ne parviens qu'à hocher la tête en guise de réponse. Sentant la délivrance approcher, je tente de lui exprimer entre mes plaintes.

— Je… vais jouir…

— Alors demande-moi la permission.

Je ne saisis pas ce qu'il me demande et reste muette. Il arrête alors ses allées et venues en moi, me laissant décontenancée et répète :

— Si tu veux jouir, demande-moi la permission. Arrête de me faire répéter les choses à chaque fois et fais-les du premier coup si tu désires que je sois ton maître.

Ses paroles me désarçonnent complètement. Comment peut-il me demander de lui obéir de cette manière ? Avant de faire une énorme connerie, je réfléchis à toute vitesse pour comprendre la situation. Éros est un dominant, et je sais qu'il souhaite faire de moi l'une de ses soumises. L'homme masqué de la dernière fois m'a parlé d'initiation. Et si tout cela n'était qu'un test ? Il semble s'impatienter de mon inertie et de mon mutisme temporaire et me glisse à l'oreille :

— J'attends, mais sache que je n'ai pas la soirée.

— Puis-je jouir, s'il vous plaît ?

Je dois avouer que ça me coûte de demander ça. J'ai l'impression de faire régresser l'image de femme indépendante que j'ai mis des années à me construire.

— Je préfère. Mais pour ton hésitation face à mon autorité et à ton manque de réactivité, je ne t'autorise pas à jouir.

Par pur réflexe, je pouffe de rire. Il se relève, me laissant seule sur mon tabouret, les jambes écartées, ruisselante de désir. Mon cœur s'emballe et l'incompréhension me terrasse. *Quoi ? Il est vraiment sérieux ?* Merde alors… Je sais que j'ai échoué et appréhende la suite. Le froid et la honte me frappent de plein fouet. Éros revient vers moi, et s'approche pour souffler au creux de mon oreille :

— Tu as encore beaucoup à apprendre. Si tu le souhaites, je veux bien t'initier à mes pratiques. Je sens un potentiel chez toi, mais pour cela, il va falloir te libérer de tes préjugés et de tes peurs. Tu dois avoir confiance en moi.

Il me tend alors sa main.

— Veux-tu oui ou non être ma soumise, Satine ?

Je le scrute intensément au travers de son masque, essayant d'apercevoir ses émotions. Sa silhouette imposante et son aura magnétique me bouleversent toujours autant. Sa musculature parfaite et saillante, sa peau hâlée et imberbe m'hypnotisent. Cet homme est un véritable appel au sexe et mon désir pour lui en est décuplé. Sa prestance m'électrise. Le besoin viscéral de lui appartenir et de goûter encore une fois à ses délices dans ses bras me poussent à lui saisir la main pour le suivre dans toutes les expériences qu'il souhaitera me montrer. Mon sale caractère et mon esprit rebelle ont également un rôle à jouer là-dedans. L'homme qui croit pouvoir faire de moi une soumise complète n'est pas encore né. Je compte juste profiter des talents de ce mec, pondre mon article et me tirer d'ici à tout jamais.

Chapitre 6

(Rosenfeld – Do it for me)

CHIARA

LES RÈGLES DU JEU

Nous nous dirigeons vers le petit couloir où les quatre chambres des Dieux se situent. Éros me fait pénétrer dans la sienne. L'ambiance est propice à l'embrasement de mes sens. Une odeur agréable de bougie parfumée aux notes de santal empli mes narines et la lumière tamisée nous plonge dans une bulle de volupté. Son lit King size trône toujours au centre de la pièce. Des draps de satin rouge parent ce baldaquin. Des chaînes y sont suspendues. Mon cœur tambourine à une allure folle face à cette déco plus qu'explicite. J'ignore dans quoi je m'embarque, mais je dois affronter mes limites. Ma curiosité et mon attirance indéniable pour cet esthète me poussent à le suivre les yeux fermés. Pour me motiver, je garde à l'esprit que je fais tout ça pour ce poste tant convoité qui me tend les bras. Éros se tient debout devant moi, me surplombant de sa silhouette imposante. Il me désigne un coussin posé au sol et d'une voix autoritaire, mais terriblement sexy m'interpelle :

— Mets-toi à genoux, tête baissée, tes mains croisées dans le dos et ne bouge plus tant que je ne t'y ai pas autorisé.

Cette fois-ci, malgré ma petite voix intérieure, je n'hésite pas et obéis à ses ordres sans broncher. Je l'entends récupérer un siège qu'il place face à moi avant de s'asseoir dessus. Il me caresse le bras puis remonte sur mon épaule. De ses doigts, il me saisit le menton et relève mon visage. Mes yeux percutent les siens. J'y décèle une envie, une excitation malgré son masque et la pénombre de la pièce. Son corps entier transpire le désir.

— Je souhaite que tu deviennes l'une de mes soumises. Si tu es d'accord et que tu te prêtes aux jeux, tu auras l'honneur de goûter et de profiter de mon expérience, de ma domination, du plaisir et du sexe bien plus souvent que n'importe laquelle de ces femmes. Pour cela, tu dois me faire confiance, ne jamais douter de moi. Si tu veux que l'alchimie opère et que la jouissance qui va en découler soit inoubliable, tu devras suivre à la lettre tout ce que je vais t'apprendre.

J'ai l'impression de trembler un peu devant son assurance et ses paroles percutantes qui ne laissent plus de place au doute. Je suis là, à genoux, face à ce dominant qui s'apprête à m'initier au BDSM. Je suis complètement folle et je me demande quel genre d'enfance, il a eu pour en être arrivé là. Voilà quelque chose que je devrais creuser pour mon article. Il reprend ses explications, imperturbables :

— Quand je te demande quelque chose, tu dois l'exécuter sans aucune hésitation. Tout à l'heure, au bar, j'ai dû te répéter plusieurs fois les choses. Cela ne doit plus se reproduire. Si tu as compris, réponds-moi avec un « Oui, maître ».

Rien que ça ? Bon allez, si tu y tiens mon mignon… c'est cadeau :

— Oui, maître.

— Désormais, si tu es d'accord avec ce que je te propose, tu dois toujours me répondre de cette façon, sans quoi je serai obligé de te punir. Mais si tu as atteint tes limites, tu as le droit de me dire « non, maître ». C'est très important. C'est toi qui décides quand tout ceci doit cesser. Cet endroit est fait pour que tu prennes du plaisir. Si cette pratique ne t'intéresse pas, tu pourras te tourner vers d'autres dieux ou d'autres membres du club. Mais tu devras également m'oublier.

Un frisson me parcourt l'échine. Mon corps entier rejette cette idée. Pourtant, je n'ai profité qu'une seule et unique fois de ses assauts, mais ils restent gravés. Me passer de cette sensation me semble improbable et surtout, faire une croix sur mon sujet. Éros se relève et récupère un quelque chose dans le tiroir de sa commode. Il revient à mes côtés et me tend un collier en cuir incrusté d'un anneau sur le devant.

— Voici l'objet qui attestera de ta soumission. Dès que je te l'attacherai, tu devras plonger dans ton rôle de soumise. Cet anneau me permet d'y mettre une laisse pour t'amener où bon me semble. Mais c'est à toi de décider si oui ou non, tu souhaites que j'en mette une. Le collier seul suffit à asseoir mon autorité sur toi.

Euh… me faire traiter comme un clebs ? Hors de question :

— Non, je ne souhaite pas de laisse, maître.

— Tu apprends vite, c'est parfait. Très bien. Je respecterai ton choix. À chaque fois que tu entreras dans cette chambre, tu devras t'agenouiller sur ce coussin dans la même position, portant la tenue que j'aurai exigée pour ta prochaine séance.

— Oui, maître.

— Si tu éprouves la moindre souffrance insupportable, je veux que tu dises « stop ». Je te rassure, ma pratique du BDSM est très soft. J'inflige très peu de douleurs corporelles. Ce que j'aime, c'est dominer ma partenaire, prendre du plaisir en lui en donnant tout autant. J'aime que tu t'offres à moi en étant attachée. La fessée et le martinet sont mes péchés mignons. Nous allons partager des jeux sexuels où la douleur et les ordres engendrent du plaisir physique, émotionnel ou purement cérébral. Ce qui m'importe, c'est la confiance que tu m'accorderas et la possibilité que tu as ou non de consentir aux situations dans lesquelles je souhaite t'entraîner. Sache que le « oui » dont tu me gratifies me comblera.

Ses paroles me rassurent. J'avais si peur de subir des châtiments corporels.

— Je ne suis pas un dominant exclusif. Bien entendu, tu as le droit de papillonner ailleurs que dans mes bras. Tu m'appartiens uniquement quand tu portes ce collier. Tu peux flirter avec un autre si je te l'autorise. D'ailleurs, en général, j'aime bien inviter d'autres soumises à nos ébats. Je ne me détournerai pas de toi si tu refuses certaines pratiques. Mais si tu exprimes trop souvent ton désaccord, je serai dans l'obligation de te libérer de ma soumission.

Il est quand même vraiment tordu. Voyant mon air circonspect, il reprend la parole :

— As-tu des questions, Satine ?

— Tu m'as baisée la dernière fois sans domination, pratiques-tu le sexe sans SM, maître ?

— Ça m'arrive. Toujours la première fois avec les nouveaux membres. Ça me permet de détecter mes futures soumises sans les faire fuir.

— Et tu prends malgré tout du plaisir de cette façon ?

Je lève les yeux vers lui. Son petit sourire en coin ne laisse aucun doute sur sa perversité à me voir à genoux devant lui.

— Avec toi, j'ai pris un pied d'enfer. Alors, je n'imagine pas dans quel état tu vas me mettre quand tu t'abandonneras à moi. Je laisse passer ta première erreur, mais c'est la dernière fois. N'oublie pas de finir tes phrases avec « maître » et ne me tutoie jamais.

— Oui, maître, toutes mes excuses, maître.

Il se redresse et me tend sa main pour que je me relève à mon tour.

— Maintenant, allonge-toi sur le dos sur ces magnifiques draps de soie. J'ai terriblement envie de te goûter à nouveau. Attachée, tu seras d'autant plus délicieuse.

Un frisson d'excitation s'empare de moi sous son timbre chaud et sensuel. *Oh oui, mon « maître », viens te délecter de chaque centimètre de ma peau.*

Chapitre 7

CHIARA

L'INITIATION

Eros me retire la nuisette, me laissant entièrement nue, exposée devant son corps vibrant d'un désir intense. L'âme de journaliste en moi palpite déjà de connaître ces pratiques si taboues. Mon corps de femme, lui, réclame l'orgasme foudroyant qu'il présage.

Il me saisit les poignets et les attache à la tête du lit avec des sangles en cuir. Je suis complètement à sa merci, écartelée de toute part, offerte tel un sacrifice devant un Dieu exalté par ma posture de soumission. L'excitation que ce spectacle lui procure m'électrise complètement.

— Pour le moment, je ne vais t'attacher que les mains, mais tu dois te laisser faire pour ce que je vais te faire en bas. On va commencer tranquillement pour que tu t'habitues à être menottée. Tout va bien ?

— Oui, maître, je me sens en confiance.

— Parfait, alors écarte-moi tes cuisses et montre-moi à quel point cette position t'excite.

J'exécute ses directives et pose mes pieds sur le matelas afin de plier mes genoux et lui exposer ma fente ruisselante.

Il récupère une plume sur sa commode et s'allonge à mes côtés. Son petit rictus charmeur me trouble davantage. D'un mouvement lent et chatouilleux, il remonte le long de ma jambe et s'attarde sur mon aine. Il prend alors un malin plaisir à frôler mon clitoris déjà gorgé de désir, pulsant à chaque effleurement des plumes rouges de son engin diaboliquement efficace pour me mettre dans un état second. Ma peau se pare d'une chair de poule causée par les frissons que mon maître déclenche. Je ne peux alors m'empêcher d'écarter davantage mes jambes pour laisser le plus de place possible à ses assauts. Mon corps entier vibre sous les différentes caresses qu'il effectue avec les plumes de son jouet. Après avoir suffisamment titillé mes sens, il se rapproche de moi, son énorme sexe raide dressé devant mon visage.

— Maintenant, je vais baiser ta bouche avec ferveur. Ouvre bien grand tes magnifiques lèvres pulpeuses et lèche-moi comme si tu dégustais la meilleure glace de ta vie.

Sa voix rauque et autoritaire me pousse à lui obéir sans réfléchir. Je suis à sa merci et j'aime ça. Il enfonce doucement sa queue dans ma bouche en effectuant quelques lents va-et-vient afin que je puisse me délecter de son gland. Ses gestes deviennent plus puissants, s'enfonçant de plus en plus loin et de plus en plus vite au fond de ma gorge. Il tient ma tête entre ses mains pour avoir une meilleure pénétration.

— Je veux jouir dans ta bouche. Si tu es d'accord, hoche la tête.

D'habitude, je ne suis pas fan de cette pratique, ayant déjà eu des amants au goût particulier... mais lui... Il a un léger parfum de lavande qui me donne envie de le prendre tout entier. Sentant son désir venir, je lui signifie mon envie de me délecter de son foutre. Il arrive à m'exciter d'une telle force que je me lâche complètement et avale le jet de sa jouissance. Je confirme qu'il a bon goût, une saveur neutre et plaisante. Après avoir poussé plusieurs râles, il sort son sexe et redescend à ma hauteur pour m'embrasser goulûment. Il se détache enfin de mes lèvres et retire les entraves de mes poignets pour me libérer. Ses mains passent sur ma nuque pour retirer le collier de ma soumission. Je comprends alors que mon rôle de soumise s'arrête là. Je suis un peu perdue et très déçue ! Et moi alors ? Il me donne l'impression d'avoir été utilisée en coupant court à cet échange, me laissant sur ma faim. Je me redresse et n'ose plus bouger, attendant ses prochaines exigences. Il se relève et range tranquillement les accessoires dans le tiroir de sa commode. Il se retourne et se dirige vers moi pour enfin briser ce malaise insupportable.

— Tu n'es plus sous ma domination, tu peux donc te rhabiller.

Ce petit rôle étant fini, mon naturel revient au galop :

— Et c'est tout ?

— Oui, tu peux disposer, dit-il en se remettant en ordre.

— Et mon plaisir à moi ?

— Tu viens de l'avaler.

Mais quel sombre con…

— Eh bien, j'espère ne pas avoir avalé les mst d'une autre.

Il se contente d'afficher un petit rictus satisfait face à ma frustration.

— Autre chose ? demande-il d'un air hautain.

Je prends mal ce qu'il me dit et décide de récupérer ma nuisette que j'enfile à la hâte. Je me précipite vers la porte sans un regard pour ce connard arrogant qui me donne l'impression d'être une pauvre merde. Je ne comprends pas son détachement soudain et sa froideur.

53

Alors que je saisis la poignée, il me cramponne le bras et me retourne face à lui pour me plaquer contre le battant.

— Tu vas où comme ça ?

— J'ai compris le message… Je m'en vais.

— Ah oui ? Et de quel message parles-tu ?

— C'est ça la soumission ? Le plaisir ne va que dans un sens ?

— Cette frustration est simplement ma tactique pour que tu ne puisses plus te passer de moi. Si tu en veux plus, il va falloir me le demander gentiment. Tu n'es pas la seule à vouloir de mon initiation et de mes talents. Si tu désires plus de temps avec moi, tu dois te démarquer et ce n'est pas en fuyant que tu vas l'obtenir.

Là, c'en est trop pour moi. Je suis venue pour faire un article et en profiter au passage, pas pour me faire rabaisser de la sorte. Je ne suis pas un objet. Je m'approche de lui en croisant les bras, un air défiant placardé sur le visage :

— Il me semble que je n'ai plus de collier. Donc, je peux vous dire le fond de ma pensée.

— Tout à fait.

Lentement, je me hisse sur la pointe des pieds pour bien capter son regard et dit calmement :

— Allez-vous faire foutre, vous et votre égo surdimensionné ! Pour avoir confiance en vous, agissez autrement avec moi et ne vous avisez plus de me donner l'impression d'être une merde !

Je le repousse violemment et sort comme une furie de sa chambre. Ce mec a réussi à faire ressortir des blessures enfouies. Le jeu de la soumission me paraissait au premier abord plutôt tentant, mais son attitude m'a complètement bloquée. Je me retrouve essoufflée au milieu de la piste de danse et tente de me calmer en m'engouffrant dans une alcôve à l'abri des regards. Le petit salon dans lequel je me retrouve est vide. Je reprends doucement mes esprits et essaye tant bien que mal de maîtriser les tremblements de tous mes membres. Pourquoi suis-je dans cet état ? L'expérience me semble subitement beaucoup moins attrayante. Je culpabilise de m'être laissée emporter, tout ça pour un article. Je jette un rapide coup d'œil autour de moi pour voir si Éros est dans les parages. Je dois absolument quitter ce club de malheur avant qu'il ne m'intercepte. Je me faufile entre les corps en sueur qui se déhanchent sur la piste et me dirige vers le vestiaire pour récupérer mon manteau. Je bute subitement contre un torse ferme et luisant qui me stoppe net dans mon élan. L'odeur virile de sa peau m'alerte sur celui qui me fait face et que je tente vainement de fuir. Il me saisit les bras et m'entraîne dans un salon privé à proximité de nous. Un cri s'échappe de ma bouche quand il me plaque sur le canapé en velours.

— Ne me fuis pas ! Je suis désolé de t'avoir fait ressentir ce malaise, ce n'était absolument pas mon intention. Tu as été parfaite… presque trop. Je ne veux pas brûler les étapes, c'est important pour ton initiation. Mais je me rends compte que j'ai complètement foiré avec toi. J'ai besoin que tu aies confiance en moi, Satine ! Et j'ai tellement envie de toi.

Malgré ma récente colère, ses mots me transpercent et me chamboulent. Ses mains sont déjà partout sur mon corps. Sans attendre mon consentement oral, il me bascule sur le dos et dépose mes chevilles sur ses épaules. Il remonte ma nuisette et aspire mon clitoris entre ses lèvres, puis me regarde dans les yeux.

— C'est ça que tu voulais, Satine ?

Mécaniquement, je hoche la tête, désireuse de recevoir mon dû.

— Je sais me faire pardonner mes erreurs. Je vais te faire jouir comme tu le mérites.

Alléluia !

Il replonge sa tête entre mes cuisses et ne tarde pas à me donner un orgasme démentiel. Mon corps entier tremble de désir pour ce Dieu qui sait parfaitement bien s'y prendre pour garder le dessus. Après ce black-out que je viens de vivre, je parviens à reprendre mes esprits et à me redresser sur la banquette. Il s'assoit à mes côtés, déposant sa paume sur ma cuisse.

— Je souhaite que tu deviennes ma soumise, Satine. Je te veux toi et je ne tolérerai pas un refus de ta part. Tu es mienne depuis que tu as accepté le collier. Jamais plus je ne te manquerai de respect. Tu as ma parole.

Un dominant qui me supplie presque ? Ça flatte mon ego et ravive ma motivation.

— J'accepte vos excuses et désire tout autant que vous que vous soyez mon maître. Mais soyez patient s'il vous plaît, c'est tout nouveau pour moi.

Il caresse ma joue avec tendresse et me glisse à l'oreille :

— Je saurai l'être, ma petite soumise.

Ses lèvres se rapprochent des miennes et avec douceur, il dépose un délicat baiser, tel un effleurement capable de faire déployer des milliers de papillons dans mon ventre. Cet homme est fort. Le diable en personne. Mais le diable ne possède pas de plume et d'encre, contrairement à moi…

— Rendez-vous dans une semaine. Tu as besoin de temps pour assimiler tout cela. Si tu souhaites venir pour explorer le club avec d'autres personnes, il n'y a aucun souci, mais toi et moi, ce sera dans sept jours. Tu te présenteras en sous-vêtements affriolants dans ma chambre à vingt-deux heures précises, à genoux sur le coussin, dans la même position que tout à l'heure. Je te laisse choisir la lingerie. Ne me déçois pas. Et sois ponctuelle.

Il se relève et part aussi vite qu'il est arrivé sur moi dans une frénésie déconcertante. Ce mec va me rendre chèvre. Chancelante, je file récupérer mes affaires et retourne chez moi après cette soirée.

La plus dingue de ma vie.

Chapitre 8

CHIARA

LE CHOC

C'est l'effervescence dans les couloirs du journal depuis quelques jours. Ce soir, c'est l'événement à ne pas rater pour tous les journalistes de la région. Comme chaque année, un gala est organisé pour récompenser les meilleurs investigateurs du milieu, les meilleurs articles et bien d'autres prix. Une soirée qui permet surtout de se rencontrer entre collègues et de passer un bon moment à boire et à déguster des petits fours à l'œil. J'ai prévu de rejoindre Eva chez elle pour nous mettre sur notre trente et un. Sa garde-robe est incroyable comparée à la mienne et son coup de pinceau est digne des meilleurs maquilleurs. Ça fait déjà trois jours que je ne suis pas retournée au club. Mon prochain rendez-vous avec Éros ne quitte plus mon esprit. Entre l'angoisse et l'impatience, je n'arrive plus à savoir ce que je ressens. J'ai commencé mon article sur cette expérience hors du commun. Je retranscris chaque détail de mon apprentissage afin d'être la plus précise possible. Une part de culpabilité me tiraille en dévoilant les mystères et les secrets bien gardés de ce lieu d'exception, mais après tout, je ne leur dois rien et moi, j'ai tout à y gagner. Alors c'est sans scrupule que je passe mes journées, entre deux interviews, à écrire les lignes qui changeront peut-être ma vie.

Après une journée bien chargée, je me retrouve au domicile de ma meilleure amie. J'enchaîne les essayages sous le regard avisé de la professionnelle de la mode. Eva tient une boutique de prêt-à-porter de luxe au centre-ville et les affaires marchent plutôt bien pour elle. Elle jette finalement son dévolu sur une sublime robe de soirée rouge à épaules dénudées et fendue sur la cuisse. Mon amie n'est pas avare de compliments :

— Avec cette tenue, tu ne risques pas de passer inaperçue. Tu es splendide ! Ce décolleté te fait une poitrine de malade !

C'est vrai que le satiné de la robe la rend élégante tout en étant sexy. Je me sens belle et à l'aise dans cette tenue. J'enfile des escarpins vernis noirs aux talons vertigineux, galbant davantage ma jambe nue. Eva s'affaire à me rendre la plus jolie possible avec un maquillage intense et travaillé au niveau des yeux pour faire ressortir le vert de mes iris. Elle opte pour un teint naturel. Un gloss légèrement rosé vient parfaire le tout pour donner du volume à mes lèvres déjà bien pulpeuses.

— On n'a qu'une envie avec cette bouche terriblement sexy, c'est de l'embrasser, ma belle !

Elle ne perd jamais le nord celle-là !

— J'ai déjà de quoi faire au club. Cette soirée reste professionnelle. Je ne me vois pas du tout sortir avec un mec qui fait le même métier que moi. Ils sont souvent arrogants et imbus de leur personne.

Ouais bon, le spécimen que je me tape au club l'est tout autant… mais lui au moins, il sait baiser.

— Mais moi, je ne me ferai pas prier ! J'ai besoin de sexe et vite ! C'est ma première soirée depuis des lustres et ma chatte commence sérieusement à se dessécher. Je n'ai pas la chance de faire partie des membres très sélects du Sanctuaire, moi !

Eva est mon invitée. À défaut d'avoir un cavalier, j'ai choisi d'être accompagnée d'une cavalière. Je sais qu'avec elle, je ne risque pas de m'ennuyer.

— Je te prête un de mes parfums envoûtants. Tu ne peux définitivement pas y aller sans un élixir qui rendra la gent masculine raide dingue de toi. C'est la petite touche finale à ta tenue.

Les essences sucrées du miel alliées à celles du Patchouli sensuel me font me sentir belle et élégante.

Eva a beaucoup de goût dans tous les domaines.

— Mais dites-moi, Miss Eva ! C'est toi qui veux attirer un mec dans tes filets ce soir, mais tu mets tout le paquet sur moi ! Allez, c'est ton tour !

Cette dernière se met à rire et capitule.

Après de longues heures de préparations, nous nous retrouvons aux pieds du bâtiment où la fête doit se dérouler. Quand les portes de l'ascenseur s'ouvrent, je suis surprise de le voir bondé. Nous nous faufilons sur le côté de la cabine afin de préserver nos robes de soirée. Alors que je regarde rapidement mes mails sur mon téléphone en attendant d'arriver à mon étage, la voix grave et suave d'un homme me hérisse le poil. Il tente de sortir de l'ascenseur en s'excusant. J'aperçois sa silhouette imposante qui essaie de se frayer un chemin au milieu des gens, sans vraiment réussir à le voir correctement. Son timbre m'a donné cette drôle d'impression de le connaître. Mes aventures au club m'obsèdent tellement que ça finit par me jouer des tours. C'est simple, j'ai l'impression qu'Éros est partout. Comment cet homme a pu s'immiscer dans ma tête à ce point en si peu de temps ?

Nous arrivons enfin dans la salle de réception. Un immense buffet, avec une multitude de petits fours aussi appétissants les uns que les autres, me fait déjà de l'œil. Plusieurs tables rondes trônent au milieu de la salle et un monde incroyable s'affaire en trinquant et discutant à tout va. Je prends le temps de saluer mes collègues et de présenter mon amie à mes connaissances masculines, afin de l'aider à entretenir son entrejambe. Après de longues heures à saluer et boire plusieurs coupes de champagne, mon ventre me fait comprendre qu'il est temps de le sustenter avant que je finisse complètement pompette. Je m'avance vers toute cette nourriture et m'empiffre de ces délicieux canapés. Soudain, la chaleur d'un corps frôlant mon dos m'électrise. Un parfum entêtant, troublant que je connais trop bien enivre mes narines et me fait vaciller un instant. Mais quand cet homme susurre trop prêt de mon oreille, je me retiens contre la table, sentant mes jambes se dérober quand je comprends qui se tient juste derrière moi. Je ferme les yeux un instant et tente de me ressaisir pour éviter de trop me faire remarquer. Mais son aura magnétique m'enveloppe et me tétanise. *Ça ne peut pas être lui. C'est impossible. Je suis trop obnubilée par tout ce qui se passe dans ma vie actuellement et j'ai l'impression de le voir partout. Ce n'est pas lui, juste mon imagination qui me joue des tours.*

— Tout va bien ? Ces petits fours sont-ils si bons pour vous faire perdre votre langue ?

J'avale difficilement la dernière bouchée restée coincée au fond de ma gorge et décide de faire volte-face à celui que j'ai déjà nommé « maître ». Lorsque mes yeux croisent les iris d'un bleu intense, je cesse de respirer. Cet homme magnifique me domine par sa taille et sa stature impressionnante. Sa peau hâlée, son sourire en coin, ses lèvres pulpeuses sur lesquelles je fantasme chaque nuit depuis ma rencontre avec lui me percutent de plein fouet. Je n'ai plus de doute, c'est bien Éros qui se tient devant moi. Nom d'un chien, mais qu'est-ce qu'il fait ici, sur mon terrain d'excellence ? Sur mon terrain à moi ! Et comment diable est-il possible d'être aussi beau ? De surcroît sans son masque... Il doit me prendre pour une folle à rester figée devant lui depuis tout à l'heure à ne rien dire.

— Oh... Désolée... J'avais la bouche pleine et ce n'est pas très poli de répondre... Enfin... Vous voyez.

C'est une catastrophe ! Je bafouille et n'arrive même pas à aligner deux mots correctement. Je dois faire forte impression et surtout passer pour une dingue !

— Vous m'avez suivie ? parviens-je à dire.

Lentement, il s'empare d'un petit four en me souriant d'une manière inédite. Un rictus tout à fait normal et avenant. Très différents de tous les autres. Il porte le délice à sa bouche et déclare :

— J'ai suivi l'appel de mon estomac, pas vous directement, sans vouloir vous offusquer.

Je reste hébétée devant ses paroles et son air détaché. Il n'a pas l'air de m'avoir reconnue. Comme s'il voyait mon trouble, il s'empresse de m'éclairer alors que je bugue complètement.

— Les petits fours, ils sont délicieux, j'arrive au bon moment sinon je crains que vous ne dévoriez le buffet.

Une bouffée de chaleur m'oppresse et me grille les derniers neurones qu'il me reste.

— Je vois qu'on adore les olives, ajoute-t-il en constatant le nombre de pics à assiette que je tiens dans la main. Comment vous vous appelez ?

J'en ai la confirmation, il ne m'a pas reconnue. Je m'excuse auprès de lui et file en direction des toilettes. La honte et la panique ! Je suis passée pour boulimique et j'ai frôlé la catastrophe ! Éros ne doit jamais savoir que je suis journaliste, autrement, il pourrait enquêter sur moi et se rendre compte de ce que je fais au club. Je m'asperge d'eau en tentant de ne pas ruiner mon maquillage et regarde mon reflet dans le miroir. Mes joues sont rouges cramoisies. Je dois prendre l'air ! J'ouvre la porte, passe discrètement la tête dans l'entrebâillement et jette un rapide coup d'œil dans la salle avant de sortir sur le balcon. Je dois éviter de retomber sur lui. Je respire à pleins poumons l'air frais qui me reconnecte petit à petit à la réalité. Combien de chance avais-je de tomber sur celui qui m'initie au BDSM dans un club très sélect et dans une ville aussi grande ? Une sur des millions ! C'est bien ma veine !

J'aurais préféré gagner au loto. Il ne manquerait plus qu'il soit journaliste lui aussi. Je ne vais tout de même pas rester sur ce balcon toute la soirée ? Une voix au micro résonne dans la salle. Je décide de rentrer rapidement, sentant que l'annonce des prix va bientôt commencer. La foule s'agglutine devant la petite estrade installée pour l'occasion. J'essaye de repérer Eva, mais je suis entraînée malgré moi vers le devant de la scène. La remise des récompenses et les discours s'enchaînent. Soudain, l'animateur de la soirée fait l'annonce du prix tant convoité.

— Je sais que vous attendez tous ce moment avec impatience. Cette année, le prix du meilleur journaliste est attribué à un ancien champion d'arts martiaux, un des journalistes sportifs les plus respectés de la profession, vous l'aurez deviné, il s'agit de Chase Davis !

Les applaudissements résonnent dans l'immense salle de réception et mon cœur loupe un battement quand je vois Éros monter sur l'estrade pour récupérer son titre.

Putain de merde !

Chase, ce prénom lui va si bien. J'ai déjà entendu parler de ce journaliste à de nombreuses occasions. Il a réussi à se faire une place dans le milieu après une carrière sportive remarquable. J'avais surtout entendu parler de son physique d'Apollon auprès de mes collègues féminines. Mais de là à penser qu'il est l'un des Dieux dominants d'un club libertin, alors là les bras m'en tombent. Je comprends qu'avec sa petite notoriété, il ait choisi un lieu comme le Sanctuaire, où l'anonymat est respecté pour assouvir ses fantasmes particuliers. Cache-t-il encore d'autres secrets ? Est-il marié ? Alors que je me pose mille questions, je ne remarque pas que la remise du prix est terminée et que tout le monde a commencé à se dissiper. L'animateur de la soirée s'avance vers moi pour me saluer. Je ne vois pas tout de suite que Chase le suit de près. Mon cœur va s'arrêter, c'est officiel.

— Chiara ! Bonsoir, comment vas-tu ?

— John ! bien merci, quelle belle soirée.

Oui, on ne dirait pas, mais, je suis en pleine crise cardiaque et Éros me scrute sans courtoisie.

— Oui, c'est sûr ! D'ailleurs, laisse-moi te présenter le gagnant du grand prix de cette année. Il désirait faire ta connaissance.

Je reste bouche-bée devant son annonce.

— Chase Davis, je te présente Chiara Donatelli. Journaliste pour le magazine féminin le plus tendance de la ville.

Chase se rapproche et tend sa main vers moi. Le toucher de sa peau m'électrise. Une vague de frissons parcourt mon corps entier. Ses yeux s'illuminent comme s'il avait, lui aussi, senti ce courant nous traverser. Comment est-ce possible que je puisse le reconnaître et pas lui ? Le son de ma voix devrait suffire... *Ne dis pas, de bêtises, Chiara... il en baise des demi-douzaines tous les soirs...*

Enchanté, Chiara. Vous avez un très joli prénom en plus d'un très bel appétit.

Pitié, enterrez-moi et vite !

— Félicitations pour votre prix !

— Il me semble vous connaître, non ?

Merde !

— Non, désolée, nous ne nous sommes jamais rencontrés. Je ne vous connais que de réputation.

— C'est déjà un bon début. Il est vrai qu'une femme aussi magnifique que vous ne s'oublie pas. Vous devez sûrement me rappeler une connaissance.

Je bous littéralement. Mes joues doivent être écarlates. Et cet enfoiré de John qui s'est éclipsé pendant que je lui serrais la main... Me voilà seule face à celui qui me fait perdre tous mes moyens. Heureusement, Eva, que je ne remercierais jamais assez, vient couper cet échange embarrassant.

— Ah, Chiara, tu es là ! Ça fait des heures que je te cherche.

Quand elle arrive enfin à notre hauteur, elle reluque Chase sans aucune discrétion.

— Chiara, tu ne me présentes pas ton ami ?

Chase, tout sourire, s'empresse de se présenter lui-même face à mon manque de réaction. Je finis par tirer mon amie par le bras tout en m'excusant auprès de lui :

— Nous n'allons pas vous retenir plus longtemps, je vois que de nombreux confrères souhaitent vous féliciter également. Heureuse de vous avoir rencontré, monsieur Davis.

J'entraîne Eva vers le bar pour lui expliquer au plus vite la situation.

— Mais qu'est-ce qui t'arrive ? Ce mec est carrément canon et toi, tu fuis !

— Figure-toi que ce canon est Éros !

— Quoi ? Mais de quoi tu parles ?

— J'ai reconnu son odeur, sa prestance et sa voix ! Il n'y a aucun doute, c'est bien lui. Crois-moi, sa bouche reste gravée dans ma mémoire, sa peau hâlée, son toucher.

— Non !! Sans blague ! Mais c'est un truc de dingue ! Il t'a reconnue ?

— Non, je ne crois pas, mais il vaut mieux que je reste loin de lui si je ne veux pas que ça arrive.

— Merde alors, tu vas faire quoi maintenant que tu sais qui est le roi de la baise ?

66

— Je ne sais pas. De toute façon, après cette soirée, il est très peu probable qu'on se recroise de sitôt. Je vais espérer qu'il ne fasse pas le rapprochement quand je le reverrai au club. En attendant, j'ai besoin d'un verre de toute urgence.

Chapitre 9

CHIARA

L'ATTIRANCE

La fête bat son plein. Après avoir descendu quelques verres de champagne, je me retrouve depuis une heure sur la piste de danse avec Eva, à me déhancher au rythme de la musique. Les vapeurs d'alcool m'ont permis d'oublier la présence d'Éros. J'ai fait en sorte d'éviter de le croiser et tente de passer une bonne soirée malgré tout. Mais mon insouciance est de courte durée, lorsqu'un corps chaud se presse contre mon dos, m'enveloppant d'une chaleur intense. J'ai l'impression de revivre la même scène qu'à notre première rencontre, car je sais que c'est lui dès qu'il me susurre à l'oreille :

— Je n'ai pas pu m'empêcher de venir danser avec vous, la tentation était trop grande.

Je me retourne aussitôt, voulant couper au plus vite cette connexion qui s'installe entre nous. J'ai peur qu'il fasse tout de suite le rapprochement. Je fais quelques pas en arrière pour éviter cette proximité qui m'oppresse. À son regard, je vois qu'il semble vexé. Un homme comme lui ne doit pas connaître les refus. Je sais que mon comportement le déstabilise. Il ne faudrait pas que je devienne un défi et qu'il insiste davantage. Je ne lui réponds pas, mais continue de danser à ses côtés en lui souriant. Je dois éviter d'être trop proche, mais paraître également moins froide. Il me fixe de ses yeux bleus envoûtants avec une telle intensité que je ne peux soutenir cet échange trop longtemps, préférant me tourner vers ma meilleure amie. Je prie pour qu'il délaisse la piste de danse, mais l'univers est probablement contre moi quand un slow débute dans les enceintes et qu'il me tend sa main pour m'inviter à danser avec lui. Il dépose l'une de ses mains au creux de mes reins et presse ma paume de l'autre. Il m'attire davantage vers lui, son torse frôlant ma poitrine. Mon cœur bat à tout rompre, ma gorge est sèche et son odeur me fait perdre tous mes moyens. Il doit sentir la moiteur de mes mains, tellement je stresse à cet instant. Son souffle chaud dans mon cou me retourne quand il commence à me parler :

— Pourquoi j'ai l'impression que vous me fuyez ? Je vous fais tant d'effet que ça ?

Son arrogance et sa présomption le rendent plus dominant que jamais, et le pire dans tout ça, c'est que ça m'excite ! Mais ici, je ne joue pas un rôle, je suis moi-même. Autant avec Satine, lui faire croire que je me soumets à lui, autant en tant que Chiara, je veux m'amuser et le tester en inversant les rôles, afin de voir comment il se comporte dans la vraie vie.

— Vous êtes bien présomptueux. Peut-être que vous me mettez mal à l'aise, tout simplement.

— Vraiment ? Et pour quelle raison ?

— Je vous trouve intrusif et un peu trop direct à mon goût.

— Si vous ne souhaitez pas être remarquée, ni séduite, il ne fallait pas mettre une telle robe. Vous êtes renversante et croyez-moi, c'est un supplice de rester loin de vous.

70

Son ton et ses paroles sont dignes d'un gentleman charmeur, alors qu'Éros est plus cru et direct. J'aime cette opposition entre ses deux personnalités. Il éveille en moi un sentiment étrange. Une attirance indéniable pour son physique de rêve et son aura démoniaque. C'est simple, ce mec est un véritable appel au sexe, mais Chase m'attire également pour son charisme et son savoir-vivre terriblement sexy.

— Vous pensez être irrésistible, n'est-ce pas ?

— Pas vous ? répond-il du tac au tac en faisant un sourire en coin malicieux.

— Vous n'êtes pas mal, mais pas du tout mon genre.

Je surveille sa réaction, mais il continue de me sourire comme s'il ne croyait pas un seul mot.

— Si vous le dites. Quel dommage, car vous, vous êtes carrément le mien.

Sa bouche frôle le lobe de mon oreille quand il me murmure ses dernières paroles. Je suis toute émoustillée par ce contact. Ma peau frissonne de désir et mon corps l'appelle pour soulager cette excitation qui monte en moi. Je sais qu'il le ressent et qu'il lit en moi comme dans un livre ouvert :

— Votre corps, lui, me dit le contraire. Mais je ne suis pas un de ses hommes à insister. Je vous laisse tranquille à contre cœur. Passez une bonne soirée, Chiara. Au plaisir de vous revoir.

Il se détache de moi et me laisse seule au milieu de la piste. Cette sensation de vide et de froid me tétanise. Son parfum embarque mes sens dans son vibrant sillage avec ses notes puissantes, rassurantes et terriblement masculines. Je ressens déjà le manque de sa chaleur, de son souffle sur ma peau et de son toucher. Il me faut quelques secondes pour réaliser qu'il n'insistera pas. Il faut qu'il domine et qu'on se plie à lui. Je ne l'ai pas laissé faire, alors il a laissé tomber. Je suis déçue, c'était la première fois qu'on avait une vraie conversation.

Mes pieds commencent sérieusement à me faire souffrir. Les talons vertigineux pour se déhancher toute la soirée n'étaient pas une bonne idée. Il commence à se faire tard et la fatigue me tombe dessus sans crier gare. J'ai aperçu Chase discuter avec plusieurs groupes. Les femmes sont pendues à ses lèvres dès qu'il ouvre la bouche et les hommes semblent en admiration et envieux quand ils le dévisagent. C'est simple, il les attire tous comme des mouches. J'ai remarqué également les nombreux coups d'œil qu'il lançait dans ma direction. J'ai essayé de l'ignorer pour qu'il ne se rende pas compte que je l'épiais également. Cette attirance va bien au-delà du contexte dans lequel nous sommes plongés au Sanctuaire. Je pensais que l'ambiance érotique et l'endroit propice aux rapprochements justifiaient cette attraction, mais peu importe le lieu, nous sommes comme aimantés à chacune de nos rencontres. Comment n'a-t-il pas pu me reconnaître ? C'est pourtant une évidence. Il lui a semblé m'avoir déjà croisé, mais peut-être que mon parfum ce soir, n'étant pas le mien, l'a induit en erreur. Heureusement qu'Eva m'a prêté le sien, car ce petit détail aurait pu m'être fatal. J'ignore ce qui se passe quand les membres du club se croisent en dehors du Sanctuaire et se reconnaissent. Peut-être qu'il n'y a aucune conséquence, si cela reste entre eux, mais avec l'un des Dieux, mascotte du club, je pense que les effets seraient beaucoup plus compliqués. Je ne veux pas tenter le diable et me priver de l'initiation de mon Apollon et de son talent à me faire jouir sans limite. Et encore moins louper l'occasion d'obtenir le poste de rédacteur en chef.

Je décide de quitter la soirée pour rentrer chez moi tranquillement, mais Eva est introuvable. Je lui envoie un message afin que l'on puisse se retrouver à sa voiture. Mon téléphone sonne, Eva m'appelle avec une voix fébrile, comme essoufflée.

— Eva, tout va bien ?

— Oh oui, ne t'inquiète pas pour moi ! Je suis désolée de te laisser en plan, mais un charmant jeune homme m'a proposé de venir chez lui et je n'ai pas su résister.

— Je vois, pas de souci, je vais appeler un taxi. Profite bien de ta soirée et fais attention à toi.

— Merci, t'es la meilleure. Bon, j'te laisse, sa délicieuse langue m'attend.

Eva me fait rire. Elle est comme moi. On aime passer du bon temps sans se soucier des sentiments. Baiser le premier soir ne nous dérange absolument pas. Nous sommes jeunes et aimons en profiter avant de se caser définitivement avec celui qu'on aura choisi pour partager notre vie. Pour le moment, j'aime ma liberté, mon indépendance et m'éclater au lit sans qu'il n'y ait aucune conséquence.

Je réserve un taxi et préfère attendre dehors. J'ai besoin de prendre l'air. Une voix grave et suave me fait sursauter dans la nuit quand elle m'interpelle.

— Vous attendez quelqu'un ?

Chase, cigarette à la main, me scrute avec cette même intensité. Décidément, il ne va pas me lâcher. Je meurs d'envie pourtant de me jeter dans ses bras et de sentir ses mains sur mon corps. La privation de ne pas le sentir davantage commence à me consumer.

— Mon taxi.

— Je peux vous raccompagner si vous le souhaitez. Je suis garé juste en face.

— Merci, mais il ne devrait plus tarder.

— Pourquoi vous efforcez-vous de lutter ? Je sais que vous avez autant envie de moi que moi de vous.

Il se rapproche dangereusement et réduit rapidement l'espace entre nous. Il caresse ma joue avec le revers de sa main et finit sa trajectoire sur ma bouche. Je ne peux m'empêcher d'entrouvrir mes lèvres afin qu'il puisse y glisser son doigt que je happe et suce tout en le fixant dans les yeux. Je succombe et lui se délecte.

Le taxi interrompt ce moment d'une telle sensualité. Je m'écarte et glisse rapidement dans le taxi tout en le saluant :

— J'ai été ravie, Chase. Bonne nuit.

Il me dévisage avec son petit sourire narquois et suce à son tour le doigt que j'avais dans ma bouche quelques secondes avant. Ce geste enflamme mon entrejambe. Alors que le taxi s'éloigne, je lui réponds en léchant mes lèvres de façon suggestive pour le rendre fou de désir et de frustration. Maintenant, je n'ai plus qu'une envie, vite le retrouver au Sanctuaire pour faire taire ce supplice de l'avoir repoussé durant toute cette soirée.

Chapitre 10

CHIARA

DE LA FRUSTRATION À LA TORTURE

Quatre jours sont passés depuis ma rencontre avec Chase, quatre jours de torture à désirer le retrouver au plus vite au Sanctuaire pour assouvir cette envie qui ne cesse de me brûler et de me consumer depuis cette frustration ressentie lors de cette soirée. Je dois me camoufler davantage si je ne veux pas qu'il fasse le rapprochement entre Satine et moi. J'opte pour un masque un peu plus couvrant puis accentue le maquillage sur mes yeux et mes lèvres. Comme demandé la dernière fois, j'ai choisi avec goût la lingerie qui met mon corps en valeur. Un ensemble noir à dentelles avec un soutien-gorge qui laisse entrevoir une ouverture discrète sur les tétons et un string très minimaliste qui cache très peu de chose. Je me recouvre d'un gilet en laine pour ne pas avoir froid et de mon trench par-dessus. Mes talons aiguilles finalisent ma tenue des plus sexy.

Quand je passe ma carte dans le lecteur du Sanctuaire, mon cœur se met à battre d'excitation et d'appréhension. J'ignore comment la séance va se passer, si je suis capable de repousser mes limites avec lui, avec maintenant cette angoisse que notre identité éclate au grand jour.

Je longe le long couloir qui mène vers les portes du plaisir. Un homme magnifique sort au même moment d'une des chambres. Je distingue le nom d'Apollon inscrit sur le battant. À l'instant où nous nous croisons, il pince sa lèvre inférieure avec ses dents sans me quitter des yeux. Il saisit alors mon bras et me plaque contre le mur. Il me coupe le souffle et écrase ses pectoraux saillants contre ma poitrine qui ne cesse de se soulever au même rythme que ma respiration archaïque. Du bout de ses doigts, il caresse mes bras en remontant sur mes épaules et se penche vers mon oreille :

— Vous êtes magnifique et terriblement sexy, une véritable tentatrice. Si tu souhaites que je transforme toutes tes envies en réalité, je serais ravi d'être le serviteur de tes fantasmes.

Des frissons me parcourent le corps entier. Je ne peux nier l'effet qu'il me fait et la curiosité d'en savoir davantage sur lui. Ce dernier engouffre son nez dans mon cou et commence à me lécher le lobe de l'oreille. Sa main se faufile sous mon gilet pour malaxer mes fesses nues. Je ne peux empêcher les gémissements de sortir de ma bouche. C'est qu'il est doué, ce spécimen fait de muscles... Je n'ose pas le toucher et reste immobile sous ses assauts des plus torrides et enivrants. Soudain, au fond du couloir, je perçois une silhouette qui nous épie. Je peux deviner que cet homme est en train de se masturber pendant qu'Apollon me rend folle de ses baisers mouillés sur ma peau. Il déboutonne alors mon gilet avec douceur et demande mon autorisation pour continuer. Sous l'emprise de ses gestes provocants et exaltants, je hoche la tête et le laisse progresser dans son exploration. Après tout, je suis là aussi pour m'amuser et explorer... Il entrouvre les pans du vêtement et prend le temps d'admirer mes dessous affriolants. Il écarte alors la fente au niveau de mes tétons et saisit l'un d'eux entre ses lèvres. Sa langue le titille et sa bouche l'englobe pour mieux le sucer et l'aspirer. Je défaille et pousse des geignements de plaisir. Je me retiens à ses larges épaules et découvre sous mes doigts la musculature appréciable de son dos. L'homme caché dans l'ombre se rapproche vers la lumière et je devine la stature et le magnétisme d'Éros, son sexe dressé dans sa main qu'il branle avec ardeur devant ce spectacle où je m'abandonne complètement dans les bras d'un autre. Apollon s'éloigne subitement, me laissant pantelante, encore sous l'effet enivrant de sa bouche experte, puis me susurre :

— N'hésite pas à prendre rendez-vous avec moi, afin de continuer ce que nous avons commencé. Je suis beaucoup plus doux qu'Éros et serai l'esclave de tes plaisirs. Mais pour le moment, je lui laisse la place. Je crois qu'il est à point.

Il s'éloigne de moi et salue Éros d'un hochement de tête quand il le croise. Je me précipite alors dans la chambre et m'empresse de défaire mon gilet et de me positionner à genoux sur le coussin prévu à cet effet. J'appréhende sa réaction. Et s'il n'avait pas apprécié que je m'abandonne à un autre Dieu, juste sous ses yeux, avant un rendez-vous avec lui ? Et s'il me repousse, alors que j'ai terriblement envie de le sentir en moi, encore une fois ? Mes questionnements sont coupés quand il franchit la porte et qu'il s'immobilise devant moi, sa bite gonflée se mouvant devant mon nez.

— Lève la tête et regarde, Satine ! Tu vois comme je bande pour toi ? Tu vois comme tu m'as excité en te donnant à Apollon ? Tu as été une vilaine fille. En pensant à ton plaisir, tu es arrivée en retard à notre rendez-vous.

Après avoir connu l'homme distingué qui sommeille en lui, ça me fait un choc de l'entendre à nouveau en tant qu'Eros. J'ai une sacrée longueur d'avance sur lui, et il l'ignore complètement. Ça m'excite outre mesure. Il se dirige alors vers sa commode pour saisir le collier de soumission, puis me l'attache autour du cou.

— Ta punition sera moins dure que ce que j'avais prévu, car tu m'as rendu fou de désir et j'ai aimé te voir te faire lécher par un autre.

Il se dirige vers un téléphone fixe situé sur sa table de chevet et demande à Aphrodite de venir nous rejoindre. Il s'avance vers moi et me demande de me relever. Il m'attache au lit comme la dernière fois, mais cette fois-ci, il lie mes chevilles également à une barre qui m'écarte les jambes. Je suis toujours en lingerie, et à sa merci.

Aphrodite, une femme sculpturale à la chevelure dorée, entre dans la pièce, telle une déesse envoûtante. Elle est vêtue de simples cache-tétons en sequins dorés avec une houppe noire qui pend et d'un tanga où je devine une ouverture pour mieux accéder à son intimité. Je ne me connaissais pas bisexuelle, mais elle m'excite tout autant que n'importe quel homme. Il l'empoigne par le cou et lui roule une pelle sous mes yeux ébahis. De son autre main, il écarte le tissu de son bas et glisse un doigt entre ses chairs, puis deux en les enfonçant toujours plus loin et plus vite. Elle commence alors à gémir et à se tortiller sur ses phalanges. Il interrompt son baiser et lui demande de s'agenouiller devant son sexe tendu. Elle s'exécute et, sans même laisser le temps à Éros de lui demander, elle avale l'entièreté de sa queue et prend un plaisir à la lécher de tout son long. Il saisit ses cheveux dans son poing et accompagne le geste de ses va-et-vient tout en me fixant avec intensité. La frustration et la jalousie m'ébranlent. Le voir se donner à une autre sous mes yeux me dégoûte, mais je sens malgré tout mes sucs se déverser entre mes jambes. Mon excitation est à son comble et c'est une véritable torture d'être le témoin de ce spectacle des plus érotiques sans pouvoir y participer. Sa punition est cruellement grisante.

— Aphrodite, tes pipes sont toujours aussi délectables. Je vois que ma petite soumise est jalouse. Pourrais-tu lui montrer à elle aussi, comme ta langue experte est délicate ?

— Avec plaisir, maître.

— Satine, veux-tu goûter, toi aussi, au plaisir buccal d'Aphrodite ?

Je me sens subitement toute chose. Je n'ai jamais rien fait avec une femme, et je dois avouer que cette proposition est alléchante, surtout que je me retrouve avec une telle convoitise que j'ai juste besoin qu'on soulage rapidement ce brasier qui me brûle l'entrejambe. Je suis là pour explorer de nouvelles expériences, alors pourquoi ne pas tenter celle-là ?

— Oui, maître, je le veux.

Aphrodite se relève et s'allonge sur le lit, sa tête entre mes cuisses. Elle écarte mon string sur le côté et glisse ses doigts sur mon clitoris déjà gonflé. Elle le lape doucement puis tournoie autour avec le bout de sa langue. La sensation est délicieuse et la vision de cette femme canon me bouffant la chatte me fait mouiller davantage. Je commence à gémir et à pincer mes lèvres entre mes dents pour contenir le plaisir intense qu'elle me procure. Éros s'approche de moi et s'assoit à mes côtés. Il ouvre les fentes de mon soutien-gorge pour révéler mes tétons pointant et se met lui aussi à les lécher avec avidité. La sensation est euphorisante et la jouissance arrive rapidement. Elle enfonce alors sa langue dans ma fente pour se délecter de ma cyprine pendant que je crie mon orgasme. Éros présente alors son sexe devant ma bouche et me demande de le sucer. Je ne me fais pas prier de me repaître de son gland déjà mouillé de son suc. Pendant que je le lèche de toute sa longueur et qu'il frappe son pénis contre ma langue, Aphrodite me doigte assidûment et m'aspire un téton. Éros, quant à lui, me pince l'autre entre ses doigts. Je suis sur le point de jouir encore sous ses assauts diaboliquement enivrants. Je n'ai jamais été aussi émoustillée de toute ma vie et autant dévergondée. Il sort alors de ma bouche et déroule rapidement un préservatif. Il demande à Aphrodite de se mettre derrière moi et de me malaxer les seins. Elle s'active à les titiller et à les lécher pendant qu'il détache mes chevilles pour me libérer de la barre. Il dépose mes jambes sur ses épaules et il me pénètre d'abord doucement, puis il s'enfonce au plus profond en accélérant ses coups de boutoir. Son torse ruisselant se meut devant moi, faisant ressortir ses abdominaux alléchants. Un troisième orgasme me paralyse et Aphrodite enfourne sa langue dans ma bouche pour étouffer mes gémissements. Ce baiser bestial et torride m'achève. Je plane complètement et baigne dans une ambiance de volupté et de luxure. Éros me suit de près. Il se retire à la hâte, enlève le préservatif et répand son foutre sur mon ventre. Il dépose un chaste baiser sur mes lèvres et glisse dans mon oreille :

— Tu as été parfaite. Te voir jouir et prendre autant de plaisir avec Aphrodite m'a comblé. J'espère que tu as aimé ?

— Oui, maître. C'était une expérience des plus incroyables pour moi.

— Et toi, Aphrodite, comment as-tu trouvé ma soumise ?

— Délicieuse.

Éros me détache les poignets délicatement et essuie mon ventre. Il congédie Aphrodite et je reste seule avec lui dans un silence apaisant. Il s'assoit sur le bord du lit et m'incite à m'installer sur ses genoux. Cette proximité me trouble. Il caresse tendrement mon dos et savoure la peau de mon cou.

— Tu me rends fou, tu sais ?

— Vous aussi, maître.

— Ah oui, tant mieux. Même si tu as le droit de prendre du plaisir avec les autres, ça m'a rendu fou de te voir avec Apollon. C'était excitant, mais déstabilisant en même temps.

Il retire le collier, comme pour mieux se confier, sans domination.

— Maintenant, tu peux parler en toute tranquillité.

J'ai à la fois envie de le faire et peur qu'il me reconnaisse. Pourtant, la question qui me taraude franchit la barrière de mes lèvres :

— Pourquoi déstabilisant ?

— Je n'ai jamais été jaloux, ni exclusif avec aucune de mes soumises. Mais je ne sais pas trop ce que j'ai ressenti quand tu t'es facilement laissé aller dans les bras d'Apollon. J'aimerais être le seul à avoir le privilège de ton corps. C'est mon ego qui parle. Et puis, j'éprouve une telle frustration depuis quelques jours, que j'avais besoin de te posséder entièrement.

— Pourtant, tu m'as partagée avec Aphrodite.

— Oui, mais c'était parce que je l'avais décidé, et puis c'est une femme. Ce n'est pas la même chose.

— De quelle frustration parles-tu ?

— C'est de l'ordre privé. Cette partie ne concerne pas Éros. Une rencontre délicieuse qui m'a laissée sur ma faim. Heureusement que le Sanctuaire est là pour décharger toute cette frustration. Et te pénétrer est le plus beau des cadeaux.

Je n'arrive pas à croire qu'il mentionne notre rencontre à la soirée sans même savoir qu'il parle de moi.

— Tu veux dire que tu as désiré une femme à l'extérieur sans pouvoir la toucher ?

— Tu es bien curieuse.

Il ne me répond pas et clôture cet instant de confidence en m'embrassant langoureusement. Imaginer que je goûte les lèvres de Chase Davis me donne la chair de poule. Je me délecte de ce baiser et m'imprègne de lui pour assouvir ma frustration également. Sa domination me hante et me rend dépendante de lui. J'ai peur de la tournure que prennent les événements. Sans le vouloir, son charme et son influence s'insinuent en moi tel un poison. J'ai envie qu'il ne puisse plus, lui non plus, se passer de moi et je compte bien m'en charger rapidement. À trop se confier, il se pourrait bien que finalement, ce soit moi qui mène la danse et tienne les rênes de notre « relation ».

Chapitre 11

(Saygrace – You don't own me feat G-Easy)

CHIARA

LE DÉJEUNER

Cela fait déjà plus d'un mois que je fréquente le Sanctuaire. J'ai fini par y prendre mes marques et je suis devenue la privilégiée d'Éros. En effet, il semble ne plus pouvoir se passer de moi et me sollicite à chacune de mes sorties au club. Visiblement, il n'agit jamais de la sorte et fait tourner davantage ses soumises. Mon initiation a l'air de lui tenir à cœur et il ne souhaite sûrement pas me lâcher en si bon chemin. Il est vrai que ses séances BDSM sont des plus délicieuses. Il n'utilise pas la douleur, mais il aime m'attacher et jouer avec mon corps soumis à tous ses jeux sexuels. J'ai découvert une autre facette de cette pratique qui a éveillé ma libido et mes sensations. Je dois avouer que je ne m'y rends que pour assouvir mes désirs avec lui, je n'ai en effet, jamais baisé avec un autre du Sanctuaire, à part Aphrodite qui s'invite régulièrement dans nos ébats. Apollon n'a jamais retenté son jeu de séduction avec moi. Je semble invisible aux yeux des autres membres et cela commence à m'interpeller. Ont-ils vu que je ne pratiquais qu'avec le dominant du club ? Aucun n'essaye de m'inciter à découvrir les plaisirs charnels avec eux. En même temps, je passe tout mon temps dans la chambre d'Éros et me mélange très rarement à l'agitation des salons privés ou de la piste de danse. Je m'autorise quelques verres au bar, afin de trouver matière pour mon article, mais je ne m'éternise jamais, préférant rentrer chez moi après une nuit intensive de sexe.

Je me retrouve au milieu d'une conférence de presse à attendre l'arrivée de la championne du monde en titre de boxe. Pourquoi ? me direz-vous, et bien parce que je remplace au pied levé ma collègue qui s'occupe de la partie sportive du journal féminin pour lequel je travaille. Avec une fièvre de cheval, elle est actuellement clouée au lit et moi, j'étais la seule disponible pour assister à cette interview. Mais qui dit sport, dit Chase Davis !

Je me suis placée au fond de la salle pour être sûre de ne pas être repérée par monsieur dominant, mais le sort s'acharne contre moi. Chase est arrivé en retard et n'a donc pas eu le choix que de s'asseoir à mes côtés au dernier rang. Quand il se rend compte de ma présence, il se déplace de quelques places pour se positionner sur le siège juste à côté du mien. Il me scrute intensément et fait apparaître sa magnifique fossette avec son sourire en coin diabolique. En plein jour, il est à tomber. Son odeur suave et terriblement masculine me chatouille les narines et fait remonter en moi ce désir pour lui qui me consume. Il se penche à mon oreille :

— Bonjour, Chiara. Moi qui rageais d'être en retard, je suis ravi de l'être si c'est pour vous tenir compagnie.

Je ne sais plus où me mettre. Après mon geste des plus explicites avec lui, à la soirée des remises de prix, je ne sais pas comment me comporter.

— Bonjour, monsieur Davis.

— Chase. Vous pouvez m'appeler par mon prénom, maintenant que nous sommes plus intimes.

Je crois défaillir et mes joues commencent à me chauffer sérieusement. J'ai qu'une envie, me planquer ou partir en courant. Quel paradoxe. Il nous croit plus intime, car je lui ai sucé le doigt alors qu'on a fait tellement plus !

Heureusement que la conférence débute au même moment, m'évitant ainsi de lui répondre. Chase prend son boulot très au sérieux et s'active en posant une multitude de questions. Son autorité naturelle et son aura dominante lui permettent sans problème de s'imposer et d'obtenir ce qu'il souhaite. Je le regarde, admirative, traînant mon regard sur ce visage que je n'ai pas le droit de voir, en temps normal. Je détaille le grain de sa peau, ses lèvres charnues, son nez droit parfait, sa mâchoire carrée. Mais le plus hypnotisant chez lui, ce sont ses iris d'un bleu électrique. Il a un charme indéniable et une prestance incroyable. Dans son costume taillé sur mesure, à la marque d'un grand couturier, il semble envoûter toutes les femmes de l'assistance. J'essaie de reprendre mes esprits et de me faire plus discrète. Il ne faudrait pas qu'il remarque mon intérêt pour lui, sinon je suis fichue. Il est déjà difficile pour moi de me tenir éloignée de cet homme, alors s'il soupçonne de ma part le moindre intérêt pour sa personne, je sais qu'il ne me lâchera jamais. Un dominant obtient toujours ce qu'il convoite, c'est bien connu, et moi, je ne suis pas sûre de tenir plus longtemps avec cette frustration de ne pas m'abandonner dans ses bras, plongeant dans l'océan de ses yeux. Mais à force de le contempler, la conférence touche à sa fin et je n'ai toujours pas posé la moindre question à la championne.

— Merde, je n'ai pas eu le temps de lui poser mes questions !

— Pas de panique, si vous voulez, je vous refile mes notes, mais à une condition, répond Chase pendant que nous nous levons

— Laquelle ?

— Vous acceptez de déjeuner avec moi.

Je me suis coincée toute seule. J'ai absolument besoin de ses notes si je ne veux pas passer pour l'incompétente de la rédaction. Le poste tant convoité se joue également sur cet article. Là, c'est la Chiara ambitieuse qui prend le dessus et quelque part, ça me fait du bien de reprendre un peu mon sérieux :

— J'accepte, merci beaucoup, Chase. Je n'ai pas vraiment l'habitude d'assister aux conférences de presse et je n'ai pas su m'imposer quand il le fallait.

— C'est difficile de suivre quand on ne fait que me reluquer. En même temps, je comprends, je suis irrésistible.

Son sourire en coin et ses paroles me déstabilisent. Moi qui croyais qu'il n'avait pas remarqué que je le scrutais, c'est loupé ! J'essaie de rattraper le coup en ne me démontant pas devant lui et en montrant une certaine confiance. Ici, je ne veux pas paraître comme une pauvre petite soumise.

— Et très modeste également. Je ne faisais que vous écouter, vous êtes un professionnel après tout, et comme le sport n'est pas mon domaine, je restais attentive pour apprendre.

— Je peux vous apprendre beaucoup de choses encore, si vous le souhaitez. murmure-t-il à mon oreille alors que nous grimpons dans l'ascenseur

Ma peau frissonne et des images de lui en train de m'initier au SM m'assaillent. Une vague de chaleur m'étouffe, j'ai besoin de prendre l'air et vite.

Après avoir échangé des banalités, nous nous retrouvons dans un petit restaurant bourré de charme où la chaleur d'un feu de cheminée se diffuse sur ma peau gelée par les températures très fraîches de ce mois de novembre. Je suis très gênée par la situation, me retrouvant désarmée et impressionnée par celui que je connais pourtant très bien dans l'intimité. Je sais appréhender son anatomie sur le bout des doigts, le fréquente la plupart du temps dans son plus simple appareil et pourtant, là, à cet instant, j'ai l'impression d'être une petite fille apeurée, perdant tous ses moyens. Mais sa question me sort de mes angoisses :

— Je vous fais peur ?

— Pardon ?

— Vous avez l'air terrorisée, à moins que ce soit de la timidité. Je ne vais pas vous manger, du moins, pas encore.

Sur ses paroles lourdes de sens, je me décompose. On peut dire qu'il n'y va pas par quatre chemins pour exprimer ce qu'il souhaite. L'idée de ne pas lui donner satisfaction et de le faire ramer, germe soudainement dans mon esprit. Cet homme, si sûr de lui, ce serait un véritable plaisir de tenir tête à sa domination et de ne pas lui laisser la tâche facile, pour une fois. Je veux bien me soumettre au club avec lui, mais dans la vraie vie, j'ai besoin de tenir les rênes et de mener la danse. J'inspire profondément et tente de mettre un autre masque : celui de la fille confiante, sûre d'elle et dominatrice. Rien qu'à l'idée de lui en faire baver m'excite au plus haut point. Je suis curieuse de voir sa réaction face à une personne qui ne lui cédera rien. La frustration, moi, je pourrais la gérer en me donnant corps et âme au Sanctuaire, alors que lui...

— Cette technique fonctionne en général ? Parce que moi, elle me fait l'effet inverse, affirmé-je en emparant mon verre d'eau

— Ce n'est pourtant pas l'impression que j'ai eue quand vous m'avez léché le doigt.

C'est fou, il ne se démonte jamais.

— Je ne tiens pas bien l'alcool et j'ai un peu trop abusé du champagne ce soir-là. D'ailleurs, je voulais m'excuser de mon comportement, je ne sais pas ce qui m'a pris et pour être honnête avec vous, je pensais ne plus vous revoir.

Chase pose ses coudes sur la table pour capter mon regard.

— L'alcool, vous dites ?

Son rictus en coin me fait comprendre qu'il ne me croit pas du tout. Faut dire que l'excuse est carrément bidon. Je suis sauvée par la serveuse qui nous apporte nos boissons alcoolisées. Pendant qu'elle pose le tout sur la table, je constate que Chase est contrarié de se faire interrompre. Je retrouve cette fureur dominatrice qui électrise ses iris et j'en déglutis immédiatement. Une chance que cette dame soit trop mûre, autrement, il aurait pu la fouetter sur place. Lorsqu'elle s'éloigne, je m'empresse de clore le précédent sujet pour passer à autre chose :

— Alors comme ça, vous êtes un ancien champion également ? Dans quelle discipline exactement ?

— Vous l'ignorez vraiment ?

— Désolée, j'ai vaguement entendu parler de vous, mais je ne vous connais pas réellement.

Tiens, prends ça. Ton ego ne va pas aimer. Et en effet, le voilà qui serre la mâchoire avant de nettoyer son amertume d'une lampée de bourbon.

— J'ai été champion d'Europe de Kick boxing et j'ai eu également plusieurs titres dans le MMA.

— On n'a pas intérêt à vous embêter, alors. Je suis très impressionnée.

— Avec moi, vous serez en sécurité, pas de doute. Content que vous soyez impressionnée.

— Et pourquoi ?

— Parce que j'ai l'impression qu'il en faut beaucoup pour que ce soit le cas. J'me trompe, ou vous êtes loin d'être une femme facile à séduire ?

Je prends mon verre entre les doigts et bois la moitié de mon cocktail pour reprendre contenance. Son assurance et son charme fou me déstabilisent. Je peine à ne rien laisser filtrer de mon malaise et reste déstabilisée par le fait qu'il ne m'ait toujours pas reconnue Pourtant, je tiens bon :

— Nous ne sommes pas là pour se séduire, mais à titre professionnel. Vous souhaitiez me donner un coup de main et j'ai accepté votre proposition afin d'être plus au calme pour échanger nos notes. Ne voyez rien d'autre à ce déjeuner.

— Dommage, vous me brisez le cœur.

— Non, mais franchement, votre technique marche vraiment ?

— D'habitude, je n'ai même pas besoin d'inviter une jolie jeune femme à déjeuner pour obtenir ses faveurs.

— Et ce n'est pas lassant quand c'est trop facile ?

— Je dois bien admettre qu'un peu de piquant est toujours plus attrayant. J'aime les challenges.

— Je suppose que vous n'êtes pas marié et que vous n'avez pas de petite amie ?

— Pour être franc avec vous, je ne suis pas pour les relations longue durée.

— Et pourquoi ? On vous a brisé le cœur ?

— Je me lasse rapidement. J'ai un besoin de renouveau. Et pour me briser le cœur, encore faudrait-il que je sois déjà tombé amoureux.

Se pourrait-il qu'il se lasse de moi au Sanctuaire et que je ne puisse plus profiter de lui dans quelque temps ?

— C'est que vous n'êtes pas encore tombé sur la bonne, car, croyez-moi, quand on aime, on ne peut plus se passer de cette personne.

— Alors, j'ai hâte de la rencontrer, parce qu'il va aussi falloir qu'elle accepte ma vie et mes pratiques particulières.

Je n'en crois pas mes oreilles. Il n'a vraiment aucune pudeur et se livre sans concession. Je ne sais pas s'il est aussi direct avec toutes les femmes qu'il rencontre, mais ça a dû en faire fuir plus d'une, sauf celles qui ne cherchent qu'un plan cul. Je me demande s'il montre son côté dominant tout de suite ou s'il fait l'amour comme il l'a fait avec moi la première fois.

— De quelles pratiques parlez-vous ?

— Si vous souhaitez le savoir, vous savez quoi faire.

— Eh bien dans ce cas, vous resterez un mystère pour moi. Un fantasme est fait pour ne pas se réaliser, pas vrai ?

— Vous ne me laissez aucune chance. J'ai au moins le mérite d'être un fantasme.

— On ne peut pas nier votre charme, mais vous êtes égocentrique et beaucoup trop arrogant à mon goût. Ça gâche tout.

— Vous êtes plutôt du genre à chercher le grand amour ?

— Pour être honnête également, je suis plutôt du genre à ne pas me prendre la tête et à profiter. On va dire que je n'ai pas trouvé celui qui me permettra de me poser. En attendant, je ne suis pas nonne non plus. Alors oui, j'aime prendre du bon temps.

— Vous êtes célibataire, alors ?

— En effet.

— Alors pourquoi ne pas vous laisser aller ? J'ai vu que vous en aviez envie l'autre soir.

— J'avais simplement envie de jouer avec vos nerfs. Vous êtes beaucoup trop sûr de vous, et comme je vous l'ai dit, ça a plutôt tendance à me refroidir.

— Je saurai vous faire craquer, Chiara, je ne vais pas vous laisser m'échapper aussi facilement.

— Vous pouvez avoir toutes les filles que vous souhaitez, alors pourquoi vouloir perdre votre temps avec moi ?

— Parce que vous me bousculez, parce que vous êtes terriblement attirante et que depuis notre rencontre, j'ai la sensation de déjà vous connaître. Quand je désire quelque chose, je fais toujours tout pour l'obtenir.

Oh putain... tiens bon Chiara.

— Et si ça devait arriver, il se passerait quoi après ? Vous me jetterez ? Et vous passerez à une autre ?

— Je l'ignore.

— Soyez franc, vous l'avez dit vous-même tout à l'heure, vous vous lassez vite.

— Oui, mais peut-être êtes-vous celle qui va me faire tomber amoureux.

Cet homme à réponse à tout. Ses dernières paroles me troublent. Je sais que c'est impossible. Il ne pourrait jamais renoncer au Sanctuaire et je ne suis pas sûre qu'une femme accepte de le laisser continuer ses pratiques avec tous les membres du club. À moins qu'il trouve une libertine à qui ça ne dérange pas de partager. En tout cas, ce n'est pas mon cas, en amour, je suis très exclusive.

— Pour cela, il va falloir sortir les violons et apprendre à être plus romantique. J'aime les roses rouges.

Je continue de le provoquer et je prends un véritable plaisir à ne pas lui faciliter les choses.

— Je note. Vous verrez, je saurai vous surprendre.

— C'est impressionnant toute l'énergie que vous déployez pour mettre une femme dans votre lit, tout ça pour baiser.

— Croyez-moi, si vous deviez céder à la tentation, je ne vous baiserais pas, je vous vénérerais. Et sachez que je ne mets pas toute mon énergie avec n'importe qui.

— Pourquoi moi, alors ?

— Parce que vous me plaisez et que j'ai très envie de vous goûter.

Il accompagne ses paroles avec un léchage de sa lèvre inférieure. Ses iris bleus me déshabillent. Je défaille tellement que je ne remarque pas tout de suite que nos entrées viennent d'être servies. La serveuse a-t-elle entendu ses dernières paroles ?

— Vous ne laisserez pas tomber, hein, Chase ?

— Jamais. Encore moins maintenant que je vous ai entendue murmurer mon prénom.

Une sourde chaleur se répand entre mes cuisses.

— Alors, surprenez-moi, mais je sais que vous vous lasserez très vite et que vous laisserez tomber avant même de m'avoir embrassée.

— Je saurai vous prouver le contraire, mais pour cela, il va falloir que vous acceptiez de me revoir, c'est le deal.

Game on.

— J'accepte le marché, et je ne vous dirai qu'une chose… bon courage. Maintenant, vous me montrez vos notes ?

Chapitre 12

CHASE

LES NOUVEAUX MEMBRES

Deux mois plus tôt

Après m'être défoulé et échauffé pendant plus d'une heure sur un sac de frappe, je décide d'affronter mon coach et ami, Terence, sur le ring. J'aime éprouver les sensations du combat et l'adrénaline que cela me procure. J'ai cessé les compétitions depuis cinq ans maintenant et je m'épanouis dans mon métier de journaliste sportif. Quand vous êtes champion, beaucoup de portes s'ouvrent, vous offrant des opportunités aussi belles que tentantes. Grâce à mon statut, j'ai accédé à un super poste dans l'un des magazines sportifs les plus réputés de la région. Et avec mes penchants sexuels et ma soif de sensations fortes, les portes du Sanctuaire se sont ouvertes à moi par la même occasion. Cela fait trois ans que je suis devenu le dieu Éros au club. J'y suis rentré grâce à une amante et soumise qui dirige cet établissement. Elle a vu en moi le Dieu dominant qui manquait à son lieu de débauche. Quand elle m'a proposé les clauses du contrat, je ne pouvais pas refuser. Mais j'avais une condition : qu'elle embauche également Terence, mon ami de toujours qui partage les mêmes vices que moi. Désormais, il est l'homme masqué qui accueille les nouveaux membres et qui leur explique les règles du Sanctuaire. Malgré ma notoriété, tout le monde ignore qui je suis caché derrière ce masque. Seuls quelques privilégiés connaissent mon identité, mais les conditions de leur contrat les empêchent de faire fuiter quoique ce soit. Le contraire serait une catastrophe et un vrai désastre pour ma carrière. Ma vie me convient parfaitement, telle qu'elle est. J'ai pourtant déjà bientôt trente ans, mais personne ne m'a donné envie de me poser. Et serais-je capable de renoncer à tout cela pour une personne ? Je pense pouvoir faire certaines concessions, mais il faudra tout de même que ma future partenaire aime mes pratiques sexuelles et qu'elle adhère au libertinage également. Faire l'amour qu'à une seule femme me semble impensable. Le souci, c'est qu'au club, il est difficile d'envisager une relation avec quelqu'un, puisque nous ne connaissons pas leur identité.

Je me recentre sur mon combat et esquive avec facilité toutes les attaques de Terence. J'ai réussi à garder un bon niveau avec les efforts quotidiens et les entraînements intensifs auxquels je me soumets régulièrement. Je dois entretenir mon corps pour le club, cela fait partie du deal également.

Après m'être délassé sous une douche bien chaude, je me sèche et m'habille dans les vestiaires du club de boxe.

Terence me rejoint.

— Alors ? Impatient de découvrir les nouveaux membres du club, ce soir ?

En effet, le Sanctuaire essaie de renouveler sa clientèle en proposant, une fois par mois, une immersion totale aux futurs libertins potentiels. Mais ce que je préfère dans ce mécanisme de recrutement, c'est que ce sont nous, les Dieux, qui décidons ou pas de donner une carte VIP de ce lieu très sélect. J'aime la nouveauté, découvrir des soumises potentielles, goûter à de nouvelles peaux, arracher de nouveaux soupirs. Je me lasse très vite et je renouvelle régulièrement mes soumises. Souvent, je prends le temps de les initier, et si elles me procurent un certain plaisir, je les garde quelque temps, mais ça ne dépasse jamais le palier des deux mois. L'arrivée tous les mois de nouveaux membres me détourne systématiquement de certaines de mes régulières. Et ce soir, c'est justement LA soirée que je préfère.

— T'as pas idée. J'ai besoin de me trouver une autre soumise. J'ai cessé les rendez-vous avec Chanty. Et puis les autres sont devenues lassantes. C'est dingue de ne pas trouver celle qui me fait vibrer à chaque fois, celle qui chamboule tous mes sens.

— Tu te prends trop la tête, mec. L'idée d'être dans ce genre de club, c'est justement le plaisir de multiplier les partenaires.

Ouais, ça, c'était marrant au début. Mais contrairement à mon pote, je privilégie la qualité à la quantité.

— Je veux être accro à sa peau, à ses gémissements, au spectacle qu'elle me donne quand elle est offerte à moi, attachée, les jambes écartées. Mais j'ai beau avoir eu d'innombrables amantes, aucune ne m'a donné envie de la garder.

— Tu es beaucoup trop exigeant dans la vie, que ce soit dans le travail, le sport, les amis et même tes conquêtes. Tu mets la barre beaucoup trop haute. La perfection n'existe pas, Chase, et l'horloge tourne.

— Mais ça me convient parfaitement. Je n'ai jamais désiré me marier ou même avoir des enfants. J'aimerais seulement connaître la même exaltation avec une femme que celle que j'éprouve dans une cage ou sur un ring.

— Dans ce cas, tu devrais peut-être arrêter le club, tenter une autre approche et dans un autre endroit pour rencontrer les femmes. Enfin, j'ai l'impression que tu commences à avoir envie de te poser. Au Sanctuaire, il y a la barrière de l'anonymat, tu ne pourras jamais approfondir une relation là-bas. Tu baises d'autres femmes en dehors du club ?

— Ça m'arrive régulièrement de raccompagner ces charmantes jeunes femmes lors de soirées, mais je baise normalement, sans les attacher, sans les soumettre, sans les dominer et cela me frustre plus qu'autre chose. Je n'arrive pas à trouver ce juste milieu.

Terence termine de se sécher et commence à s'habiller en silence. Je vois que quelque chose le tracasse.

— Qu'est-ce qu'il y a ?

— Je ne sais pas si je vais continuer, Chase. J'ai envie de me poser. Le sexe pour le sexe ne me suffit plus. J'ai besoin de ressentir davantage et je sais que l'amour change tout. Faire l'amour, voilà ce que je veux faire, mais ne plus baiser ! Et le Sanctuaire n'est définitivement pas le lieu approprié.

Cette discussion me fait soudainement douter. Il n'a pas tort. Peut-être que je me lasse plus rapidement car il manque finalement l'essentiel, ce sentiment d'amour, d'appartenance qui rendrait l'acte sexuel certainement plus intense. Mais en attendant, la seule chose qui m'obnubile, c'est la rencontre de nouvelles soumises, et ma queue frétille déjà d'impatience. Non, je ne suis définitivement pas prêt à être l'homme d'une seule femme.

La soirée bat son plein au Sanctuaire. Ça fait déjà plus d'une heure que j'enchaîne les verres, bien installé dans un salon qui m'est réservé, en attendant la venue des petites nouvelles. Pour me faire patienter, j'ai invité deux de mes soumises à me rejoindre. Pendant que l'une me suce avec avidité, l'autre lui bouffe la chatte avec le même plaisir. Je scrute avec intérêt le carré VIP réservé aux potentiels nouveaux membres. Plusieurs femmes sont déjà arrivées et semblent plutôt à l'aise. Sûrement des habituées de ce type d'endroit. Rien d'exaltant pour moi. Puis, j'aperçois Terence accompagné d'une magnifique femme. Ses longues jambes et ses formes vertigineuses font davantage tressaillir ma bite entre les lèvres de ma soumise. Elle paraît perdue, peu sûre d'elle et gênée devant l'orgie qui se déroule sous ses yeux. Les têtes se retournent à son passage, et les corps se rapprochent pour effleurer le sien. Cette femme dégage un sex-appeal incroyable et son trouble face à ce qui semble être une grande première pour elle, déclenche en moi l'envie de la faire mienne. Je dois être le premier à la toucher et je dois être le Dieu qui lui ouvrira les portes du plaisir. Je repousse gentiment celle qui s'évertue à me stimuler et range mon matos dans mon pantalon. Ma belle inconnue enchaîne les coupes de champagne et semble enfin se détendre. Quand elle se décide à rejoindre la piste de danse, je ne peux décrocher mes yeux de son déhanché des plus sensuels et hypnotiques. Si elle continue comme ça, tous les mecs vont se battre pour l'attirer dans une des nombreuses alcôves.

Je décide de la rejoindre et avance discrètement vers elle. J'ai envie de la surprendre alors qu'elle a l'air d'être dans sa bulle, occultant tout ce qui l'entoure, mouvant son corps sculptural au rythme de la musique. Je m'accorde à ses mouvements et enroule mes bras autour de sa taille. Elle sursaute, reste nerveuse dans mes bras puis se déhanche de nouveau en frottant mon entrejambe avec son cul bombé. Je me colle à son dos et respire la peau de son cou. Son odeur envoûtante me met une trique d'enfer et sa peau qui se pare de frissons gonfle mon égo. Je sais que je lui fais de l'effet, et ça, sans même m'avoir encore vu. Mes mains caressent chacune des courbes de son corps et mon souffle au creux de son oreille allume un brasier en elle. Je la sens fébrile, haletante, sa respiration s'accélère et je l'achève avec ma phrase des plus explicite :

— Votre corps est un appel aux péchés, vous allez me tuer sur place si vous ne cessez pas tout de suite cette danse indécente, à moins que vous ne m'autorisiez à vous rejoindre dans ce corps à corps des plus excitants.

Quand elle se retourne enfin et que j'affronte son regard qui se délecte de mon corps, je ne maîtrise plus rien. Je la cramponne par les hanches et la ramène tout contre moi, frottant mon désir contre son bas-ventre. L'appel de son odeur me fait plonger dans son cou. Je la hume, inspire sa fragrance sucrée avec insistance pour jouir de ses effluves enivrants. Ma bouche se délecte de sa peau et sillonne le long de sa carotide qui pulse à chacun de mes coups de langue. Je la presse contre moi pour fusionner avec elle et la mettre dans un état de transe extrême. J'ai envie d'elle comme jamais et ne lui cache ni mon attirance ni le besoin irrépressible de m'enfouir en elle, de goûter à d'autres parties de son corps, de sentir la chaleur humide de son sexe. Je l'attire à ma suite et quitte la piste pour l'entraîner dans ma chambre, à l'abri des regards. Quand elle semble de nouveau toucher terre, elle panique et tente de partir en prétextant qu'elle n'aura pas la faveur des Dieux si elle reste ici avec moi. *Si elle savait.* Elle n'a pas eu le temps de lire mon nom sur la porte et je jubile de ne rien lui dire. Quand elle découvrira qui je suis, elle risque de ne pas s'en remettre. Je la plaque contre la porte et lui fais vite oublier les raisons pour lesquelles elle voulait me fuir. Je goûte, avec elle, à un plaisir indescriptible. Sa peau d'une douceur satinée est une véritable jouissance pour mes mains aguerries. Ça faisait une éternité que je n'avais pas pris autant de plaisir à déguster une petite chatte comme la sienne, à écouter ses gémissements plus bandants les uns que les autres et à ressentir cette attraction, cette alchimie d'une telle profondeur. Cette femme sensuelle me retourne et son cri d'extase qui fait écho dans la pièce lorsque je lui claque son magnifique petit cul, finit de me convaincre qu'elle fera une merveilleuse soumise. Après m'être remis de mes émotions et l'avoir raccompagnée, je m'empresse d'avertir Terence de me rejoindre. Je dois absolument l'initier à mes pratiques. Vu le pied que je viens de prendre en la baisant simplement, je n'imagine pas les sensations auxquelles je peux prétendre en la voyant attachée, à ma merci. Terence frappe à la porte et entre dès que je l'y invite.

— Alors ? Raconte-moi tout. Comment as-tu trouvé Satine ?

— Sublime, délectable. Elle est celle qui saura me donner le grand frisson. J'ai entraperçu les ressentis qui m'électrisent sur un ring. Je sais qu'en pratiquant le BDSM avec elle, ce sera le kiffe assuré. Tu dois la convaincre de revenir et d'accepter mon invitation, ainsi que son initiation.

— Je savais qu'elle te plairait. Elle m'a fait le même effet. N'hésite pas à me demander de vous rejoindre, j'aimerais bien goûter à cette transe qu'elle seule a pu te faire ressentir.

J'aime partager mes soumises avec mon pote, le triolisme fait partie de mes pratiques préférées. Que ce soit avec deux femmes ou bien avec un couple. Mais bizarrement, l'idée de la partager me semble impossible. Je veux qu'elle m'appartienne. Pourquoi ?

— D'abord, je l'initie, ensuite, on verra. En attendant, personne n'y touche. Fais le bien savoir aux autres Dieux. Satine est chasse gardée jusqu'à nouvel ordre. Dis-lui de venir demain. Je veux qu'elle porte une tenue rouge sans aucun dessous. Elle devra m'attendre au bar en dégustant « Le tentation ».

— Ok. J'y vais vite avant qu'elle ne décide de partir. Ça fait beaucoup en une soirée pour une novice.

Je décide à mon tour de quitter mon antre et de retourner dans un des salons pour me désaltérer. Après avoir savouré cette déesse, je n'ai plus envie de toucher une seule femme pour ce soir. Son empreinte encore sur ma peau, je ne veux pas m'en séparer ni l'effacer avec celle d'une autre. Pendant que j'apprécie la brûlure du whisky sur mon palet, deux habituées s'avancent vers moi puis commencent à me caresser les abdominaux et l'entrejambe.

— Pas maintenant ! Caressez-vous pour le moment, je veux vous mater.

Celle qui m'intéresse est là, assise au bar, à boire les paroles de Terence et je prie pour qu'elle accepte ma proposition. Tandis que Satine s'avance vers la sortie et passe tout près de mon alcôve, Terence se dirige vers moi et d'un simple signe de tête me confirme qu'elle accepte. Je me redresse pour qu'elle puisse me voir et commande aux filles de venir à mes côtés.

— Maintenant, caressez-moi.

Elles ne se font pas prier et naviguent leurs mains sur ma peau brûlante et moite. Je capture l'attention de Satine et la salue avec mon verre. Je ne peux pas m'empêcher de tester ses réactions, alors je saisis la chevelure d'une des filles et lèche son cou en ne cessant jamais de fixer ma future soumise. Elle semble encore exaltée, nerveuse aussi. Je sais qu'elle aussi ne supportera pas de me partager. Et c'est avec cette certitude et cette incompréhension que je la vois s'enfuir vers la sortie.

Chapitre 13

(Rosenfeld – Like u)

CHASE

MAGNIFIQUE PETITE SOUMISE

Ce soir, elle est de retour, assise au bar, vêtue d'une nuisette rouge en satin épousant parfaitement ses courbes affolantes. Je ne vois que ses tétons dressés au travers du tissu. Cette femme est sublime, magnétique, dégageant un charme auquel je suis devenu accro en une soirée. Aujourd'hui, c'est son initiation et je vais devoir y aller en douceur pour qu'elle ait entièrement confiance en moi. Je veux surtout appliquer ma méthode qui la rendra accro à mon corps. J'aime savoir que j'ai ce pouvoir sur mes soumises. Je sais que la plupart ne baisent qu'avec moi, car je suis devenu leur drogue. Elle n'échappera pas à la règle. Je m'installe derrière elle au bar et la caresse lentement en testant ses réactions face à mes directives et mes assauts. Mes doigts dans sa petite chatte humide font dresser ma queue dans mon pantalon. Elle est mouillée à un point inimaginable, alors qu'on vient juste de commencer. Ses gémissements me mettent dans un état second. Cette femme prend le pouvoir sans s'en rendre compte. C'est elle qui finit par me soumettre et je n'aime pas ça. Après l'avoir laissée pantelante et frustrée, je décide de commencer les choses sérieuses dans mon antre. Je sais qu'elle sera docile, maintenant, je dois lui expliquer les règles. Après lui avoir énoncé les bases de la soumission et ses codes, je l'enchaîne au lit et prend un véritable kiffe à la contempler dans cette position. Elle en est plus que désirable. Tandis que je la mets dans un état second avec ma plume, je me délecte de ce spectacle des plus bandants, elle, gémissant, ses jambes écartées. Pour marquer ma domination, je décide rapidement de lui ordonner une fellation qu'elle accepte avec plaisir et putain que sa bouche est un supplice sur mon gland. Je vis la meilleure pipe de ma vie. Sa posture, ses menottes aux poignets me font rapidement monter. Je baise sa magnifique bouche pulpeuse et sens la jouissance monter. J'ai besoin d'exploser en elle de cette façon. Je dois provoquer cette frustration en elle pour qu'elle en redemande et revienne me voir, moi, Éros et personne d'autre. Alors que je décharge ma semence, mon plaisir s'intensifie quand je constate qu'elle est en train de tout avaler. Elle est sublime, exaltante, elle est ma parfaite petite soumise. Je préfère y aller doucement et mets fin à la séance. Je la libère de ses entraves et de sa soumission en lui ôtant le collier. Mais je décèle rapidement un malaise de sa part. Elle pensait prendre du plaisir à son tour et ne se gêne pas pour me le faire remarquer. Son tempérament de feu me fait sourire. Cette fille ne se laisse pas démonter, et bizarrement, ça me plaît. Mais quand je comprends qu'elle souhaite s'en aller sans mon autorisation, je la retiens en lui saisissant le bras et tente de comprendre son attitude. Je reprends mon ton autoritaire et lui révèle que si elle souhaite davantage avec moi, il va falloir qu'elle accepte mes conditions. Mais quand elle me crache à la gueule « que je peux aller me faire foutre, moi et mon égo surdimensionné et que pour qu'elle ait confiance en moi, je dois agir autrement », c'est le chaos dans ma tête. Elle me donne le coup de grâce avec sa dernière phrase « ne vous avisez plus de me donner l'impression d'être une merde ». Elle me repousse avec ferveur et s'enfuit en courant dans le couloir, me laissant abasourdi par ses paroles tranchantes. La sensation de l'avoir perdue me tord le bide. Je n'ai jamais échoué dans une initiation, ce n'est pas maintenant que cela va commencer. Elle a été parfaite, elle seule arrive à me procurer ce que je recherche depuis longtemps, qu'ai-je fait pour qu'elle prenne aussi mal mon comportement ? Je dois rattraper le coup et vite. Mon égo en a pris un sacré coup et les remises en question me submergent, moi qui d'habitude suis d'une confiance aveuglante, je me retrouve démuni et perdu. Il est hors de question qu'elle m'échappe, ce n'est pas elle qui décidera de cesser avec moi, mais bien moi. Personne ne m'a repoussé ni quitté et ça n'en sera jamais autrement. Alors, je cours après elle pour la laisser avoir le contrôle, juste une fois, en lui donnant ce qu'elle réclame depuis le début, la jouissance. J'ai réussi à l'intercepter avant la sortie et à l'entraîner dans un salon pour la rassurer. Je m'excuse et tente de lui faire comprendre qu'elle est parfaite, qu'elle me rend dingue et que j'ai envie d'elle comme jamais. Mais il faut qu'elle ait confiance en moi, sinon c'est peine perdue entre nous. Je la bascule sur le canapé en velours et dépose ses talons sur mes épaules. Son clitoris offert à mon regard, je plonge ma tête entre ses cuisses et l'aspire avec ferveur. Je me délecte de sa fente humide, lape ses lèvres et la fais jouir contre ma bouche, comme elle l'a fait avec moi, il y a quelques minutes. Ses gémissements et son corps ondulant sous mes coups de langue me rassurent, me provoquent, me retournent. Je voulais reprendre le pouvoir sur elle, mais je me rends compte qu'en fait, c'est elle qui le détient, bien plus que je ne le pensais. Je lui fais comprendre que je souhaite plus que tout qu'elle devienne ma soumise et que je ne tolérerai aucun refus de sa part. Quand elle accepte ma proposition, un soulagement m'envahit. J'ai besoin d'un break, elle aussi. Je dois faire le point, changer de tactique, car Satine est spéciale, je le sais et la peur qu'elle m'échappe à nouveau m'est impossible à imaginer. C'est moi qui suis censé être le maître du jeu, alors comment fait-elle pour inverser les rôles ? Je lui donne rendez-vous dans une semaine et l'encourage à profiter du Sanctuaire malgré tout, si elle le souhaite, bien que cette idée ne m'enchante guère, et lui donne mes directives pour notre prochaine séance. Je quitte l'alcôve dans laquelle je l'ai coincé et repars en direction du bar. J'ai besoin d'un remontant et vite.

Mon regard figé sur le liquide ambré de mon verre, mon cerveau carbure à mille à l'heure. Elle a réussi à foutre en l'air ma soirée, mais surtout, à foutre en l'air ma confiance en moi. Trois ans que j'excelle dans la pratique du BDSM dans ce club, que toutes les femmes jouissent à chacune de nos rencontres, qu'elles font la queue pour obtenir mes faveurs, et il a fallu que cette tornade brune me fasse douter de mes capacités lors de sa première séance d'initiation. Je quitte le bar et pars me doucher dans ma chambre privée. J'ai besoin de rentrer chez moi et d'une bonne nuit de sommeil. Le gala est dans quelques jours, et il faut que je me pose quelque temps si je veux tenir la cadence. Entre mes soirées au club un soir sur deux et mes entraînements à la salle de boxe, le reste du temps est consacré à mon métier. Je n'ai aucune place pour une relation, le temps me manquant et surtout le refus de faire la moindre concession sur l'une de mes passions.

Quand j'arrive dans mon loft, je m'écroule sur mon canapé et retire mes chaussures que je balance sur le plancher. Le sac de frappe suspendu au plafond, trônant au milieu de la pièce vacille après mon passage. Perdu dans mes pensées, je me remémore les combats, nostalgique de tout ce que je ressentais en combattant dans cette cage. Mais ce soir, j'ai touché du bout du doigt cette euphorie pour la première fois en dehors d'un ring. Sa bouche parfaite, sa peau satinée, son parfum ensorcelant, son charme ravageur. Cette femme est la seule à m'avoir donné ce frisson, cette exaltation, ce qui malgré moi me met dans une posture inconfortable. Ce sont mes soumises qui doivent être obsédées par moi, mais pas le contraire. Ce break que je nous ai imposé, va me permettre de reprendre le contrôle et de l'oublier dans les bras des autres. Je me relève difficilement et m'empresse de me déshabiller pour m'effondrer dans mon lit. Demain, une grosse journée s'annonce et peut-être bien l'obtention du Graal dans le métier que je chéris tant.

Chapitre 14

CHASE
MA NOUVELLE CONVOITISE

Après une journée harassante à courir après les interviews, je retourne chez moi pour me préparer à la soirée des remises de prix des meilleurs journalistes. Ça fait des années que je bosse avec acharnement pour obtenir LE prix tant convoité. J'ai dû prouver plus que les autres que j'avais ma place dans ce milieu et que je n'avais pas obtenu ce poste parce que j'étais un champion, mais parce que je le méritais grâce à mon professionnalisme et à ma rigueur. Comme tout le reste, je ne fais jamais les choses à moitié. Quand je veux, j'obtiens. Après une bonne douche délassante, j'enfile mon costume noir et choisis une chemise anthracite légèrement ouverte, dévoilant le haut de mon torse. Je me chausse de mes baskets préférées. J'ai préféré opter pour un look chic et décontracté, après tout, je suis un journaliste sportif. Je tapote mes joues de mon aftershave après m'être rasé de près et m'asperge de mon parfum préféré aux notes orientales boisées. Enfin prêt, je monte dans ma Ford Mustang Mach 1, cette icône reconnaissable au premier coup d'œil, mon rêve absolu d'en posséder une. Son design aérodynamique et son style agressif me donnent du pur plaisir à chaque trajet. Son moteur délivre une impressionnante puissance qui me transcende sur la route. Arrivé devant l'immeuble où doit se dérouler le gala, je repère une place juste en face du bâtiment. J'ignore à quel étage se trouve la salle et me dirige dans les ascenseurs sans même regarder les panneaux m'indiquant le bon endroit. Après être passé par plusieurs étages, je redescends au rez-de-chaussée. Le monde commence à s'agglutiner dans la cabine et je me retrouve coincé contre la paroi du fond. J'envoie rapidement un SMS à mon collègue pour connaître l'étage exact. Alors que je pense être arrivé au bon, j'essaie de me faufiler au milieu de la foule pour sortir d'ici au plus vite. Une fois dehors, je me rends compte que je me suis une fois de plus trompé d'endroit. Le ding de mon téléphone me délivre enfin et je décide de me rendre à la fête en empruntant les escaliers.

La soirée bat son plein et je prends plaisir à serrer les mains et à faire connaissance avec tout ce petit monde. Je me sens dans mon élément et le regard insistant des femmes à mon passage me donne une sensation grisante. Cela fait déjà plus d'une heure que j'échange avec mes collègues et ma bouche sèche me donne envie d'aller explorer le buffet et le bar. Alors que je repère les nombreux petits fours qui recouvrent la table, mon regard est attiré par une robe rouge et la silhouette sculpturale de la femme qui la porte. Ses longs cheveux bruns bouclés retombent sur ses épaules. Je m'approche, tel un prédateur qui a repéré sa proie et me hâte de découvrir si elle est aussi sublime de face que de dos. Presque collé à elle, l'effleurant à peine, je m'approche de son oreille pour entamer la conversation. Son parfum captivant aux effluves de fleurs d'oranger me séduit et quand je distingue les frissons qui parcourent sa peau parfaite et laiteuse, je sais que mon aura et l'emprise que j'ai sur les femmes ont encore fait leur effet. Rassérénée après ce trouble qui semble la laisser pantelante, elle finit par se retourner enfin, dévoilant des yeux d'un vert intense, des lèvres pulpeuses à se damner et un éclat au fond des yeux qui me terrassent sur place. Cette femme est d'une beauté à couper le souffle et paraît aussi déstabilisée que moi. Du moins, moi, j'évite de le montrer alors que son émotion transpire par tous ses pores.

— Tout va bien ? Ces petits fours, sont-ils si bons que ça pour vous faire perdre votre langue ?

— Oh... Désolée... J'avais la bouche pleine et ce n'est pas très poli de répondre... Enfin... Vous voyez. Vous m'avez suivie ?

Pourquoi pense-t-elle que je l'ai suivie ? Je m'empare d'un petit four que je mange avec sensualité tout en ne la lâchant pas du regard. J'ai besoin de la provoquer un peu pour savoir :

— J'ai suivi l'appel de mon estomac, pas vous directement, sans vouloir vous offusquer.

Devant son air ahuri, je précise alors mes paroles.

— Les petits fours, ils sont délicieux, j'arrive au bon moment sinon je crains que vous ne dévoriez le buffet.

Je remarque que son assiette déborde de pics et je ne peux m'empêcher de la titiller encore un peu :

— Je vois qu'on adore les olives. Comment vous vous appelez ?

Sans crier gare, elle s'enfuit dans les toilettes, me laissant comme un con devant le buffet. Je ne pensais pas avoir le pouvoir de troubler autant les femmes. Si elle croit me fuir durant la soirée, elle se trompe. Je dois savoir qui elle est et si elle est là en tant que journaliste ou en tant qu'invitée. Je tente de me ressaisir de cette apparition angélique en avalant quelques toasts et en buvant quelques verres de Champagne. J'essaie de retrouver ma nouvelle convoitise, mais en vain. J'ai l'impression de l'avoir effrayée alors que je tentais simplement de faire de l'humour sur son appétit dévorant. Peut-être l'a-t-elle mal pris ? Alors que je sonde la salle à la recherche de mon inconnue, l'animateur de la soirée se saisit du micro pour annoncer le début du moment tant attendu. Je me rapproche de la petite scène et attends patiemment sur le côté l'annonce des gagnants. Quand John arrive enfin au trophée tant désiré, je sens la nervosité m'envahir et tente d'essuyer mes mains moites sur mon pantalon. Mais la délivrance et l'effervescence me saisissent quand il prononce mon nom en tant que meilleur journaliste de l'année. Je m'empresse de grimper sur l'estrade et de récupérer l'énorme récompense que j'imagine déjà dans ma vitrine, trônant au milieu de mes nombreuses coupes, remportées sur le tatami ou sur un ring. Pendant que je remercie tous ceux qui ont contribué à ce succès, mon regard capte les iris incandescents de celle qui me bouscule de son charme ravageur et de sa beauté époustouflante. Mais, putain, qui est cette fille et pourquoi j'ai l'impression de la connaître ?

— Je souhaitais, tout d'abord, remercier mon journal, qui a su me faire confiance, alors que j'avais tout à prouver. Après des années de compétition dans le MMA, je ne pouvais pas mieux rêver comme reconversion. Je m'investis à fond, et ce trophée, aujourd'hui, me prouve qu'il faut suivre ses rêves. Quand on désire quelque chose très fort, c'est à vous de tout faire pour l'obtenir. Merci à tous !

Sur ces dernières paroles, je fixe intensément ma prochaine proie pour faire passer subtilement mon message.

Après la fin de mon discours, je m'approche de John, l'animateur de la soirée, et lui demande prestement s'il connaît celle que je convoite.

— John, tu vois la jolie brune en robe rouge, juste en face. Tu sais qui elle est ?

— Oui, bien sûr, il s'agit de Chiara, une charmante journaliste en devenir. Elle est plutôt douée dans son domaine et d'une beauté qui ne vous laisse pas insensible.

— Je te le confirme. Présente là moi, j'ai très envie de faire sa connaissance.

Ce dernier, un peu canaille, me tape l'épaule comme un père le ferait avec son fiston lors d'une partie de pêche. La pêche aux femmes oui…

— Tu n'en rates pas une, Chase. Je comprends mieux pourquoi ta réputation de séducteur invétéré ne te quitte plus. Allez suis-moi.

Nous nous faufilons dans la foule et nos regards se percutent pour la deuxième fois. John la salue et me présente enfin.

— Chase Davis, je te présente Chiara Donatelli. Journaliste pour le magazine féminin le plus tendance de la ville.

Je reste béat devant cette beauté fatale, mais ce n'est rien quand elle me saisit la main que je lui tends pour la saluer. Une décharge électrique parcourt mon bras jusqu'à mon palpitant qui bat à tout rompre. Elle aussi l'a sentie, je le sais, je le sens.

— Enchanté, Chiara. Vous avez un très joli prénom en plus d'un très bel appétit.

Son doux prénom *Chiara* caresse mon oreille. Tous mes sens sont en alerte. Je désire cette femme comme jamais. Le club et mon attirance pour Satine sont momentanément oubliés. Chiara semble gênée de ma remarque sur sa fringale de tout à l'heure. Alors que je la détaille avec insistance, une sensation de déjà vu m'interpelle. J'ai l'impression de la connaître, oui, mais je me souviendrais d'une telle femme si je l'avais déjà croisée. Elle me confirme que nous ne nous sommes jamais rencontrés auparavant et décide d'écourter la conversation quand son amie fait irruption, coupant encore une fois cet échange qu'elle semble vouloir fuir à tout prix. Pourquoi la seule femme de la soirée qui a suscité mon intérêt me repousse à ce point et tente de m'éviter ?

Assis au bar, je savoure un pur malt et regarde les invités se déhancher au rythme de la musique. Plusieurs femmes au comptoir me font des sourires insistants et me déshabillent du regard. En temps normal, j'aurais sûrement invité l'une d'entre elles à m'accompagner à boire un verre, mais la tornade brune insaisissable reste mon objectif de la soirée. Je la veux et je l'aurai. Alors, je la contemple, depuis plusieurs heures maintenant, en train de se défouler sur la piste de danse, à onduler son corps voluptueux dans cette magnifique robe rouge qui la met en valeur. Les hommes ont tous les yeux braqués sur elle et moi, je me fais la promesse qu'aucun d'entre eux ne la touchera ce soir. Chiara est ma convoitise, mon challenge, ma détermination. Je décide de m'élancer à sa rencontre et de passer aux choses sérieuses avec elle. Comme au Sanctuaire, je tente une approche des plus sensuelles qui fait toujours son effet auprès de la gent féminine. Je colle mon torse contre son dos et effleure ses hanches de mes mains. Puis je niche mon visage au creux de son cou pour lui susurrer à l'oreille à quel point elle est une tentatrice à se mouvoir de la sorte sur le dancefloor. Mais contre toute attente, elle se dégage de mon emprise et remet une distance entre nous. Jamais on ne m'avait fait un tel affront. Cette femme semble imperméable à mon charme et tente de faire bonne figure avec son sourire crispé. Je la dévore des yeux, la fixe pour montrer qui est le maître ici et quand enfin, elle baisse le regard, je reprends subitement confiance. Son geste de soumission me galvanise de nouveau. Elle semble tellement perturbée qu'elle se tourne vers son amie pour continuer à danser. Si elle croit se débarrasser de moi aussi facilement, elle se met le doigt dans l'œil. D'ailleurs, je saute sur l'occasion quand un slow se fait entendre. Je lui tends la main et ne lui laisse aucune chance de se dérober, encore une fois. Mes doigts se faufilent au creux de ses reins et d'un geste doux, mais assuré, je l'attire à moi, frôlant sa poitrine dont le magnifique décolleté laisse deviner le galbe de ses seins. Je vois dans ses yeux la panique, le stress et la moiteur de sa main le confirme. Lui fais-je donc peur ? e décide de le lui demander franchement.

— Pourquoi j'ai l'impression que vous me fuyez ? Je vous fais tant d'effet que ça ?

— Vous êtes bien présomptueux. Peut-être que vous me mettez mal à l'aise, tout simplement.

— Vraiment ? Et pour quelle raison ?

— Je vous trouve intrusif et un peu trop direct à mon goût.

Elle a beau me dire ce qu'elle veut, je n'en crois pas un traître mot. Je sais que je lui fais de l'effet, alors je la cherche davantage, la bouscule, la teste jusqu'à ses retranchements. Mais elle ne se démonte pas, me tient tête et ne laisse pas de place à ma domination. Cette femme ne souhaite pas se soumettre, et bizarrement, cela m'excite. Mais elle fait l'erreur de m'avouer qu'elle me trouve pas mal, mais pas son genre. *Menteuse.* Son corps hurle le contraire, frissonne à mon contact, son souffle s'accélère quand mes lèvres frôlent la peau satinée de son cou. Alors, je décide de la laisser là, seule au milieu de la piste, lui montrant mon désintérêt soudain pour elle, pour voir sa réaction. Je me planque au fond de la salle et surveille son attitude. Elle paraît perdue au milieu de la piste, déçue même, et cela me réconforte. Mon égo regonflé à bloc devant ce constat, je m'approche de plusieurs groupes de journalistes et discute avec eux en ignorant ouvertement Chiara. Je la découvre quelques minutes plus tard, assise sur une chaise, à masser ses pieds. Il est vrai qu'avec des talons aussi vertigineux, il doit être difficile de les supporter après avoir dansé pendant des heures. Mais quand elle se lève pour quitter la salle, je pressens qu'elle part définitivement de la fête. Je ne peux pas la laisser partir sans rien avoir obtenu d'elle. Je décide de la suivre discrètement et attend dehors avec elle. Je m'allume une clope et marche dans sa direction, quand elle termine son coup de fil. Quand je brise le silence de la nuit en l'interpellant, elle sursaute et tente de reprendre son souffle. J'attaque fort en ne lui laissant aucune échappatoire. Je lance la discussion et me rapproche au plus près de son corps tremblant. Après son refus de la raccompagner, je deviens plus franc et direct avec elle.

— Pourquoi vous efforcez-vous de lutter ? Je sais que vous avez autant envie de moi que moi de vous.

Ma main caresse la peau fine de son visage et glisse vers ses lèvres pulpeuses qui ne cessent de m'attirer. Son regard devient brûlant, sa respiration saccadée et quand elle ouvre légèrement la bouche, j'y vois ses derniers remparts s'écrouler et je m'engouffre dans la brèche. J'y pénètre mon doigt et quand sa langue s'enroule autour de lui et qu'elle s'en délecte avec ferveur, ses iris plantés dans les miens, ma queue réagit au quart de tour, jalouse de ne pas être à la place de mon index qui se fait sucer avec sensualité par cette déesse hypnotisante. Cette femme si timide et fébrile a laissé place à une Chiara torride et tellement sûre d'elle que j'en ai des frissons. Mais l'arrivée de son taxi éclate la bulle de plaisir dans laquelle nous nous étions enfermés. Avec son sourire charmeur, elle me salue et se glisse prestement dans l'habitacle de la voiture. Je la provoque une dernière fois en léchant à mon tour le doigt qu'elle vient de sucer. Chiara me laisse seul sur le trottoir avec une trique d'enfer et une frustration dévorante. C'est la première fois depuis longtemps qu'une femme ne m'avait pas autant captivé, en dehors de Satine. Mais ce n'est pas comparable. Satine, malgré son caractère bien trempé, m'est soumise et dévouée. C'est son corps qui me rend fou. Chiara me dit non, contrairement à toutes les autres. En dehors de son physique plus que sublime, c'est son mental qui me rend dingue. Insaisissable et froide, elle m'a bousculé, m'a accaparé. Elle a déjoué tous mes pronostics en me prouvant que je n'étais pas exclusivement attiré par les femmes soumises. Ce soir, c'est elle qui a dominé et j'ai adoré ça. Je remonte à la fête pour récupérer mon trophée et mes affaires. Je me glisse sur le siège en cuir de ma Mustang et fais vibrer le moteur. Musique à fond, je roule à toute allure sur la route déserte et décharge mon trop-plein d'énergie dans une conduite sportive. Arrivé chez moi, je me déshabille et refroidis mes ardeurs sous une douche bien froide. Les images obsédantes de sa bouche autour de mon doigt me galvanisent. Et le seul remède pour décharger tout ce trop-plein reste mon sac de frappe. Encore dégoulinant de la douche, j'enfile un boxer sans m'essuyer et bande mes mains. Je me défoule sur mon sac comme un forcené jusqu'à épuisement et m'écroule sur mon lit quand je ne sens plus aucun de mes membres. Je ferme les yeux et m'endors avec l'image parfaite de celle que je compte bien revoir et séduire au plus vite.

Chapitre 15

CHASE

DES INTERROGATIONS PLEIN LA TÊTE

Il est déjà dix heures quand je me réveille difficilement. La fatigue de la soirée, l'alcool dont j'ai pas mal abusé et l'image obsédante de Chiara qui a peuplé mes rêves ont flingué ma tête. Aujourd'hui, j'ai besoin de m'entraîner à la salle pour évacuer ce bordel de la veille. Et ce soir, je dois me rendre au Sanctuaire. Un planning parfait pour oublier ma frustration et ressentir ce qui me transcende dans cette putain de vie. Je décide de rejoindre la salle en faisant un petit footing, pour m'échauffer un peu avant mon entraînement et d'atténuer les effets indésirables de mon état second.

Arrivé au dojo bien trempé par la transpiration, je me sens plus léger, les endorphines se diffusant déjà dans mes veines. Terence coache un jeune boxeur en devenir. Il prépare avec lui les prochains championnats de France de boxe anglaise. Je le salue de la tête et file vers les vestiaires pour me préparer et bander mes mains. Je commence doucement avec des sauts à la corde, quelques séries de pompes et d'abdominaux avant d'attaquer le sac de frappe avec lequel je travaille ma vitesse et mon endurance. Quand je perçois la fin de l'entraînement de Terence, je m'avance vers lui et lui demande un combat avec son poulain. J'ai besoin de me défouler, de ressentir cette adrénaline qui me manque parfois. Terence apprécie toujours que je combatte avec ses futurs champions. Ça leur fait toujours une excellente préparation en se frottant à un ancien du milieu. Tout le monde y trouve son compte. Je grimpe sur le ring, et Terence m'aide à enfiler mes gants. Je sautille sur place, ferme les yeux et me concentre. J'aime ce sport pur et brutal, qui me fait me sentir plus vivant que jamais, plus humble dans la défaite, et plus glorieux dans la victoire. Il réveille le vrai combattant ensommeillé au plus profond de chacun d'entre nous.

Je rouvre les yeux et me mets en position. La tête derrière les gants, le menton légèrement abaissé, les yeux qui regardent par-dessus, je fixe mon adversaire et le laisse commencer les hostilités. Je lance un premier coup de poing, puis accélère rapidement mon gant vers la cible avec une expiration vive. Je serre le poing au moment de l'impact et le relâche pour lancer plus de coups. J'y mets tout le poids de mon corps sans perdre l'équilibre et l'atteins sans difficulté au visage. Mes coups sont variés avec des directs, des crochets et des uppercuts. Je passe aux choses sérieuses en lançant un Jab avec un pas vers l'avant. J'attaque, défends, contre, ouvre de l'espace et le touche à chaque fois, le déséquilibrant. Ma vitesse et ma concentration l'empêchent d'accéder à mon corps trop souvent. Tous mes sens sont en éveil, l'adrénaline se propage tel un tsunami qui me dévaste d'une putain de jouissance. Même avec le sexe, je n'arrive pas à ressentir cette intensité, cette quête de l'orgasme ultime. Après avoir lutté pendant une bonne vingtaine de minutes, Terence met fin à notre combat. J'en sors épuisé, mais euphorique de cette rencontre. Je suis fier de moi qui n'ai quasiment rien perdu de mes réflexes et de ma combativité. Le jeune boxeur me remercie, honoré de s'être entraîné à mes côtés.

Je descends du ring et commence à défaire mes gants quand Terence s'avance vers moi.

— Tu as la forme ! Ta soirée s'est bien passée ?

— Plutôt. J'ai remporté le prix du meilleur journaliste de l'année et j'ai rencontré une magnifique femme qui n'a cessé de me repousser toute la soirée.

— Félicitations, mec ! Une femme te repousser ? Il va neiger !

— Te fous pas de moi ! Et le pire, c'est que j'ai adoré ça.

— Quoi ? Qu'elle te repousse ?

— Ouais. C'était excitant, comme un vrai défi pour moi de la faire céder.

— Et alors ? Elle a cédé ?

J'avale la moitié d'une petite bouteille d'eau avant d'inspirer l'air qui me manquait.

— Oui et non… Elle lutte et tente de résister, mais elle a quand même fini par lâcher prise, juste un instant et putain que c'était bon.

— Je suis curieux de rencontrer celle qui t'a visiblement marqué. D'habitude, tu t'en fous. Tu baises et puis basta.

— Mais là, je ne l'ai pas baisée. Elle est là la différence ! Mais je compte bien le faire et crois-moi, elle ne pourra plus me résister très longtemps.

— Tu comptes la revoir ?

— Elle est journaliste pour un magazine féminin. On sera forcément amenés à nous recroiser tôt ou tard. Je laisse le destin s'en charger.

— Tu ne vas pas l'appeler, ni aller la voir ?

— Non. Mais si je la rencontre une seconde fois, je ne la lâcherai pas. En attendant, j'ai de quoi faire au Sanctuaire. Inutile de se prendre la tête pour cette nana !

Comme on dit, la patience est une vertu et je sais parfaitement comment patienter.

— Surtout avec ta nouvelle soumise. Alors ? Comment est-elle ?

Je refuse de lui parler de mon presque cafouillage avec elle et omets quelques détails.

— Délicieuse, mystérieuse, elle promet d'être une parfaite petite soumise.

— Putain, tu m'étonnes !

Sa réponse me laisse un goût amer. Je n'ai jamais été possessif envers qui que ce soit, mais alors pourquoi cette drôle de sensation dans mon bide quand il montre son intérêt pour elle ? Et ça, alors que je suis intéressé par une autre femme. Je dois être taré.

— Elle te plaît ?

— Carrément ! Mais je ne suis pas le seul. Ils sont tous fous de ne pas pouvoir l'approcher.

— Je sais, j'ai bien vu les réactions quand je leur ai annoncé que cette fille, c'était chasse gardée.

— Ah ouais ?

— Ouais, Appolon n'avait pas l'air d'approuver. En même temps, mec, ce que tu m'as demandé va à l'encontre des lois du club.

Il n'a pas tort.

— Ok. Tu as sûrement raison. Tu pourras dire que ce n'est plus d'actualité.

De toute façon, on me craint un peu donc pas sûr que quelqu'un ose se frotter à Satine. Ou à moi.

J'ai besoin de la tester encore et de creuser un peu plus sur ce qu'elle me fait ressentir. Je ne peux pas être possessif, ni être jaloux ! Pour cela, je vais devoir la partager.

— De toute façon, tu t'en lasseras bien assez vite, comme toutes les autres. Et là, je ne me ferai pas prier pour la convaincre de baiser avec moi.

À ses mots, je me crispe et imagine difficilement me lasser d'elle. Ce n'est que le début, tout simplement et je sais qu'il a raison. Elle n'échappera certainement pas à la règle, elle non plus, mais pour le moment, elle est mienne.

Ma journée est vite passée et je me prépare déjà pour rejoindre le Sanctuaire. Je n'ai pas encore de rendez-vous avec Satine. Dans deux jours seulement. Bizarrement, je me sens moins excité à l'idée d'y aller, ne la sachant pas là, à m'attendre à genoux, à moitié nue sur le coussin de ma chambre. Quand je pénètre la moiteur des lieux, une vague de désir m'oppresse. Tous ces corps nus qui se caressent, se frottent, s'emboîtent, l'odeur du sexe et le frôlement de leur peau sur la mienne mettent tous mes sens en alerte. Je bande déjà dans mon pantalon et ne peux m'empêcher de claquer les fesses d'une soumise qui tend son cul vers moi. Je passe devant le salon où se trouve Apollon en train de se faire engloutir le sexe dans la gorge visiblement bien profonde d'une de ses conquêtes de la soirée. Je m'avance vers eux et m'assois à ses côtés. Alors qu'elle continue de le sucer avidement, je lui caresse délicatement les fesses et introduis deux doigts en elle. Sa chatte humide se resserre autour de mes phalanges. Je retire mes doigts trempés de la fille et lui demande au creux de son oreille si je peux participer à leurs ébats. Elle ne se fait pas prier. Je baisse mon pantalon, mon boxer et commence à me branler en la regardant lécher le gland de mon pote. J'enfile une capote et me positionne derrière elle. Je lui attrape les hanches et d'un geste brusque, la pénètre de toute ma longueur, faisant coulisser ma bite contre ses parois étroites et humides. D'un simple regard avec Apollon, nous nous comprenons. Je me retire alors de la fille et l'encourage à se mettre à califourchon sur lui. Pendant qu'elle s'empale sur sa verge bien dur, je lui prépare son anus pour le dilater un maximum. Quand je la sens prête, j'approche mon gland de son petit trou et le frotte délicatement avant de l'insérer en elle. Je commence avec de petits va-et-vient peu profonds pour lui laisser le temps de s'habituer à mon intrusion. Le passage est très étroit, sentant la bite d'Apollon la remplir par l'autre côté. Cette sensation est carrément jouissive. Nous la pénétrons vigoureusement au même rythme. Je glisse alors mes doigts jusqu'à son clitoris pour la faire jouir plus rapidement. Après avoir titillé le centre nerveux de son plaisir, elle pousse un cri de délivrance, et alors que je pensais jouir à mon tour, le corps de Satine et le visage de Chiara me viennent subitement à l'esprit. Putain, merde. L'orgasme qui était sur le point de gicler retombe brutalement, comme si ces deux femmes dans mon esprit désapprouvaient. C'est quoi ce bordel ? Apollon ne remarque rien et pousse un râle de délivrance pendant que je me relève pour quitter l'alcôve et rejoindre ma chambre. Je m'effondre sur mon lit, complètement perturbé par ce qui vient de se passer. Pourquoi m'obsèdent-elles à ce point ? J'ai pourtant un rendez-vous plus tard avec l'une de mes soumises, mais je ne veux pas retenter l'expérience de si tôt. Je me contenterai de la faire jouir et de la fouetter. En attendant, je me repose sur le matelas et commence à cogiter sur la suite des événements. Je n'ai jamais autant cogité pour une femme et encore moins pour deux en vingt-quatre heures. Chiara, mystérieuse, indomptable, irrésistible et Satine, candide, délicieuse, impertinente. L'une dominatrice et l'autre soumise. Le feu et la glace. Deux femmes voluptueuses qui me retournent et qui me filent la migraine avec toutes ses interrogations qui m'assaillent.

Chapitre 16

CHASE

DES SENSATIONS INÉDITES

C'est aujourd'hui que je retrouve Satine et je dois bien admettre que je ne me suis jamais senti aussi nerveux. Il ne faut pas que je la brusque de trop si je ne veux pas qu'elle m'échappe une nouvelle fois. J'ai besoin de la pousser malgré tout dans ses retranchements, de la tester également pour savoir comment procéder dans son initiation et me tester également. Et si l'image de Chiara venait à m'empêcher de m'adonner à Satine ?

J'attends patiemment, dans une alcôve près de l'entrée, afin de ne pas la louper. Alors que sa magnifique silhouette se dessine dans le couloir menant à la piste de danse, je me relève rapidement pour la suivre jusqu'à ma chambre où je lui ai donné rendez-vous. C'est le cœur battant que je suis les effluves de son parfum ensorcelant. Je fixe ses longues jambes fuselées mises en valeur par des talons vertigineux. Un long gilet arrivant à mi-cuisses la recouvre un peu trop à mon goût. Elle n'ose pas encore défiler en sous-vêtements devant la foule et se contente, pour le moment, de garder sa tenue affriolante pour mon unique plaisir. Et je dois bien avouer que cela m'excite davantage. Elle longe enfin le long couloir menant aux chambres des plaisirs. Je m'arrête au fond de celui-ci et me planque discrètement derrière un rideau. C'est à ce moment-là qu'Apollon fait son entrée et lui saisit le bras pour la plaquer contre le mur. D'abord furieux, puis la scène qui se déroule devant moi est d'un érotisme si incroyable que je ne bouge pas. Elle semble tétanisée, mais à la fois excitée de ses caresses. Mais contre toute attente, elle se laisse faire et commence à gémir sous ses assauts beaucoup plus entreprenants. Je ne peux pas les interrompre étant donné que je me suis invité dans des ébats qui appartenaient à ce dernier. Il la goûte, la lèche, la touche. Je décide d'avancer vers eux pour qu'elle puisse me repérer. Je ne peux m'empêcher de me branler devant cette déesse qui prend du plaisir. Finalement, elle n'est pas aussi farouche que je le supposais, et la voir avec un autre me fait davantage bander. Mais quand Apollon dévoile ses dessous en ouvrant son gilet, je ne réponds plus de rien. Le voir englober ses tétons de sa bouche avec avidité et la voir, elle, exprimer son désir sans retenue me laisse fou de jalousie. Je m'avance alors davantage, m'exposant à la lumière d'un spot pour qu'enfin, elle me découvre. Apollon s'éloigne d'elle subitement et lui glisse quelques mots à son oreille avant de me laisser la place. À son air, lorsque nous nous croisons, je sais qu'il a aimé ce moment avec elle et qu'il ne lâchera pas l'affaire. Mais pour le moment, c'est avec moi qu'elle prend rendez-vous et c'est avec moi qu'elle a décidé de se faire initier à mes pratiques. Comme honteuse de son geste, elle se précipite vers ma chambre et s'y engouffre en claquant la porte derrière elle. J'attends quelques minutes avant de la rejoindre, afin de décider de la suite de notre séance. J'ai aimé la regarder prendre du plaisir avec un autre et je m'emballe complètement à l'idée de la voir faire l'amour avec une femme. Elle est prête pour un plan à trois et Aphrodite sera parfaite dans ce rôle-là. J'entre à mon tour et suis fier de voir ma soumise à genoux, la tête baissée, attendant mes instructions et surtout ma réaction face à son dérapage de tout à l'heure. Je prends alors un plaisir à la faire douter et lui fait rapidement comprendre qu'elle mérite une punition.

Dix minutes plus tard, je jouis sur son ventre. Je dois dire que voir Aphrodite bouffer la chatte de ma petite soumise, m'a mis au bord de l'apoplexie. Jamais je n'ai ressenti autant de plaisir à voir une femme prendre son pied comme Satine. Cette femme éveille en moi des sensations inédites et l'envie de la rendre dingue me dévore. Nous nous remettons doucement de nos ébats endiablés. Aphrodite se retire, nous laissant seuls, Satine et moi. Le besoin de la cajoler me stupéfie. Après avoir baisé comme des sauvages, pourquoi avoir subitement envie de la sentir tout contre moi ? Je me surprends à me confier sur ma possessivité à son égard, sur ma rencontre avec Chiara et la frustration qui s'en est découlée depuis. Jamais je ne parle de moi ni de ma vie en dehors du Sanctuaire avec un membre du club, alors pourquoi je lui déballe tout ça ? Décidément, cette femme n'est pas comme toutes les autres et cela me fait peur. Je n'envisage pas de la laisser avec un autre membre du club, excepté quand je l'aurai décidé, comme avec Aphrodite. Je préfère me laisser porter par mon instinct et prendre tout d'elle. Elle parvient à me rassasier et à me combler face à ce perpétuel besoin de ressentir l'adrénaline des combats. Elle réussit là où d'autres ont échoué. Elle me rend dingue et je suis foutu. Pourtant, Chiara arrive à me la faire oublier.

***

Satine vient régulièrement au club à raison de deux fois par semaine depuis bientôt un mois. J'attends toujours avec hâte sa venue, car, à l'heure actuelle, elle semble la seule à me contenter. De part la régularité de nos rendez-vous, personne n'ose s'en approcher. Pour le moment, elle est chasse gardée et moi indisponible aux autres femmes. Ce qui, malheureusement, est tombé tout droit aux oreilles d'Anita, la patronne des lieux. Octroyant davantage de mon temps à Satine, les rendez-vous avec moi s'accumulent et Anita ne voit pas d'un très bon œil le tournant que prennent ses affaires. En effet, des clients mécontents ont vite fait de faire une mauvaise réputation à l'établissement. Alors quand Anita m'a demandé de passer à son bureau ce soir, j'ai senti les hostilités se profiler. Je toque à sa porte et entre avec détermination dans son bureau quand elle m'y invite. Anita est une soumise dans le sexe, mais dirige d'une main de fer son club. Quand il s'agit des affaires, le gentil petit chaton se transforme en félin redoutable, prêt à lacérer ceux qui se mettront sur son chemin. Je tente de paraître dominant et sûr de moi, car je sais qu'elle aime ça chez moi et que c'est la seule manière de pouvoir l'amadouer et faire pencher la balance de mon côté.

— Bonsoir Chase, assieds-toi.

Qu'elle m'appelle par mon vrai nom n'est définitivement pas bon signe. Et le ton qu'elle emploie ne me plaît guère. Je suis un dominant, alors qu'on me donne des ordres, surtout de la part d'une soumise, me mets hors de moi. Je tente de me contenir en serrant la mâchoire et obéis sagement à sa demande.

— Que me valent cet entretien et tes familiarités avec moi, Anita ?

— Dans ce bureau, tu n'es plus Éros, mais bien mon employé. Tu as signé un contrat et tu te dois de le respecter à la lettre. Je pense que tu es plus que gagnant dans cette histoire, alors pourquoi tu déconnes grave depuis bientôt un mois d'après les dires de certains ?

— Peut-on savoir ce que l'on dit exactement ?

— Que tu passes tout ton temps avec une nouvelle recrue et que tu interdis à quiconque de la toucher sous peine de se faire démolir la gueule.

Ça, c'est faux. C'est plutôt eux qui ont peur de ces retombées. Je n'ai pas eu besoin d'émettre la moindre menace.

— Rien que ça ?!

— C'est quoi ce délire, Chase ! La liste des rendez-vous avec toi se rallonge à vitesse phénoménale, car tu ne prends plus la peine de faire tourner tes soumises. Et depuis quand on interdit à un membre du club de s'envoyer en l'air avec les autres ?

— Je ne lui interdis rien, ce n'est pas ma faute si elle ne souhaite baiser qu'avec moi !

— Tu l'y obliges malgré elle, car tu interdis les autres de l'approcher et sous la menace en plus ! Chase, mais qu'est-ce qu'il se passe ?

— Absolument rien et tu ferais bien de vérifier tes sources ! Satine est en pleine initiation et je ne souhaite pas la lâcher maintenant. Et elle me comble parfaitement, sexuellement. Pour une fois que je ne me lasse pas de l'une de mes soumises, tu ne vas tout de même pas me le reprocher ?

— Si ! À partir du moment où tu menaces les membres de ce club ! Tu sais que tu as le pouvoir de tout stopper avec celles qui ne sont pas dignes de tes pratiques, alors fait le, au lieu de leur faire miroiter un rendez-vous qui ne viendra jamais. Si cette fille te plaît, alors vois-la en dehors du club, mais tu dois respecter les termes de notre arrangement, Chase !

Elle fait la maligne derrière son bureau de gérante et ses lunettes de secrétaire, mais elle la faisait moins les fois où je l'étouffais avec ma bite.

— Sinon quoi, Anita ? Tu sais très bien que la réputation du club s'est construite grâce à moi et à ce nouveau concept. En trois ans, je ne t'ai jamais déçue, alors ce n'est pas parce que je prends mon pied avec une soumise que tu vas commencer à me casser les couilles ! Si je pars, tu as tout à y perdre !

— Mais toi aussi ! Si tu veux que ta réputation en tant que Chase Davis reste blanche comme neige, tu n'as pas intérêt à me lâcher !

Mon sang ne fait qu'un tour. Elle n'irait pas jusque-là, si ? J'ai intérêt à mesurer mes propos.

— C'est une menace ?! Si tu veux que tout se passe bien, laisse-moi faire ce dont j'ai envie ! Tu sais que c'est provisoire, comme toutes les autres ! Alors laisse-moi profiter de ces instants éphémères... S'il te plaît.

Anita semble déstabilisée par ma docilité. Elle se lève, passe devant son bureau et y pose ses fesses en croisant les bras.

— Je ne te reconnais plus. Tu as peut-être envie d'autres choses, de te poser avec quelqu'un ?

— Tu sais très bien que c'est impossible, surtout avec les membres de ce club.

Une histoire de longue durée est inconcevable pour moi. Il est vrai qu'avec Satine, tout est intense, euphorique. Une certaine dépendance à son corps s'est peu à peu immiscée en moi. Mais je sais aussi que ça ne durera pas, alors je profite du moment présent. Je n'apprécie pas les allusions de trahison de la part d'Anita. Si elle devait révéler mon identité ou même mes pratiques en dehors de ces murs, je me ferais un plaisir de détruire son club et elle également. Elle s'avance d'un pas chaloupé vers moi et commence à se déshabiller sensuellement.

— Tu fais quoi ? lui demandé-je.

— Tu vas me baiser et on oublie tout. Montre-moi ce que tu lui fais à elle, imagine que je suis cette Satine.

128

Elle s'approche plus près de moi et me bande les yeux avec un foulard en satin noir avant de reprendre son monologue.

— Fais-moi jouir comme tu le ferais avec elle. Je suis à toi, fais ce que tu veux de moi, Éros. Pense au pauvre Chase et ce qui l'attend si tu ne cèdes pas à ma requête.

— T'es vraiment une garce de première.

Elle saisit mes mains et les colle sur sa poitrine, puis me chevauche sur le fauteuil dans lequel je suis installé. Malgré mon dégoût pour le chantage dont je suis victime, mon instinct primaire reprend le dessus et ma queue se gonfle sous les frottements de sa chatte sur mon calbute. C'est mécanique, je ne suis qu'un homme. Je lui empoigne la queue de cheval et tire sa tête en arrière sans ménagement. Je tente d'imaginer baiser ma belle soumise et me plie aux demandes de ma patronne. Mais même les yeux bandés, ce corps sous la pulpe de mes doigts ne m'électrise pas, et encore moins l'aura qu'il dégage. Malgré la nausée, je pense à ma carrière et à ma vie qui sont bien plus importantes que ce club. Alors, résigné, je fais semblant et la baise violemment. Jamais elle n'arrivera à la cheville de ma petite soumise, elle comme toutes celles que j'ai déjà goûtées.

Chapitre 17

CHASE

UNE RENCONTRE DES PLUS DÉLICIEUSES

Je me réveille difficilement ce matin. La lumière du jour me brûle les rétines dès que mes paupières s'ouvrent. Je vérifie l'heure de mon réveil péniblement. *Merde* ! Je me suis rendormi et la conférence de presse doit commencer dans à peine une heure. Je fais un bond hors de mon lit et m'engouffre dans ma douche pour me remettre les idées en place. J'ai passé une nuit de merde après avoir baisé Anita sous la contrainte. Je m'habille rapidement et avale mon café d'une traite avant de démarrer en trombe dans ma Mustang.

Quand je pénètre dans la salle de conférence, je suis soulagé de voir que ça n'a pas encore commencé. Toutes les places de devant étant déjà prises, je me contente d'en trouver une sur la rangée du fond. Alors que je commence à m'installer près de la porte d'entrée, mon regard est soudainement attiré sur ma droite. Je découvre Chiara, plus belle que jamais, assise un peu plus loin, me jetant quelques coups d'œil sans discrétion. Bordel…

j'avais fini par croire que je ne la reverrai jamais. Elle a presque l'air d'une vision tant j'ai essayé de l'occulter de mon esprit ces derniers jours. Je me relève prestement et m'assois à ses côtés en la dévisageant intensément pour la mettre mal à l'aise. Elle finit par se retourner et répond timidement à mon sourire espiègle. Je me penche vers elle pour la saluer comme il se doit.

— Bonjour Chiara. Moi qui pestais d'être en retard, je suis ravi de l'être si c'est pour vous tenir compagnie.

Son parfum est différent de l'autre soir. Plus frais, moins entêtant, moins diabolique, mais toujours aussi délicieux. Elle me salue timidement, certainement gênée par son audace de l'autre soir, lorsqu'elle m'a sucé le doigt. Mmmh… rien que d'y penser, je suis obligé d'écarter légèrement les cuisses pour laisser ma queue se dégourdir.

Nous échangeons de brèves banalités. Ses joues se mettent à rougir et son air de panique la rend plus vulnérable et mignonne lorsque je la titille un peu. Je ne m'en formalise pas et me reconcentre dès que la conférence débute. Je prends mon job très au sérieux et impose à l'assemblée ma domination. J'accapare la championne en titre et la bombarde de questions en laissant les autres prendre le relais quand j'estime avoir toutes les informations en main pour rédiger mon article. Je sens le regard scrutateur de Chiara sur moi. Et quand elle peste tout bas, qu'elle n'a pris aucune note, je vois l'opportunité de prolonger notre rencontre. J'ai attendu des semaines que le destin se manifeste, alors maintenant qu'il pointe enfin le bout de son nez, je ne vais pas me faire prier pour attirer la belle dans mes filets. Le peu qu'elle m'a laissé entrevoir me laisse rêveur sur la suite. Une femme comme elle dans un lit, ça doit être explosif, et pour tester mes suppositions, il va falloir tout mettre en œuvre pour vérifier mon intuition. Encore une fois, elle arrive à me faire oublier Satine. Et si je jouais à un jeu dangereux à vouloir jongler de la sorte ? Qu'importe, j'ai besoin de les découvrir simultanément et tant que je ne m'engage pas, je ne vois pas ce qu'il y a de mal. *Tu sais que c'est mal,* me souffle ma conscience.

Conscience que je fais taire en lui proposant un déjeuner en échange de mes notes. Je la sens prête à défaillir quand elle accepte vivement ma proposition et qu'elle s'empresse de quitter les lieux pour aller prendre l'air. Je lui fais de l'effet, il n'y a aucun doute là-dessus, mais la partie ne semble pas pour autant gagnée. C'est une femme qui ne lâche rien et qui semble bien difficile à faire craquer. J'ignore si elle a mal vécu une histoire précédente avec un homme, mais la barrière qu'elle a érigée va être difficile à démolir, mais pas insurmontable, surtout pour moi, Chase Davis.

Le restaurant que j'ai choisi est intimiste et très agréable. J'aime le feu de cheminée dans le fond de la salle, ça rajoute une touche de romantisme au lieu. Je sais qu'avec une femme telle que Chiara, il va falloir mettre les petits plats dans les grands. À son air émerveillé, je sais que j'ai tapé juste. Je demande à la serveuse de nous placer à proximité du feu et le sourire joyeux de Chiara me trouble un instant. Elle paraît subitement toute réservée, gênée, évitant de me regarder dans les yeux. J'ai l'impression de l'effrayer et cet ascendant que j'arrive à exercer sur elle me ravit. Je brise alors le silence et la questionne sur ce sujet en y ajoutant, comme à mon habitude, des sous-entendus qui ont l'air de la décontenancer.

Sa répartie m'achève quand elle s'obstine à me faire croire que ma technique de drague est à chier. J'aime son tempérament de feu. Sous ses airs de femme fragile, timide, se cache en réalité une vraie tigresse. Est-elle plutôt du genre à mordre au lit ou bien plutôt à se soumettre ? J'ai besoin de le savoir et vite. Par politesse, elle détourne la conversation sur des questions plus personnelles, sur mon ancienne carrière sportive dont

133

elle semble ne rien connaître et sur ma vie sentimentale qui nous ramène directement sur mes intentions à son égard. Je préfère être cash avec elle et lui faire comprendre que je la désire, pour du plaisir, une simple relation charnelle dont elle se souviendra. Mais la petite a l'air plutôt du genre fleur bleue, relation intense avec sentiments et tout le bazar qui va avec. *Merde ! C'est bien ma veine.* Le bon côté, c'est qu'elle est libre comme l'air et qu'elle n'est visiblement pas contre des aventures, mais ma franchise risque de me coûter son consentement.

À force de persuasion, je la sens relâcher sa garde et glisser lentement, mais sûrement, vers un challenge qu'elle accepte grâce à ma dextérité. Je sais que la tâche ne sera pas facile, mais comme elle l'a si bien dit, cela rajoute un côté piquant et attrayant à ce jeu de séduction. Elle marque des points en éveillant ma curiosité. C'est finalement plus excitant quand tout n'est pas déjà joué d'avance. D'habitude, je n'ai pas besoin de fournir d'effort avec la gent féminine, mais il faut bien une première à tout. Même si je dois explorer les méandres de la drague avec tout l'attirail du parfait petit romantique, je l'achèverai en la faisant crier d'une jouissance dont elle ne se remettra jamais. Elle veut qu'on joue, alors on va jouer. Délaisser le sanctuaire un temps ne me fera pas de mal. L'attitude d'Anita m'est restée en travers de la gorge et je pense que me porter pâle est la meilleure solution. Satine devra faire sans moi, car comme je l'ai dit, ma vie, la vraie, passe avant le club. Je prends le risque qu'elle découvre des plaisirs avec d'autres membres, tout comme je risque de découvrir quelque chose de nouveau avec Chiara. Je vais désormais me focaliser sur une femme en tant que Chase Davis et non en tant qu'Éros. Au Sanctuaire, tout est déjà fait d'avance. Je n'ai qu'à me servir et me laisser porter par tous mes désirs, car je sais que mes amantes sont là pour me satisfaire, alors qu'avec Chiara, il y a tout à faire, tout à découvrir et j'ai l'impression de revivre cette adrénaline que me procurait la compétition. J'essaie toujours de la ressentir pendant mes ébats sexuels, mais l'éprouver dans une phase de séduction, c'est une première et je crois que j'adore ça. Chiara aura su trouver un autre moyen pour moi de goûter au plaisir des papillons dans le ventre, des vibrations qui me parcourent l'échine, cette sensation enivrante dont je suis accro, que seul le sport et le sexe arrivent à me procurer. Nous passons le reste du repas à échanger sur le travail et je lui laisse volontiers mes notes pour qu'elle puisse faire son article. Je suis d'ailleurs surpris qu'elle s'occupe de cet événement et la questionne à ce sujet.

— Comment se fait-il que vous soyez présente à la conférence de presse d'une championne de boxe ? Ce n'est pas vraiment votre domaine me semble-t-il ?

— En effet. Je suis multitâche aujourd'hui ! Ma collègue, Sarah Linove, est actuellement au fond de son lit. J'ai dû la remplacer au pied levé ce matin. Ça me change, c'est très intéressant, mais je dois bien vous avouer que je n'ai plus l'habitude de ce genre d'exercice.

— Surtout quand vous avez un élément perturbateur à vos côtés.

Je lui fais un petit clin d'œil et enchaîne pour lui éviter de me répondre avec sa fougue habituelle.

— Je connais très bien Sarah, nous sommes souvent amenés à nous croiser. Une très gentille femme, mais loin d'être aussi charmante que vous. Et vous, parlez-moi de la rubrique dont vous vous occupez.

J'essaie d'en apprendre davantage sur elle et je suis plus que ravi quand je découvre qu'elle livre à ses lectrices toutes les astuces et les bons plans dans plusieurs domaines dont le sexe ! Et visiblement, elle aime tester tout ce dont elle parle. Il va falloir que je récupère quelques numéros de son magazine pour voir jusqu'où elle est prête à aller pour expérimenter ses idées. Après quelques verres de vin et un bon homard typique de la région, Chiara semble se décontracter. Notre conversation devient fluide, intéressante, naturelle. Elle me donne l'impression de déjà la connaître. Elle a ce quelque chose de familier, cette impression de déjà-vu. Je la détaille pendant qu'elle me parle avec passion de son job. Je découvre de nombreux points communs avec elle quand elle me parle de son métier de journaliste. Tout comme moi, son humour est subtil, son insolence est irritante et sa répartie est piquante. Elle aime le sport et en pratique beaucoup. J'avais remarqué ses courbes athlétiques et voluptueuses, alors je n'imagine pas son corps nu. Elle doit être une véritable déesse. Ses lèvres pulpeuses maquillées d'un rouge carmin feraient damner un saint. Elles me font penser à celles de Satine et les imaginer autour de ma queue déclenche un début d'érection sous la table. Ses iris d'un vert intense me subjuguent, les mouvements souples de sa chevelure brune et soyeuse m'hypnotisent.

Après ce moment très agréable en sa compagnie, je la raccompagne jusqu'à son taxi et lui propose un rendez-vous. Maintenant que le deal est lancé, je ne vais pas la lâcher.

— Je vous invite à venir assister à un de mes entraînements au Dojo de mon coach. Je pourrais vous initier à la boxe anglaise si ça vous dit.

— Oh ! Ce serait avec plaisir. J'ai toujours voulu essayer cette pratique.

— Quand est-ce que vous êtes libre ?

— Quand vous entraînez-vous habituellement ?

— J'y vais quatre fois par semaine, plutôt en matinée avant d'aller travailler. À vous de choisir votre jour, mais il faudra vous lever tôt, je commence mon entraînement à sept heures du matin en général.

Elle semble réfléchir pendant un instant, tenant la portière arrière du taxi pour le retenir. Ce dernier, vorace, a déjà allumé le compteur.

— Disons alors… mercredi ? dit-elle en posant un pied dans la voiture.

— Mais c'est dans une semaine !

— J'aime me faire désirer…

— Inutile alors. Vous ne pouvez pas savoir à quel point je vous désire déjà.

— On dit que la patience est une très bonne vertu. Je vous l'ai dit, vous vous lasserez bien assez vite.

— On parie ?

La voilà qui me gratifie d'un sourire canaille avant de prendre possession de la banquette arrière.

— Bonne journée, Chiara et à mercredi, déclaré-je en me penchant tout en tenant à mon tour la portière. J'aurais juste besoin de votre numéro pour que je puisse vous envoyer l'adresse.

J'obtiens enfin le saint Graal, son putain de numéro de téléphone. Maintenant, elle est à moi.

— À mercredi, Chase.

Je laisse le taxi démarrer et le regarde s'éloigner avec un air vindicatif. Je décide de marcher un peu, tout en méditant sur tous les revirements de situation que subit ma vie. À l'angle de Charles Street et de Ditson Street je me sens comme dans une métaphore. Je suis également à l'angle de deux femmes et je ne trouve rien de mieux à faire que de me laisser porter par mon instinct. Pour l'heure, je m'empresse d'envoyer un message à celle qui a momentanément pris l'ascendant :

[Merci pour votre numéro, je saurai en faire bon usage. Hâte de vous retrouver mercredi à 7 h, au Dojo de Terence Callum… Ne vous encombrez pas de trop de vêtements]

Oui, prépare-toi petite Chiara. *Je vais te faire suer.*

Chapitre 18

CHIARA

UN HOMME RENVERSANT

Chase est décidément un homme agréable, terriblement sexy, sûr de lui, renversant. Il est si difficile de l'ignorer, de faire la fille blasée, indifférente à ses charmes, mais je veux lui tenir tête et voir jusqu'où il est capable d'aller pour séduire quand il n'est pas dans son rôle d'Éros. Le découvrir dans un autre contexte est très agréable. Le déjeuner était plaisant. J'aime discuter avec lui de notre métier commun, de notre passion pour celui-ci, de sport aussi, de tout et de rien. J'apprécie son humour, sa spontanéité et sa franchise. Il ne cache rien du désir qu'il éprouve pour moi, ni l'envie de m'attirer dans son lit. Il sait ce qu'il veut et il aime le faire savoir. J'ai l'impression d'avoir éveillé en lui une certaine curiosité, un challenge qui l'excite, qui l'anime et qui le déstabilise aussi. Je sais qu'il n'a pas l'habitude qu'on le repousse, qu'il fasse même le moindre effort pour séduire une femme. Mais cet aspect pourrait bien m'apporter des points. Oui, mais pourquoi je me suis embarquée dans cette histoire ? Qu'est-ce que je cherche à prouver au juste, à part m'attirer des ennuis, et me brûler les ailes au passage ? Mon obsession pour cet homme ne va pas s'arranger si je passe du temps en sa compagnie en dehors du Sanctuaire. Et s'il apprend un jour qui je suis, je suis quasiment sûre de tout perdre avec lui, et je ne peux m'y résoudre. Je devrais le fuir, l'ignorer, l'éviter, mais une partie de moi me pousse à essayer de comprendre cet homme, ses habitudes, sa façon de voir la vie, sa vision du couple. Je sais pertinemment qu'il n'y a aucun avenir possible avec une personnalité telle que la sienne, fougueux, arrogant, sadomasochiste, échangiste, mais surtout avec la star d'un club libertin. Mais je ne peux nier cette attirance, cette alchimie quand nos deux corps fusionnent à l'unisson, ce besoin de lui sans cesse, cette ascendance qu'il exerce sur moi et cette dépendance à lui, tout simplement. Ce petit jeu avec lui m'excite. Je ne sais pas où tout cela va nous mener, mais ma curiosité de journaliste me pousse à décortiquer ce qui se passe dans sa tête. Si je veux que mon article soit parfait, je souhaite y rajouter un côté psychologique pour expliquer ce que ces personnes recherchent dans cette pratique, ce que ça leur apporte exactement. Je ne veux pas me contenter de cette expérience atypique, mais bien de creuser plus profondément. Et mon rôle en tant que Chiara va m'y aider. Je vais apprendre à connaître Chase, ses désirs, son but, comprendre ce qui le pousse à fréquenter un endroit comme le Sanctuaire, ce que cela lui procure et pourquoi. Satine profitera de son corps et de sa pratique pendant que Chiara rentrera dans sa tête. Je me fais la promesse de ne jamais coucher avec Chase en tant que Chiara, je ne dois pas, ce serait beaucoup trop dangereux. Le jeu en sera d'autant plus excitant. Mon article sera parfait, bien plus abouti et approfondi que prévu. Le poste de rédacteur en chef est à moi !

J'ai donné rendez-vous à Eva dans notre petit café habituel pour débriefer sur ma rencontre fortuite avec

Chase. Elle connaît tous les détails de mon expérience au sein du club. Il faut qu'elle connaisse la suite et que je lui demande son avis sur l'article que je veux faire. Je me rends compte que c'est de la manipulation que j'exerce sur Chase. S'il tombe un jour sur mon article, je sais qu'il fera le rapprochement entre Satine et moi. Mais depuis quand un journaliste sportif tel que lui lit un magazine féminin et plus précisément la rubrique bons plans ? J'essaie de me rassurer tant que je peux et prie pour qu'il n'ait pas un jour envie de lire ce que je fais, en tout cas, pas après que mon article soit édité.

Eva rentre tout sourire et s'assit en face de moi dès qu'elle me repère au fond de la salle.

— Hello ma belle ! Alors comment va notre petite libertine ?

— Chuuttt ! Moins fort. Toi et la discrétion, ça fait deux.

— Oh ça va ! Tu ne vas pas nous jouer la prude maintenant que je sais ce que tu fais. Bon alors ? Qu'est-ce que tu avais de si urgent à me raconter ? demande-t-elle en se débarrassant de ses affaires sur une chaise libre.

— Figure-toi que je suis tombée sur Chase Davis hier matin lors d'une conférence de presse. J'ai dû me rendre à cette interview pour remplacer une de mes collègues. Je me doutais bien que nous allions nous croiser là-bas.

— Et ?

— Et quand il est arrivé, il m'a tout de suite repérée, s'est assis à mes côtés et comme à son habitude, m'a fait du rentre-dedans.

Je continue de lui raconter notre déjeuner, ses sous-entendus persistants, l'homme intéressant qu'il est derrière ses airs de Don Juan et ma superbe idée concernant mon futur article qui m'amènera le poste tant convoité sur un plateau d'argent.

— Tu joues avec le feu, Chiara ! Je ne te pensais pas aussi machiavélique, en fait. Imagine s'il fait le rapprochement avec Satine, tu n'as pas peur des représailles, qu'il te démolisse la tête ? C'est un ancien champion de kickboxing, je te signale !

Je pouffe de rire face à son air ahuri.

— C'est peut-être un dominant, mais pas un fou furieux. Je prends le risque. Après tout, je ne lui dois rien. Ce n'est pas ma faute si je suis tombée sur lui par hasard en dehors du Sanctuaire et que je l'ai reconnu ! Il y avait une chance sur un million pour que ça arrive ! Je prends ça pour un signe du destin, ma chance et je compte bien la saisir !

— Tu es bien certaine de ne rien éprouver pour ce type ?

— Mais non ! Qu'est-ce que tu racontes ? C'est juste une expérience, un passe-temps qui me donne beaucoup de plaisir et qui en plus va assurer mon avenir professionnel. Il n'y a aucune place pour les sentiments dans ce plan, seulement une alchimie, une connexion, mais purement sexuelle, rien d'autre !

— Mais à passer autant de temps avec ton Éros, tu risques malgré tout de te perdre, Chiara. Il te plaît déjà, peut-être qu'en plus de sa magnifique queue, tu découvriras qu'il est intelligent, prévenant, passionnant et qu'il vaut le coup d'en faire son petit ami plutôt qu'un simple coup d'un soir. Bon là, de plusieurs soirs.

— Je sais faire la part des choses, Eva. Il est impossible de faire de Chase Davis un petit ami. Il est incapable de rester avec la même femme toute sa vie. Être avec lui, c'est accepter d'être un couple libertin et moi, je n'envisage pas ma vie amoureuse de cette manière.

— Pourtant, tu ne sembles pas jalouse quand il baise les autres au club.

— Oui, parce que nous ne sommes pas ensemble ! Je ne l'aime pas. Voilà la différence. Inutile d'insister,

Eva. Chase est juste un fantasme, une aventure d'un soir, mais certainement pas l'homme de toute une vie !

Bizarrement, ces mots dans ma bouche me percutent, me blessent, comme si je venais de me rendre compte que cet homme, ou du moins son cœur, est inatteignable. Et cela me déstabilise. Je reprends rapidement mes esprits et cesse de cogiter sur cet aspect-là de notre relation. Le fait d'en parler de vive voix avec mon amie, je me rends compte que je ne connaissais peut-être pas les proportions que pouvaient prendre ce jeu et les conséquences que pourraient avoir mes actes à l'avenir. Il va falloir tout simplement me blinder, au cas où.

— Je le revois dans une semaine au Dojo où il s'entraîne. Il m'a proposé de me faire découvrir la boxe anglaise.

— Et quand retournes-tu au Sanctuaire ?

— J'ai une séance avec lui demain soir. L'avantage de connaître qui il est va me permettre de me tenir sage avec Chase et ne pas céder à la tentation qu'il représente. Car je sais que je pourrai me lâcher avec Éros, alors que lui, ça va le rendre dingue !

— À ce jeu-là, il pourrait même tomber raide dingue de toi ! Tu sais, quand tu n'obtiens pas ce que tu convoites, ça devient une telle obsession qu'il ne va penser qu'à toi jour et nuit.

— Ne t'inquiète pas pour lui. Il saura, lui aussi, se défouler au club et décharger toute sa frustration avec ses soumises. Chiara n'est qu'un trophée de plus à son tableau de chasse, rien d'autre. Je suis sûre que cet homme ne ressent rien envers qui que ce soit à part pour lui-même. Il est cynique, arrogant et imbu de lui-même, je ne t'apprends rien.

Oui enfin, tu aimes sa compagnie pourtant, me souffle ma salope de conscience. *Oh, toi, ta gueule.* Voilà, ce que je lui dis à ma conscience.

— Alors espérons-le, sinon tu es foutue, ma belle !

Sur ses mots lourds de sens, nous continuons à bavarder sur nos amants et notre boulot respectif tout en dégustant un thé et quelques douceurs pour l'accompagner.

Il est déjà tard quand je rentre chez moi. Je m'empresse de me faire couler un bon bain chaud et moussant. J'ai besoin de me délasser et de faire taire toutes ces interrogations qui ont pollué mon esprit depuis ma discussion avec Eva. Chase s'insinue dans toutes mes pensées et à ce rythme-là, j'ai bien peur de me faire prendre à mon propre jeu.

Je rajoute quelques huiles essentielles délassantes à l'eau du bain. Après m'être entièrement déshabillée, je plonge dans la chaleur apaisante et la mousse réconfortante de ma baignoire. Une douce musique sensuelle sortant de mes enceintes me ramène directement au Sanctuaire, sur le lit d'Éros. Le manque de sa peau contre la mienne, de ses baisers, telle une caresse sur mon corps, commence à se faire ressentir. Je me surprends à titiller mon clitoris comme pour apaiser ce feu entre mes jambes. J'effectue des va-et-vient dans ma fente. De mon autre main, je pince mes tétons pointés d'excitation. Une vague de chaleur déferle dans le creux de mon intimité et me plonge dans une jouissance intense. Je gémis si fort que l'écho de la salle de bain amplifie le son de mon plaisir solitaire. Jamais l'image de Chase ne m'a quitté pendant que je me faisais une petite gâterie. Car oui, c'est avec Chase que je baisais et pas Éros. Comment Chase, lui, s'y prendrait-il pour me faire l'amour ? Vais-je réellement réussir à ne pas céder à cette tentation grandissante ? Me perdre dans ses iris bleus translucides pendant qu'il me pénètre est une idée qui me tente de plus en plus. Sans masque, sans faux semblants, avec toutes les émotions présentes dans ses yeux, celles que je ne parviens pas à déceler dans la pénombre du Sanctuaire.

Après m'être remise de tout ce déferlement de sensations, je profite de la sérénité du post-coït et parviens à faire le vide dans ma tête. Je me languis d'être à demain pour satisfaire ma frustration dans les bras de cet homme renversant.

Chapitre 19

CHASE

CHANGEMENT DE PLAN

Je suis censé aller au Sanctuaire ce soir, mais ma décision est prise. Anita doit payer son impertinence à mon égard et moi, je dois me focaliser sur ma proie. Deux semaines sans mes soumises me semblent une éternité, mais le jeu en vaut la chandelle. Le plus difficile est de me priver du corps sublime de Satine et de sa bouche merveilleuse, mais aussi de la laisser seule face à des prédateurs prêts à se battre pour goûter à sa peau satinée et butiner son nectar divin. Une jalousie que je n'éprouve jamais en temps normal vient pourtant me contrarier. Cette distance et ma démarche me permettront de me détacher de cette femme qui commence à prendre un peu trop de place à mon goût. Et Chiara mérite largement ce sacrifice. Ma tigresse peut-elle se transformer en chaton docile pendant une partie de jambes en l'air ? J'ai hâte de découvrir ce qu'elle peut bien donner en tant qu'amante. Sa fougue et son impertinence m'excitent alors que c'est la soumission qui me galvanise. Cette femme me retourne tellement qu'elle en arrive à changer mes convictions dans le domaine du sexe.

Je préviens Anita que je dois partir pendant deux semaines à l'étranger pour le travail. Cette annonce passera mieux que la vérité. Elle sait que mon job est prioritaire à tout le reste, c'est d'ailleurs stipulé dans mon contrat. J'espère simplement que Chiara cédera à mes avances rapidement, car deux semaines sans sexe sont inenvisageables pour moi. Je me prépare pour aller au dojo pour mon entraînement avec Terence. L'occasion pour moi de faire d'une pierre deux coups et de demander un service à mon ami. J'ai besoin qu'il garde un œil sur Satine. C'est plus fort que moi, je suis un maniaque du contrôle et je suis curieux de savoir quel genre de comportement elle va adopter durant mon absence au Sanctuaire. Je sais qu'elle ne fréquente personne d'autre que moi là-bas et que les autres membres l'évitent. Peut-être qu'elle ne reviendra plus tant que je serai absent. *Si seulement.* Pourquoi suis-je si possessif avec elle ? C'est justement l'occasion de m'éloigner d'une source d'ennuis. Être dépendant d'une fille n'est pas dans mes principes, ce n'est pas maintenant que ça va commencer. Et cette coupure va me permettre de me sevrer de son corps, de ses gestes sensuels, de sa peau sucrée, de ses gémissements incitatifs, de son odeur enivrante, de sa prestance apocalyptique. *Putain, c'est quoi mon foutu problème !*

Je me défoule sur le sac de frappe depuis plus de vingt minutes, quand Terence vient vers moi pour me proposer de finir la séance sur le ring. Pendant que je m'équipe pour un petit combat entre potes, je lui explique mes plans pour la prochaine quinzaine.

— Tu veux tout remettre en question au Sanctuaire pour une nana que tu as croisée deux fois dans ta vie ? s'étonne-t-il en croisant les bras.

— Le Challenge, mon pote, tu sais ce que c'est ? Elle en vaut la peine, crois-moi.

— Mais tu peux avoir toutes celles que tu veux…

— C'est elle que je veux, dans mon plumard, les jambes écartées et moi au milieu.

— Et après ? Tu lui proposeras de devenir membre du Sanctuaire, ou bien, tu passeras à autre chose comme d'habitude ?

Bordel, des fois, on dirait mon putain de père. J'admets que je suis difficile à suivre.

— Je n'en sais foutrement rien ! Je vis l'instant présent, sans prise de tête. On verra bien après. Ce n'est pas le mariage que je lui propose, juste des nuits inoubliables avec moi. D'ailleurs, tu vas la rencontrer très prochainement. Je l'ai invitée à venir s'initier à la boxe anglaise mercredi prochain, ici même.

— Eh ben, mon pote… Je suis impatient de voir celle qui te retourne autant le cerveau ! Et Satine ? J'ai le droit de tenter ma chance le temps que tu t'occupes d'une autre ?

Sa question me fout un uppercut que je n'ai pas su éviter à la différence de ceux infligés par ses poings. Imaginer un autre mec la toucher me met dans une colère noire. Quand Apollon s'est permis cette incartade, j'ai à la fois aimé et détesté. Depuis, de l'eau a coulé sous les ponts et mon intérêt pour Satine a décuplé.

— Tu ne touches pas à Satine ! Elle fera bien ce qu'elle voudra avec les autres, mais toi, tu es mon ami.

C'est bizarre. Je veux juste que tu me fasses un rapport détaillé de ses activités au sein du club et avec qui. Préviens-la également que je m'excuse de ne pas honorer notre rendez-vous et que pour des raisons personnelles, je serai absent pendant deux semaines.

— D'habitude ça ne te dérange pas de partager tes soumises. Et là, tu me demandes de la laisser se taper qui elle veut, mais pas moi ?

— Ça me fait déjà chier de l'abandonner dans les bras d'un autre, alors si c'était toi, ce serait pire.

— Mais pourquoi ? Je trouve qu'au contraire, ce serait le plus logique qu'elle se contente de moi, le mec que tu connais depuis toujours, avec qui tu partages toujours tes meilleurs coups et tes meilleurs plans !

— Sans même l'avoir touchée, tu as déjà montré un intérêt certain pour elle. Je sais que tu recherches autre chose que le sexe et avec elle, tu pourrais le trouver.

— Et où est le problème ?

— Satine est à moi ! Trouve-toi n'importe qui d'autre, mais pas elle.

— Non mais tu t'entends ? Il y a cinq minutes tu parlais d'une autre nana comme si tu étais profondément piqué. Et maintenant ça… tu as des sentiments pour ces deux femmes ou quoi ?

— Arrête de déblatérer des conneries, et concentre-toi sur le combat. Tu la surveilles, tu me rends des comptes et tu ne la touches pas. Le sujet est clos.

Terence semble contrarié et perdu par ma réaction un peu disproportionnée. Je n'ai jamais exprimé mon intérêt pour personne depuis que l'on se connaît. Peut-être que l'âge me pousse à explorer autre chose. J'ai peut-être fait le tour de mes expériences, à jamais trouver entière satisfaction chez les nombreuses soumises que j'ai initiées, jusqu'à elle. Cette coupure me permettra d'y voir plus clair sur ce que j'éprouve réellement sans elle et sur ce que Chiara est capable de me faire ressentir. Il faut que j'évolue, que j'avance. Je sais que c'est le bon moment et probablement la bonne personne pour le faire. Ce changement de plan doit me permettre d'avoir les réponses à tous les questionnements qui me bouffent les neurones.. Secrètement, j'espère retrouver chez ma petite journaliste, la même alchimie sexuelle que j'entretiens avec ma petite soumise. *Oui, mais tout cela pour m'amener où ?*

Terence décharge toute sa rage dans ses coups de poings. Je sais que Satine lui plaît plus que de raison et que cette femme pourrait lui faire tourner la tête. Il ne doit pas goûter à ses charmes, sinon il est foutu. On tombe facilement accro à cette prestance qu'elle dégage et il est hors de question qu'elle m'échappe, tant que je n'aurais pas exploré les possibilités avec Chiara. Ouais, c'est super égoïste, mais plus fort que moi.

Nous continuons à nous défouler sur le ring, à exprimer par la violence toute notre frustration. Je dois décharger toute mon énergie si je veux survivre à quelques jours sans sexe. Dans l'éventualité où Chiara serait plus coriace à faire abdiquer. J'espère que Terence ne deviendra pas mon ennemi dans cette histoire et que je ne vais pas regretter cette décision complètement dingue, tout ça pour le cul d'une fille.

Chapitre 20

CHIARA

SACRÉ DILEMME

Je suis heureuse de retrouver Éros ce soir. Le charme dévastateur de Chase m'a complètement retournée. Il me tarde de sentir sa peau contre la mienne, ses mains sur mes formes et son sexe en moi. Je pense à Chase à longueur de journée et je rêve d'Éros toutes les nuits. Il accapare mes pensées, s'immisce en moi telle une drogue dont on ne peut plus se passer, et cela commence à sérieusement m'effrayer. J'attends patiemment depuis plusieurs minutes au bar du Sanctuaire qu'Éros daigne venir me chercher, mais la ponctualité n'est visiblement pas de rigueur ce soir. Ce n'est pas dans ses habitudes et malgré moi, je ressens une boule qui se forme au creux de mon ventre. Après plus d'un mois que nous nous fréquentons, et avec la venue de nouvelles recrues depuis peu, ses priorités vis-à-vis de moi ont probablement changé. La chaleur d'une main au creux de mes reins me déconnecte de mes doutes et me rassure instantanément, jusqu'au moment où je découvre devant moi, non pas celui qui me hante, mais l'homme au masque blanc qui m'a accueillie la première fois.

— Bonsoir Satine, j'espère que vous allez bien.

— Bonsoir, oui très bien, merci.

— Je ne suis pas porteur de bonnes nouvelles. En effet, Éros m'a demandé de s'excuser auprès de vous, car il doit quitter la ville pour quinze jours.

À ces mots, je reste figée, ne comprenant pas ce que cela signifie. Chase m'a pourtant donné rendez-vous au dojo dans moins d'une semaine et je n'ai eu aucun message de sa part pour annuler notre entraînement. J'essaie de reprendre contenance devant mon interlocuteur, qui face à mon trouble continue ses explications.

— Il reprendra son initiation avec vous dès son retour.

C'est logiquement un mensonge. Chase ne quitte pas la ville, donc Éros non plus. Serait-ce à cause de moi ? Chiara ? Non. Impossible qu'un mec comme lui se prive volontairement du club pour une seule femme.

— Ok, je vois.

— Vous n'avez aucune obligation, vous savez ? Si personne d'autres ne vous attire, vous pouvez toujours profiter de la piste de danse et du bar, ou tout simplement regarder ce qui se passe autour de vous sans interagir avec qui que ce soit.

Encore heureux…

— Merci, c'est comment votre nom ?

— T. White

— Merci beaucoup T. White de m'avoir prévenue. Voulez-vous boire un verre avec moi ? À part Éros et vous, je ne peux pas dire que je connaisse grand monde.

— Ce sera avec plaisir.

Il prend place à mes côtés. Je prends le temps de le détailler davantage. Derrière un costume sombre, sa carrure est impressionnante. Il semble très musclé sous sa chemise ouverte laissant paraître des pectoraux

154

saillants. Son masque intégral me perturbe un peu. Il est l'un des rares à porter ce genre d'accessoire dans un endroit où la chaleur et la moiteur étouffantes pourraient facilement transformer cet agrément en sauna suffocant. Il fait signe au barman de nous servir et tourne la tête vers moi. Avec l'obscurité des lieux, je ne vois absolument pas ses yeux ni ce qu'il regarde et c'est très perturbant.

— Vous portez toujours ce masque quand vous êtes ici ?

— Non, c'est difficile de le supporter trop longtemps dans cette fournaise. Mais je dois le mettre quand je dois accueillir des nouveaux membres. Ça me permet de me distinguer des autres et d'être facilement repérable pour les personnes qui souhaitent des informations. En dehors de mes permanences, je porte un loup comme la plupart des personnes ici.

— Ok, donc si j'ai bien compris, actuellement, vous devez tenir le rôle de l'hôte et répondre à toutes les questions des membres.

— C'est bien ça !

— Et quand finissez-vous votre service ? le questionné-je en rigolant.

T. White est un employé du Sanctuaire, en conséquence, il ne peut pas faire tout ce qu'il veut n'importe quand.

— Je finis mon travail dans une heure.

— Et après, vous êtes libre de faire ce que vous voulez, avec qui vous voulez ?

— Tout à fait. Ce sont les avantages de bosser ici. Je peux en profiter tout autant que les membres. Ce masque intégral me permet de ne pas me faire repérer lorsque je suis ici en tant que client. Les gens n'ont pas besoin de savoir qu'ils se tapent le majordome de la maison.

Sa voix chaude et rassurante a su me mettre à l'aise dès mes premiers pas dans cet antre du plaisir. Il est respectueux et agréable à écouter. Pourquoi ne pas en apprendre davantage sur cet homme mystérieux ? Après tout, c'est toujours intéressant de connaître le rôle de chacun dans ce club particulier. Mon article en sera plus intéressant.

— Alors, je serai curieuse de vous découvrir comme simple membre du club et non comme un employé. Peut-on se voir plus tard ?

Il semble soudainement figé par ma proposition et ne me répond pas immédiatement. Décidément, j'ai l'impression de repousser tous ceux qui m'entourent. Pour ne pas perdre contenance face à son mutisme, je m'empresse de rajouter :

— C'était juste une proposition, si vous aviez d'autres projets, il n'y a pas de souci.

— Non, non... ce n'est pas ça... Je ne sais pas trop comment Éros le prendrait, en fait.

Ça m'agace un peu de me sentir ligotée de la sorte.

— Vous savez, je ne lui appartiens pas.

— Je n'aime pas marcher sur les plates-bandes de mes collègues.

Il pense que je lui fais du rentre dedans alors que je veux juste de la matière pour mon article. C'est très bien qu'il pense ça. J'en rajoute une couche :

— C'est un club libertin, je croyais que le concept était justement de partager. Et ce n'est sûrement pas Éros qui va décider de mes actes dans ce club. Il m'a bien laissée tomber ce soir et moi, j'ai très envie de vous découvrir avec une autre casquette que celle de l'hôte accueillant. Mais je peux très bien aller voir si Apollon est disponible.

— Non ! Ce sera avec plaisir de vous retrouver plus tard, Satine. Dans une heure dans le salon privé près de l'entrée. Je vais le privatiser pour que nous soyons tranquilles.

Bingo ! Quand l'heure fatidique arrivera, je simulerai une migraine pour en rester au dialogue.

156

— Ok, très bien. À plus tard alors.

T. White quitte sa chaise et me saisit la main pour faire son éternel baisemain. Il me souffle un « À plus tard, Satine » du plus envoûtant et me laisse seule face à mon trouble. Zut. C'était plein de sous-entendus.

L'heure qui a suivi m'a paru interminable et me voilà officiellement pompette. J'ai noyé mon manque d'Éros dans de nombreux *Tentations*. Je titube à travers le club, les tempes vibrants au rythme des basses. Je fixe l'alcôve dans laquelle T. White m'a donné rendez-vous. Je me soutiens avec difficulté, sentant mes jambes se dérober sous chacun de mes pas. Mon pouls s'affole, ma respiration se fait plus intense et ma volonté s'étiole au fil de la distance qui me sépare de mon point de destination. Putain, c'est bien ma veine… Une mission de reporter en étant bourrée comme un coing. *Bravo, ma poule.* Quand je tire le rideau de la petite salle intimiste plongée dans une ambiance tamisée, rougeoyante, propice au lâcher prise, je découvre T. White assis sur le canapé en velours, les jambes écartées, les bras posés le long du dossier, sûr de lui, captivant et terriblement sexy. Merde alors. Ils sont tous sexy ici. Je m'avance lentement vers lui, gênée et mal à l'aise devant sa prestance et son sex-appeal. Je m'assois à ses côtés et prends le temps de scruter son visage. Un loup noir souligne un regard intense. Ses lèvres pulpeuses, sa peau rasée de près, son sourire éclatant me subjuguent. Ses cheveux paraissent clairs, légèrement bouclés sur le dessus, retombant nonchalamment sur son front. Ses paroles me reconnectent à la réalité du moment. Décidément, ce club est un repaire à canons.

— Tout va bien, Satine ?

— Oh ! Excusez-moi, c'est juste que… En fait, je ne savais pas vraiment à quoi m'attendre et je vous trouve plutôt très charmant.

Foutu alcool, sérum de vérité. Je suis rouge de honte, mais ça, heureusement pour moi, il ne le voit pas.

— Heureux que la vue te plaise. Je me suis permis de nous commander une bouteille de champagne. Et puis, maintenant que je ne travaille plus, tu peux me tutoyer.

— Très bien. Merci pour le champagne, il ne fallait pas.

— Une aussi belle femme que toi mérite cette attention.

Il me tend une coupe et commence à vouloir trinquer avec moi en levant son verre.

— À notre soirée, Satine.

Après avoir porté ce toast, je bois d'une traite le liquide doré pour me donner contenance et ne pas perdre mes moyens. Sentant sûrement mon malaise, T. White se penche vers mon oreille, caressant de son souffle la peau fine de mon cou et me rassure.

— Je ne tenterai rien qui puisse te gêner, Satine. Je sais que tu n'as pas l'habitude de fréquenter ce genre d'endroit et que tu ne vois personne d'autres qu'Éros dans ce club. On peut simplement discuter, apprendre à mieux se connaître et si tu désires autre chose, ce sera à toi de faire le premier pas. Je ne ferai rien qui te mette mal à l'aise.

Je relâche tout l'air que je contenais, soulagée de ne pas avoir à me vendre pour avoir des infos. Son charme est indéniable, il est doux, rassurant, prévenant. Une question me taraude alors, quelles pratiques exerce-t-il ?

— Merci pour ta prévenance. Je peux te poser une question ?

— Je t'en prie, on est là pour apprendre à se connaître un peu mieux, je crois.

— Tu es plutôt du genre BDSM, comme Éros ?

— Je peux être tout ce que tu désires. Mais attacher les filles et les fouetter, ce n'est pas vraiment mon truc. Je préfère les faire jouir dans la douceur, les caresser avec ardeur, les lécher avec délectation et les pénétrer avec passion.

Son aplomb et ses paroles me font frémir de désir. Il sait comment s'y prendre et sur le moment, il ne me laisse pas du tout indifférente. Je m'enfonce davantage dans le sofa, mon dos collé au dossier. T. White en fait de même et allonge son bras au-dessus de mes épaules, en appui sur le dossier. Ses doigts viennent doucement caresser ma nuque. Je continue de boire mon verre, ignorant ses assauts qui deviennent de plus en plus intrusifs. Il s'est rapproché de moi et a déposé sa main sur ma cuisse. *Merde.* Il effectue des mouvements circulaires du bout des doigts et me susurre à l'oreille :

— Tu portes très bien ton nom, ta peau satinée est vraiment d'une douceur exquise. Veux-tu que je m'arrête, Satine ?

Ma tête dit non, mais mon corps échaudé par l'alcool et le manque d'Éros me trahit. Ce mec me fait de l'effet et l'euphorie qui coule dans mes veines ne m'aide pas à rester fixée sur mon but. Allez, Chiara, un peu de volonté !

— Cette alcôve est vraiment magnifique ! C'est du velours ce canapé ? tenté-je lamentablement.

T. White arbore un sourire en coin, comme s'il avait deviné mon combat intérieur. Il ne se démonte pas pour autant et garde sa main logée sur ma cuisse.

— Tu es bien mordue d'Éros, on dirait, déclare-t-il comme si c'était une évidence à trancher au couteau. Tu es encore plus désirable quand tu es interdite.

Et si j'avais fait une erreur en ne goûtant qu'à Éros ? Et si je passais à côté d'amants incroyables ? Si je n'avais pas rencontré Chase, me serais-je contentée d'un seul homme au club ? Ce dernier est absent, et en plus de me priver de sexe, il me prive de mon enquête sur ses pratiques. Au final, en me comportant comme si je lui étais exclusivement réservée, je passe peut-être à côté d'infos croustillantes.

— Tu sais, je suis sa soumise, et pour lui apporter la qualité requise et satisfaire ses envies, je dois me mettre en condition. Lui être totalement dévouée renforce son sentiment de domination. Mais je ne suis pas à lui.

— Mais, lui, il ne se contente pas juste de toi, et quand je te vois...

Il inspire profondément en me reluquant de haut en bas avant de poursuivre :

—... Je me dis qu'il est totalement fou.

Les vapeurs d'alcool et ses mots infligent une chaleur au creux de mes reins.

— Tu serais prêt à te contenter d'une seule femme, ici, au sein du club ? N'est-ce pas contraire aux règles de la maison ?

Finalement cet endroit ne serait pas juste un club de libertinage, mais également un club de rencontres ? Si cela se vérifie, mon article pourrait défier l'opinion et changer les mentalités des plus réticentes.

— Pour une femme comme toi, je serais prêt à enfreindre les règles...

— Tu serais capable de créer une vraie relation ? Je veux dire, durable, à l'extérieur ? Tu n'as pas peur des conséquences ?

— Des conséquences ?

— Ben oui, tu as signé un contrat.

— Et alors ?

— Alors, tu aurais des ennuis avec les gérants.

— Et que vont-ils faire ? S'opposer à une éventuelle union quand le curé dira, « qu'ils parlent maintenant ou se taisent à jamais » ?

C'est plus fort que moi, je me mets à rire comme une chèvre. L'image des gérants s'incrustant à un mariage devant les grands-parents des mariés, des fouets à la main, vient me percuter et je n'arrive plus à contenir mon fou rire. Mon interlocuteur me suit et l'atmosphère se détend un peu.

— Dans le pire des cas, ils me banniront du club, fin de l'histoire.

— Mais comme beaucoup ici, tu en es accro, non ?

— Je l'ai été, je ne peux pas le nier. Mais plus ça va, plus j'aspire à autre chose. Donc oui, je pourrais faire de toi ma vraie petite amie si l'occasion se présentait.

Mon cœur s'emballe. D'une, parce que je tiens là un sujet croustillant, de deux, parce que Chase fait semblant de vouloir un plan durable tout en étant incapable de renoncer à son rôle d'Éros. Je dois me rendre à l'évidence, ça me dérange et j'ai peur, très peur, de ma dépendance à lui. Moi qui suis réfractaire à toute forme d'engagement, j'admets que j'aimerais être le centre de l'univers de quelqu'un. Même si ça ne doit durer que deux minutes.

— Tu as perdu ta langue ? fait-il d'une voix basse.

T. White plonge ses yeux dans les miens alors que je le fixe intensément. Je ne sais pas ce qui me passe par la tête à ce moment précis, mais subitement et sans aucune préméditation, je fonds sur sa bouche, puis m'empare de ses lèvres avec avidité.

Chapitre 21

CHIARA

DANS QUOI JE M'EMBARQUE ?

Conne, voilà ce que je suis. Mais je n'arrive pas à m'arrêter. Je n'y arrive pas, car ce baiser est délicieux et parce que Chiara reprend le dessus sur Satine. La Chiara ivre, délaissée, sensible à toute forme de galanterie. Et T. White est non seulement galant, mais capable également de se donner corps et âme à une seule femme. Ça m'emoustille plus que de raison. Ce club n'est que temporaire dans ma vie. Quand ce chapitre de ma vie se refermera, je dirai adieu à Éros et j'éconduirai Chase, ce coureur de jupons invétéré. Que puis-je espérer de lui ? Laisser ma dépendance à son corps dicter mes choix telle une seringue d'héroïne ? Tomber amoureuse de ma drogue et souffrir de ses infidélités ? C'est ça que je compte m'infliger en me comportant comme si je n'étais qu'à lui ? Pour autant, quand la langue de T. White caresse délicieusement la mienne et qu'il me fait grimper à califourchon sur lui, je me demande là encore dans quoi je m'embarque. Mais putain, j'aime ses mains qui malaxent mes fesses tel un effleurement à la fois doux, ferme, électrique, qui aiguise mes sens et me met en ébullition. Sa bouche est à présent dans mon cou, délicate, elle appose de tendres baisers puis s'insinue vers mon oreille. Le bout de sa langue vient alors titiller mon lobe, me mettant dans un état second. Il me lèche, me mordille tout en continuant à me faire bouger pour que je me frotte à son érection grandissante. Je commence à douter de moi-même. De ce que je fais, de ce que je deviens, de ce que je suis prête à faire pour un putain d'article et pour me convaincre qu'un autre homme qu'Éros peut me donner du plaisir. C'est pourtant le seul moyen de me le sortir de la tête, de me sevrer de sa peau, de son odeur, de son toucher. Même si T. White s'en sort allègrement et qu'il m'excite incroyablement, le constat est là. Il n'est pas Éros. Il n'a pas cette aura envoûtante, percutante ni ce pouvoir démesuré sur moi. Il n'est qu'un pansement et c'est très égoïste de ma part. *Chiara, cesse de penser et agis. Éros ne se prive pas, lui. Tu dois l'oublier et T. White est parfait pour cette nouvelle expérience,* dit la petite voix qui vit en moi. Alors que je me livre à une lutte sans merci, nos souffles erratiques se mélangent au rythme de mon déhanché qui devient paradoxalement incontrôlable.

— Putain, ne t'arrête pas… Tu es tellement belle… Si tu savais comme j'ai rêvé ce moment, prononce-t-il d'une voix chevrotante.

Je suis surprise de constater que je lui avais tapé dans l'œil. Pourtant, j'avais la certitude de n'intéresser personne. Éros et son influence m'ont privée de mon expérience ici et ça me met en rogne. Ma colère se mue en désir incontrôlable pour celui qui commence à me faire scandaleusement mouiller. Mon tanga glisse sur mon intimité, sur son pantalon, entre nous, partout. Je ne sais plus où donner de la tête et bientôt, je me mets à gémir dans son oreille tout en perdant le contrôle. Je me redresse et ondule sur lui en fermant les yeux, concentrée sur la frénésie qui s'empare de moi. Satine a disparu, c'est Chiara qui s'exprime, qui succombe à l'insensé. Ses mains viennent agripper la rondeur de mes seins sous mon débardeur. Il s'extasie, la bouche entrouverte, les yeux voilés d'un désir si brûlant qu'il en devient abyssale, figé. Sans crier gare, sa main s'insinue entre nous, glisse sous ma jupe, écarte ma dentelle et ses doigts viennent goûter à la moiteur de mes replis soyeux.

— Oh, putain, Satine…

Je lis dans ses iris que mes sucs le ravissent. Ses seules paroles me mettent dans un état d'excitation extrême. Je m'empale sur ses doigts jusqu'à la garde. Mon Dieu, ils sont si chauds et si rugueux qu'ils exercent une sensation de frottement nervuré sur mes parois. Alors que je me mets à monter et descendre sur eux, il les secoue à l'intérieur de moi, faisant vibrer mon corps dans son entièreté. C'est trop bon. Obsédée par la sensation et l'idée de baiser ses doigts, je succombe à mes impulsivités. Je déboutonne son pantalon, en sort sa queue et me mets à le branler sans ménagement. Son râle de plaisir ravive le mien et le fait grimper en flèche. J'aime cette urgence entre nous, ce besoin d'atteindre la jouissance ensemble, d'un commun accord. Plus aucune parole n'est nécessaire, tous deux à l'écoute de l'autre. Je peux sentir sa semence remonter le long de sa verge, sous sa fine peau, par petits à-coups, telle une perle prise en étaux. Et il peut sentir mon antre se contracter autour de ses phalanges au rythme de mon cœur. Coupée du monde extérieur, je ne ressens aucune gêne à prendre du plaisir à quelques mètres des autres membres. Mon lâcher prise est à son comble et l'orgasme ne tarde pas à nous foudroyer. Je jouis fort à l'unisson de son râle puissant, sentant son sperme chaud s'écouler sur mes doigts. Waouh, je n'ai jamais vu une telle quantité.

— Putain, Satine ! J'en avais tellement envie, et waouh ! Je n'ai pas d'autres mots en fait…

Pourquoi a-t-il fallu que ce soit si bon ? Il a du mal à reprendre sa respiration, comme s'il avait parcouru un cent mètres. Je suis flattée de voir l'effet que cela lui a procuré, mais moins de ne pas avoir su me contrôler. Pourtant, au fond de moi et sans penser aux conséquences, je suis satisfaite d'avoir su me donner à un autre qu'Éros. C'est une petite victoire quant à mon *désir de me sevrer de lui.*

Oui, mais jusqu'à quand ?

Chapitre 22

CHIARA

UN NOUVEAU RENDEZ-VOUS EXCITANT

Cela fait plus d'une semaine que la journée, je travaille d'arrache-pied sur mon article et que le soir, je retourne au club. Sentant que je n'aurai bientôt plus besoin de m'y rendre pour mon article qui a bien avancé, je m'y investis davantage. Éros n'étant pas présent au Sanctuaire, j'y retrouve T. White, en tout bien tout honneur. Grâce à lui, j'ai pu étoffer un peu plus mon article. T.White me fait profiter des plaisirs simples en simple spectatrice, me faisant découvrir toutes les pièces et les coins sympathiques dont regorge le club. Il est vrai que depuis mon entrée au Sanctuaire, je n'ai foulé que la piste de danse et le couloir menant à la chambre de mon dominant. Je n'ai jamais franchi les autres portes, ni toutes les attractions de cet endroit atypique. Nous n'avons pas reparlé de ce qui s'est passé l'autre soir, comme si ni lui ni moi n'en ressentions le besoin. En revanche, notre proximité est très présente et la tension qui s'en dégage est déroutante. Il me chauffe constamment et ça devient compliqué à gérer dans la mesure où j'ai pris goût au sexe intense. Je me sens en manque.

Le tambourinement à ma porte me déconnecte de mes pensées érotiques et me ramène subitement dans mon bureau.

— Oui, entrez !

Shirley, ma patronne, entre d'un pas décidé et s'avance vers mon bureau.

— Bonjour, Chiara, excuse-moi de te déranger.

— Tu ne me déranges pas du tout, la rassurée-je avec enthousiasme.

Shirley a la cinquantaine, mais paraît en avoir dix de moins. Toujours bien habillée avec des tailleurs modernes la mettant en valeur, sa prestance et son aplomb me subjuguent toujours autant. Souriante, elle arrive à me mettre à l'aise, même quand elle aborde la raison de sa présence dans mon bureau :

— J'ai besoin de faire le point avec toi et que tu m'en dises plus sur l'article que tu souhaites publier le mois prochain. Tu sais que la place de rédactrice en chef se joue sur cette chronique, alors j'attends de toi un sujet fort, original et qui n'a pas été traité des dizaines de fois. J'ai besoin d'être surprise, ainsi que tes lectrices. Je compte sur toi, alors ne me déçois pas.

Je déglutis péniblement face à cette femme qui m'impressionne. Elle dirige son magazine d'une main de maître depuis des années, sait se faire respecter et en impose, même face aux hommes. Mais ce que j'aime plus que tout chez elle, c'est sa capacité à donner sa confiance à ceux en qui elle voit du potentiel. Je me redresse alors sur mon siège, tente de montrer une assurance à toute épreuve et lui expose mon projet :

— Shirley… J'ai trouvé LE sujet croustillant. J'ai découvert un endroit atypique, un club libertin énigmatique, ouvert uniquement à des personnes parrainées par des membres VIP de cet endroit. L'anonymat est obligatoire et de rigueur. Vous devez porter des masques et accessoires pour dissimuler votre identité.

Shirley, visiblement soufflée par ce que je raconte, s'empresse de poser les fesses sur la chaise qui trône devant mon bureau.

— Vraiment ? Bon sang, continue, je t'écoute.

— Quatre personnages emblématiques du club, au nom de divinités, choisissent et sélectionnent ceux qui vont devenir les futurs clients. Chaque dieu a une pratique particulière. Deux hommes, un dominant et un soumis pratiquant le BDSM et deux femmes... une dominatrice et une soumise. Ces dieux sont si convoités qu'il faut demander un rendez-vous pour obtenir leurs faveurs. Voilà la particularité de ce club, tenu secret, mais il y a des particularités à exploiter.

— Impressionnant ! Ton sujet est incroyable ! Mais comment as-tu connu l'existence de cet endroit et surtout, comment fais-tu pour en savoir autant sur leurs règles et leurs pratiques ?

Ah, si tu savais, Shirley...

— Une chance incroyable ! Au détour d'une conversation, ça s'est offert à moi. J'étais au bon endroit, au bon moment. Et si je connais aussi bien les règles, c'est parce que j'ai réussi à infiltrer les lieux. Tu as devant toi, un nouveau membre à part entière de ce club des plus sélects !

Shirley tape du poing sur le bureau en souriant.

— Je savais que tu ne me décevrais pas ! J'aime ton investissement, comme toujours ! Tu n'hésites pas à aller sur le terrain et j'aime ça !

Ravie de tous ces compliments, je la remercie chaleureusement et déglutis ma fierté. Ça fait du bien d'être récompensée.

— J'espère que tu parviens à prendre du bon temps, malgré tout.

Elle me fait un petit clin d'œil lourd de sens. *Oups, c'est un peu gênant.*

— On va dire que je tente d'expérimenter le plus de choses pour faire de mon article une mine d'or !

— J'adore ! J'attends ton récit terminé dans trois semaines, sur mon bureau. C'est du bon boulot, Chiara. J'espère que ta chronique sera à la hauteur du sujet.

Sur ses paroles grisantes et rassurantes, je continue d'écrire avec un large sourire qui ne quitte plus mon visage. Cette journée commence à merveille.

Il est vingt-deux heures, quand je passe la porte du Sanctuaire. T.White m'a demandé d'arriver à cette heure tardive, à la fin de son service. Je dépose ma veste au vestiaire et comme à mon habitude, je me dirige directement vers le bar pour me mettre en condition. J'aperçois mon majordome se tenant debout devant le comptoir, à m'attendre. Quand il me reconnait enfin, un large sourire vient illuminer son visage. Son loup noir me permet de distinguer ses petites fossettes et des dents parfaitement bien alignées. Cet homme a un charme indéniable, même avec un masque. Quant à moi, je suis passée maître dans l'art du camouflage au fil des semaines. Mon masque couvre suffisamment mes traits pour conserver mon anonymat et pas assez pour couvrir mes atouts. Je me suis créé de faux grains de beauté assez bluffants qui font partie intégrante de mon identité ici et lorsque je viens, je porte des extensions qui me donnent une chevelure longue et épaisse. Finalement, ce n'est pas étonnant qu'Éros ne m'ait pas reconnue. C'est presque une tenue de scène.

— Bonsoir, beauté. J'étais impatient de te retrouver.

T. White me saisit la main et y dépose ses lèvres, tel un frôlement léger qui me donne des frissons. Il se redresse, entoure ma taille de son bras et se penche à mon oreille.

— Viens, suis-moi. Nous allons aller au sous-sol. Je nous ai réservé un jacuzzi et une table de massage.

170

— Il y a des jacuzzis et je ne suis même pas au courant !

— Eros manque vraiment à tous ses devoirs. En même temps, il est très difficile d'attacher une soumise dans une piscine à bulles. On va dire que ce n'est pas son endroit de prédilection. Il préfère sa chambre et la pièce des supplices.

— La quoi ?

— Ah, ça aussi, il ne t'a pas montré ?

— Il va falloir que tu me fasses la visite complète, je crois.

Je n'en reviens pas. Depuis le temps que je viens ici, je n'avais absolument pas imaginé louper autant d'informations sur ce club. Eros a fait en sorte de m'isoler des autres et de ces pièces particulières. Je compte bien profiter de son absence. Nous descendons des marches en pierres et arrivons devant une porte close. T.White me tire par la main et ouvre la pièce dans laquelle un jacuzzi trône dans un coin de la pièce. Un canapé et des fauteuils sont situés sur le côté gauche du bain à remous, alors qu'une table de massage est posée sur la droite.

— Je te laisse aller dans les vestiaires juste à côté pour te déshabiller. Des serviettes et des paréos sont à ta disposition. Tu pourras ensuite t'installer sur un fauteuil le temps que je revienne. J'en ai pour deux minutes.

Je suis ses directives et rejoins la pièce adjacente où je commence à retirer mes vêtements et mes chaussures. Je m'empare d'un paréo que j'attache au-dessus de ma poitrine et me chausse de petites tongs mises à disposition. Je retourne vers notre antre privatisé rien que pour nous et m'avance vers ce bain bouillonnant pour goûter à la température de l'eau. J'entends alors la porte s'ouvrir sur T.White portant un cocktail dans chaque main, une serviette nouée autour de la taille et son torse nu, parfaitement mis en valeur avec l'éclairage tamisé. Il est vraiment canon !

— Tu voulais déjà plonger dans les bulles sans moi ?

— Non, je faisais ma curieuse. Est-ce qu'on va rester seuls ou bien n'importe qui peut entrer nous rejoindre ?

Jusque-là, je n'ai pas craqué. Nous n'avons pas couché ensemble et pourtant ce n'est pas l'envie qui manque. Comme je l'ai dit, avec lui, malgré mon accoutrement, je n'ai pas besoin d'être Satine. Je suis moi-même, et la vraie Chiara prend toujours son temps.

— J'ai privatisé ce spa.

Sa voix chaude et sensuelle fait déjà monter ma température. Cette fois, il va m'être difficile de résister, d'autant plus que je suis plus détendue maintenant que l'article est bien avancé.

T.White dépose nos verres sur le bord du jacuzzi et dénoue sa serviette qu'il laisse tomber à ses pieds. Je détaille son corps devant moi avec délectation. Sa nudité ne m'étonne pas étant donné que bon nombre d'hommes ici sont souvent nus. Ses fesses rondes, rebondies sont un véritable appel aux péchés. Il pénètre dans l'eau frémissante et m'invite à le rejoindre. D'un geste hésitant, je retire mon paréo que je laisse glisser sur moi et entre rapidement dans le SPA en m'asseyant à côté de lui. Il me tend mon cocktail fétiche et trinque à notre soirée.

— Alors, dis-moi, tu as passé une bonne semaine avec moi ?

— Excellente, le rassurè-je en sirotant mon cocktail.

C'est sincère. Éros ne m'a pas manqué. T. White a réussi à apaiser mon obsession pour ce Dieu du Sanctuaire.

— Pourquoi j'ai l'impression que ta présence ici n'est que temporaire ?

Bordel. Il lit en moi ou quoi ? Je tente de sauver la face en ricanant.

— Qu'est-ce qui te fait dire ça ?

— Je ne sais pas, une impression. Les autres membres actifs ont ce regard... un regard habité, hanté par ces lieux, comme si c'était une addiction. Ça les rend presque... inhumains. Mais toi, non. Comme si tu avais un pied dedans, un autre dehors.

Il est tellement attentif.

— Je n'aime pas que quelque chose prenne le dessus sur ma vie ou sur mon libre arbitre.

— Tu es époustouflante. J'aimerais tant pouvoir t'enlever ce masque et imprimer ton visage dans ma mémoire, juste au cas où tu décidais du jour au lendemain de ne pas revenir.

— Et comment tu ferais pour me retrouver ?

— Je me reposerais sur le destin. Il fait toujours bien les choses.

Sous l'eau, ses doigts s'entremêlent lentement et sensuellement aux miens. Je déglutis péniblement car l'effet qu'il a sur moi m'assèche la bouche.

— Pour l'instant, je suis là.

C'est tout ce que j'ai trouvé à dire.

— J'ai envie de t'embrasser, lâche-t-il soudain.

Mon estomac tressaute et mon palpitant loupe un battement. Il n'attend pas ma réponse pour s'approcher doucement. Là, il se met à effleurer mes lèvres avec les siennes, de la même manière que lorsqu'il fait son baise-mains. C'est encore meilleur que le baiser lui-même et son souffle haletant rend les choses encore plus sensuelles. Toute la semaine, l'image de son membre imposant dans ma main, giclant des lampées de semence, m'a hantée. J'ai dû me masturber quotidiennement pour calmer mon envie de le sentir entrer en moi. Je me demande comment T. White me baiserait, mais aucune image de ce type ne me vient. Je suis persuadée qu'il me ferait l'amour avec passion.

— Satine, chuchote-t-il contre ma bouche entrouverte.

173

Ce prénom me paraît étranger lorsque c'est lui qui le prononce. Pourtant, Satine est bien réelle. Elle vit en moi depuis toujours et s'est réveillée. Éros me l'a révélée et m'a appris à l'assumer. Éros et Chase aiment et acceptent Satine et Chiara. Ce que T. White souhaite sans le savoir, c'est Chiara et uniquement Chiara. Pour ça, je prends conscience que malgré mon attirance pour lui, je n'ai rien à offrir à T. White. Je ne pourrai plus réprimer la Satine qui sommeillait en moi. Quoi que je fasse, quoi que je tente pour m'en défaire, Éros et Chase demeurent incrustés en moi.

Fait chier.

Chapitre 23

CHASE

DES RETROUVAILLES ÉTRANGES

Nous sommes enfin mercredi, le jour tant attendu depuis une semaine. Je me suis réfugié à corps perdu dans le travail avec acharnement pour oublier Satine et le Sanctuaire. Je ne pensais pas être autant dépendant du sexe. J'en ai eu des sueurs froides à ne pas pouvoir caresser le corps nu d'une femme, à ne pas pouvoir la pénétrer, la goûter. Je n'ai pas eu le temps de contacter Terence non plus pour en savoir plus sur les agissements de Satine pendant mon absence au club. Peut-être qu'il n'a rien eu à me dire parce qu'elle ne revient plus depuis mon départ. J'en serais satisfait et honoré. Aujourd'hui, je vais faire d'une pierre deux coups en voyant Chiara pour la convaincre de céder à mes charmes et Terence pour lui soutirer des informations sur ma soumise. Je me faufile dans ma Mustang et démarre en trombe, faisant rugir le moteur. Mon impatience de retrouver Chiara me pousse à appuyer sur l'accélérateur au risque de me faire pincer par les flics.

Quand j'arrive devant le dojo de Terence, il est à peine sept heures du matin. Je voulais être sûr d'arriver avant elle pour avoir le temps d'échanger un peu avec mon pote. J'entre dans la salle encore vide à cette heure-là et m'avance vers le bureau du patron des lieux. Comme à son habitude, Terence est assis sur son fauteuil derrière son ordinateur à préparer les plannings des futurs entraînements de ses boxeurs.

— Salut, Terence ! Content de voir que tu n'es pas mort.

À ma grande surprise, lui qui est toujours d'un calme olympien, il sursaute.

— Putain ! Tu m'as fait une de ces peurs ! Je ne t'ai pas entendu arriver.

— Cool, ce n'est que moi… tu as l'air tendu, tout va bien ?

Terence ferme son écran et s'adresse à moi sans vraiment me regarder dans les yeux.

— Oui, excuse, j'ai pas mal de boulot ces temps-ci, je suis un peu sur le qui-vive.

— Je vois ça. Moi non plus je n'ai pas arrêté. Je me suis détourné du club en me plongeant dans le boulot. D'ailleurs, avant que Chiara débarque, j'aimerais que tu me fasses un compte rendu de la semaine au Sanctuaire.

Terence fuit mon regard, paraît mal à l'aise et son attitude ne me dit rien qui vaille. Satine est retournée au sanctuaire et visiblement, elle ne s'est pas privée pour prendre du plaisir avec un autre, je le sens, je connais trop bien Terence. Comment je peux encore me permettre cette possessivité malsaine alors que j'ai pensé à une autre femme toute la semaine ?

Alors que Terence est à deux doigts de me lâcher la bombe, j'entends quelqu'un entrer dans le bâtiment. Je passe ma tête dans l'encadrement de la porte et reste bouche-bée devant la silhouette de Chiara, moulée dans un legging sexy et une brassière tout aussi séduisante. Je laisse ma conversation avec Terence à contre cœur pour la rejoindre. Je m'approche d'elle, lui saisis la taille et dépose un tendre baiser sur sa joue. Je la sens se figer à mon contact, retenant son souffle. Son odeur me transporte, son toucher me fait perdre la tête. Je n'ai qu'une envie à ce moment-là, c'est de lui sauter dessus.

— Bonjour Chiara, je suis très heureux de te revoir. La semaine m'a paru interminable.

Son sourire canaille ne m'échappe pas.

— Moi, je ne l'ai pas vue passer.

Elle se sent toujours obligée de me piquer, de montrer à quel point elle se fout de moi, mais ça ne prend pas. Je ne suis pas dupe, elle me désire autant que je la veux. J'entends Terence nous rejoindre et je m'empresse de lui présenter celle qui chamboule tous mes plans.

— Chiara, je te présente un ami de longue date, mon coach, le propriétaire des lieux, Terence Callum, champion de France de boxe anglaise.

Il s'avance vers elle et comme à son habitude lui saisit le poignet pour lui faire un baisemain. J'ai toujours vu Terence faire ça avec la gent féminine, d'ailleurs, il le fait toujours au Sanctuaire aussi. Pendant un instant, il fronce les sourcils en la fixant avant de se ressaisir.

— Enchanté, Chiara. C'est un plaisir de faire connaissance avec une amie de Chase, c'est tellement rare.

Quel enfoiré, il ne peut pas se taire. Il ne va pas me faciliter la tâche avec ses insinuations. Mais le plus surprenant, c'est l'attitude de Chiara qui reste médusée devant le geste de mon coach, comme s'il venait de faire un truc de dingue. Presque tétanisée, elle met plusieurs secondes avant de lui répondre d'une voix hésitante. Terence aussi a l'air de s'être rendu compte du trouble de ma petite journaliste et la dévisage intensément, rajoutant un malaise à la situation. Je ne comprends pas ce qu'il se passe, mais l'ambiance est devenue subitement glaciale.

— Tout va bien Chiara ? j'espère que les bonnes manières excessives de mon ami ne t'ont pas dérangées ?

— Non, tout va bien, j'ai juste été surprise. Excusez-moi, il est encore tôt pour moi et je ne suis pas bien réveillée, bafouille-t-elle en ricanant.

Bizarre.

— Eh bien, nous allons régler ce problème en commençant par un échauffement avant de passer aux choses sérieuses. Si tu veux poser tes affaires, il y a les vestiaires des femmes juste derrière toi. Prends ton temps, je vais préparer le terrain en attendant.

Elle ne se fait pas prier pour courir vers les vestiaires et je peine à comprendre ses réactions depuis son arrivée. J'espère qu'elle n'a pas eu un coup de foudre pour Terence, il ne manquerait plus que ça, car en regardant mon pote, lui aussi semble désarçonné. Je me tourne vers lui et le questionne :

— C'était quoi ça ?

— Je ne sais pas, c'est étrange. J'ai l'impression de la connaître, ta journaliste.

— Quoi ? Bizarrement, elle m'a fait le même effet quand je l'ai vue la première fois. Mais elle soutient qu'on ne s'est jamais croisé auparavant.

— On croise tellement de monde… Des belles femmes, on en voit tous les jours, elles finissent par toutes se ressembler, mais son trouble est surprenant malgré tout. Que veux-tu, mon charme ravageur a encore fait des siennes.

— Putain, ne déconne pas, il manquerait plus que ça ! Pas touche, t'entends, Chiara est à moi !

— Comme toutes les autres d'ailleurs. Je suis assez grand pour faire ce dont j'ai envie, Chase.

— Allez, lâche-là ta bombe, qu'est-ce-que tu ne me dis pas, Terence ?

Je vois mon pote s'activer à mettre en place les tapis de sol en évitant de me regarder. Lui, il a sûrement fait une connerie. Et quelque chose me dit que ça concerne

Satine. Je commence à monter le ton et à m'énerver. Son silence est insupportable.

— Putain, t'accouches ? m'énervé-je.

— J'ai vu Satine au club, comme convenu, pour lui expliquer que tu devais t'absenter. De fil en aiguille, on a discuté un peu. Elle souhaitait profiter de sa soirée malgré tout, mais ne connaissant personne au club à part moi, elle m'a proposé qu'on se retrouve après mon service dans un salon privé.

Je sens que la suite ne va pas me plaire du tout. Je boue intérieurement et tente de rester impassible en attendant qu'il me déballe ce que je crains le plus.

— On a pris un verre ensemble, on a un peu flirté et puis est arrivé ce qui devait arriver.

— Tu déconnes ?! Tu as baisé Satine ?!

— Non, je ne l'ai pas baisée ! Par respect pour toi et parce que cette fille est spéciale. Mais je ne te cache pas que c'était hot. Putain, si tu savais comme je l'ai désirée depuis le premier jour où je l'ai accueillie au Sanctuaire... D'habitude t'en as rien à cirer ! Tu partages, tu n'es ni jaloux ni exclusif, alors explique-moi ce qui se passe avec elle !

Je fais les cent pas dans la salle, tentant de me calmer. Pourquoi cette femme me fait éprouver une telle rage ? Pourquoi suis-je autant possessif envers une soumise alors que je m'apprête à draguer Chiara et que j'ai laissé de côté le club pour cette brune au caractère bien trempé ? Je crois que ce qui me met surtout en rogne, c'est que j'avais demandé à Terence de ne pas y toucher. Quel genre de pote c'est ?

Je me rapproche au plus près de lui, mon visage à quelques centimètres du sien, le fixant férocement.

— Et tu t'es fait plaisir avec elle à chaque fois qu'elle est venue ?

— Je n'ai aucun compte à te rendre, Chase ! Et oui, on a pris du plaisir ensemble, si tu veux tout savoir !

Chiara débarque au même moment. Je crois qu'elle lui a sauvé la mise, car j'étais à deux doigts de lui exploser sa gueule. J'ai toujours partagé mes plans avec lui, même ensemble, alors pourquoi ça me fait autant chier qu'il ait goûté à cette soumise ?

— Tout va bien ? Je ne dérange pas ? demande Chiara d'une douce voix, comme pour apaiser les tensions.

Je me retourne vers elle et lui prends la main pour l'amener vers les sacs de frappe. Pour une fois, je suis surpris qu'elle me laisse faire et qu'elle ne tente pas de retirer sa main de la mienne. L'ambiance étant suffisamment froide, je pense qu'elle ne souhaite pas en rajouter une couche.

— Désolé, on avait juste une affaire à régler lui et moi, mais tout va bien. Alors, je vais commencer à t'expliquer les rudiments et les techniques avec ce sac en face de toi. Je vais t'équiper en bandant tes mains. Je te montre d'abord et ensuite, tu essayes de faire la même chose, OK ?

Chiara semble mal à l'aise, mais elle fait preuve de bonne volonté :

— Allez, c'est parti !

C'est bien la première fois que je la trouve si docile…

Chapitre 24

CHIARA

LE SORT S'ACHARNE

Lorsque je franchis la porte du Dojo Callum en cette matinée ensoleillée, j'entends la voix de Chase résonner dans la salle. Il semble en colère. L'entendre à nouveau me file une grappe de frissons. Je croyais en être un peu détachée, mais je me rend vite compte que ce n'est pas le cas. Je me rapproche de la pièce dans laquelle il se trouve et fais en sorte de faire un maximum de bruits pour qu'il vienne m'accueillir. Je le vois alors sortir la tête de l'encadrement de la porte pour regarder dans ma direction. Ses yeux séducteurs me déshabillent littéralement, scrutant ma tenue avec insistance, s'attardant sur mes courbes avec lenteur. De sa démarche féline, il s'approche de moi. La profondeur de son regard me donne envie de me jeter sur ses lèvres et son odeur finit par m'achever. Il m'a manqué, c'est indéniable. Je reprends mes esprits quand j'aperçois derrière lui, le patron du dojo et coach de Chase. Terence est très beau, lui aussi dégage une prestance hypnotisante. Mais quand il s'avance vers moi pour se présenter en simulant un baisemain, je crois défaillir. L'image de T. White me revient en pleine face. Mon cerveau ne tarde pas à faire le rapprochement. *Bordel de merde.* T. comme Terence et White en référence à son masque blanc intégral ! Ça me fait un choc de voir le visage de celui avec qui j'ai flirté toute la semaine. Il a une gueule d'ange. Je vois bien qu'il décèle mon malaise quand il fronce les sourcils. Je sais que lui aussi à un doute. Chase coupe ce moment gênant et me permet de reprendre mes esprits. Décidément, le sort s'acharne. Si ça continue, je vais finir par croiser et reconnaître tous les membres du club. Autant Chase n'a pas encore fait le rapprochement, autant j'ai des doutes concernant Terence. J'ai intérêt à finir cet article et vite. Je me réfugie dans les vestiaires que m'a montrés Chase pour y déposer mes affaires et reprendre contenance. Je m'asperge le visage d'eau froide et essaie de me calmer. À n'importe quel moment, l'un comme l'autre peut faire le lien entre Satine et moi. *Mais à quel jeu stupide je suis en train de jouer ? Allez Chiara, ressaisis-toi !* Après quelques minutes à me concentrer sur ma respiration pour faire ralentir les battements incessants de mon cœur, je décide de me jeter dans la cage aux fauves. Leurs voix résonnent dans le dojo et je comprends rapidement que leur conversation houleuse de tout à l'heure n'était pas terminée. Je me mets en retrait et essaye d'entendre ce qu'ils se disent. L'angoisse que Terence m'ait reconnue me coupe les jambes. Je comprends rapidement qu'il s'agit bien de T. White quand je l'entends parler de Satine. Mes membres tremblent. *Putain de merde, il m'a reconnue, c'est sûr !* Je tends davantage l'oreille et parviens à déceler le problème. Visiblement, Chase ne souhaitait pas que Terence s'approche de Satine et il a l'air de lui en vouloir énormément. Niveau discrétion, ils repasseront. Je sens que l'entraînement va être long. La boule au ventre, je me dirige vers les deux hommes et tente d'apaiser la situation en voyant Chase prêt à se jeter sur son ami. Il se rapproche de moi en me saisissant la main pour m'attirer vers le fond de la salle. Son toucher m'électrise. Je l'aurais probablement retirée en temps normal, mais là, je sens qu'il a besoin d'être apaisé. De plus, je suis secrètement flattée qu'il soit si accro à Satine. En revanche, heureusement pour lui que je suis Satine, autrement, je l'aurais planté là pour avoir joué sur deux tableaux. C'est vrai quoi, Chase me drague à mort alors qu'il a Satine dans la peau, si j'en crois la dispute dont je viens d'être témoin. Quel goujat ! Il me rendrait presque jalouse de moi-même.

Pendant plus d'une heure, nous passons d'un exercice à un autre. Il m'aide à me repositionner quand il le faut en frôlant mon corps en sueur. Je vois bien qu'il n'est pas insensible à mes charmes, mais pour une fois, il reste raisonnable tout du long. Je découvre une autre facette de lui, plus sérieuse. On sent sa passion pour ce sport et son plaisir à la partager. Cet homme m'envoûte dès que j'y suis confrontée. Je devrais le fuir, m'éviter les ennuis qui se profilent, mais non, comme une conne, je reste là, à vouloir prendre tout de lui, même ses secrets les plus cachés pour les divulguer au monde entier. Voilà, ce que je suis devenue. Une fille aveuglée par sa réussite, prête à vendre son âme au diable pour un putain d'article. Je me défoule alors comme une forcenée sur ce sac de frappe, tentant d'exprimer ma rage, mon dégoût de moi-même, mon attirance pour cet homme qui me perdra. Je n'arrive même pas à lui résister alors que l'homme avec qui j'ai tenté de l'oublier se trouve dans le bureau à quelques mètres. Je ne suis pas mieux que Chase, finalement. On peut même dire qu'on est quittes.

— On va s'arrêter là pour aujourd'hui. C'était parfait Chiara. Je vois que tu as une sacrée forme physique et un don pour la boxe. Pour une première, tu te débrouilles plutôt bien.

— Merci, c'est gentil de ta part. Je dois avouer que j'ai adoré, réponds-je en lorgnant son torse luisant de sueur

— Si tu as un peu de temps, j'aimerais t'inviter à prendre un café et un petit déj' avant qu'on retourne à nos boulots. Ça te dit ?

Après cette séance intense, je rêve d'une gaufre bien chaude et d'un café au lait.

— Ce serait avec plaisir. Je peux me doucher avant ?

— Mais bien sûr, fais comme chez toi.

Je me dirige vers les vestiaires et prends une douche bien brûlante pour délasser mes muscles. Je suis vidée par cet entraînement intense, mais apaisée également. Ça m'a fait un bien fou. Quand je retourne dans la salle, plusieurs adhérents sont en train de s'échauffer auprès de Terence. Je balaye le dojo du regard à la recherche de Chase, mais me retrouve en face de Terence qui s'est approché de moi discrètement.

— Il est encore dans les vestiaires, il ne devrait pas tarder. Alors comme ça, vous êtes journaliste aussi ?

Je me racle la gorge, espérant que ce geste rendra ma voix différente. On a tellement discuté que je crains qu'il la reconnaisse.

— Tout à fait. Je travaille pour un magazine féminin depuis trois ans.

— Et avec Chase, c'est du sérieux ?

La question est déplacée, mais je sais pourquoi il la pose. Il espère que Chase oubliera Satine dans mes bras. Ainsi il aura la voie libre.

— Veuillez m'excuser, c'était indiscret, se reprend-il en croisant les bras. Je l'ai rarement vu s'investir autant pour une femme, je me posais juste des questions.

— Vous voulez dire, rarement vu s'investir autant pour mettre une femme dans son lit ?

Terence sourit à ma remarque.

— Je vois que vous avez très bien cerné le personnage. Pourtant cette fois, ça a l'air différent. Il a... comme on dirait, renoncé à certaines habitudes ces derniers temps.

Sérieusement ? C'est ça la raison de son absence au Sanctuaire ? *Moi ?* Si c'est le cas, pourquoi a-t-il fait un caca nerveux à propos de Satine tout à l'heure ? Cet homme est incompréhensible.

— Vous avez l'air gênée, j'arrête de vous embêter avec ça.

Son sourire en coin et ses yeux malicieux en font un mec vraiment très craquant. Terence a un visage doux, châtain aux yeux verts, aux muscles saillants. Il a un charme indéniable et des images de nos soirées refont subitement surface. Je me sens rougir sans le vouloir et me focalise rapidement sur autre chose pour faire disparaître ces flashbacks. Mais la question de Terence ne fait qu'empirer mon malaise :

— On s'est déjà vu, n'est-ce pas ?

Alerte. Alerte. Alerte. Vite. Trouve quelque chose à dire....

— Je ne crois pas. Je ne vois pas où j'aurais bien pu vous croiser. Je n'ai jamais pratiqué la boxe avant aujourd'hui.

C'est pas mal.

— Vous ne fréquentez pas des bars où vous auriez vos habitudes ? Des clubs peut-être ? On s'est peut-être déjà croisé là-bas.

Les bras m'en tombent. Il fait sûrement référence à des boîtes de nuit, surtout je ne dois pas m'emballer. J'essaie tant bien que mal de rester neutre et lui confirme que je sors régulièrement, qu'il est donc probable que nous nous soyons croisés sans vraiment se voir. Chase arrive à point nommé en coupant cet échange qui déviait dangereusement.

— Prête, ma belle ? J'espère que Terence ne t'a pas trop embêtée.

Si le regard de Chase pouvait tuer... *il le peut vraiment.* Il l'a encore mauvaise contre Terence.

— Non, nous faisons connaissance. Je n'ai pas réellement eu l'occasion de discuter avec elle durant vos échauffements.

Oulala, ils ne vont quand même pas commencer à se disputer pour Chiara ? Bon sang, voilà que je parle de moi-même comme si j'avais un dédoublement de la personnalité. Je ne sais pas comment font les auteurs qui utilisent un pseudo toute leur vie.

— J'ai été ravie, Terence. Votre salle est incroyable !

— Revenez quand vous voulez. Vous n'avez pas besoin d'être escortée par Chase pour venir vous entraîner. Je me ferai un plaisir de vous initier.

Chase le fixe avec un regard noir. Je vois bien que la tentative de séduction de Terence sous les yeux de mon Dieu, Eros, n'est pas du goût de celui-ci. J'avoue qu'il force un peu là... Décidément, que ce soit au Sanctuaire ou bien même ici, ces deux coqs ont décidé de se battre pour mes beaux yeux. Sont-ils vraiment amis en fin de compte ? Eva et moi, on ne se comporte jamais de la sorte. Pour éviter un meurtre, je ne relève pas :

— Merci encore, Terence, à bientôt.

Je me dirige vers la sortie, afin d'entraîner Chase avec moi et de faire cesser cette bataille d'égo. J'ai vraiment l'impression, parfois, d'être un vulgaire bout de viande. Une main chaude, posée au creux de mes reins, me confirme qu'il m'a bien suivie. Sur le parking, il me propose de faire le trajet dans sa superbe Mustang jusqu'au petit café dans lequel il souhaite m'inviter. Face à cette merveille, je ne me fais pas prier. Je décide de lâcher un peu de leste avec lui. Après tout, il a été très agréable jusqu'à maintenant et a évité de me faire du rentre dedans comme à son habitude. D'ailleurs, je lui en fais la remarque :

— C'est agréable de te voir comme ça.

— C'est-à-dire ?

— Normal, naturel, sans ce masque de séducteur. Je te trouve beaucoup plus attrayant quand tu ne joues pas au gros lourd.

Ses yeux magnifiques tombent dans les miens et je fonds au fond du cuir de mon siège.

— Tant que tu me trouves attrayant, ça me va.

Il me fait un sourire en coin diaboliquement sexy. Je peine à rester de marbre face à cet homme qui me retourne. Fait chier. À peine une heure suffit à ruiner des jours de sevrage.

Nous arrivons enfin à destination. Après avoir pris de quoi manger avec notre café, nous échangeons de tout et de rien comme de bons amis. Son changement d'attitude me sidère. Je vois qu'il fait des efforts, mais dans quel but ? Je me risque à lui poser la question :

— Chase, j'ai besoin de comprendre quelque chose.

— Je t'écoute.

— Qu'est-ce que tu veux exactement avec moi ? Un coup, tu te lances le défi de me séduire, puis tu es plutôt agréable et simple sans faire de rentre dedans. J'ai besoin de savoir ce que tu attends de moi.

— Honnêtement ?

C'est normal d'être aussi beau avec un croissant à la main ? Cette touche Frenchy lui va à ravir.

— Oui.

— Je te veux entière. Je veux chaque partie de ton corps, de ton âme. J'aimerais que tu lâches ton côté coquin avec moi et que tu me donnes envie de toi comme ce n'est pas permis.

À ces mots, une chaleur intense m'envahit et je crois défaillir. Mes joues doivent être rouges cramoisies. Le séducteur Chase et l'impétueux Eros ne sont jamais très loin. Il m'a tellement surprise par sa franchise et son culot que j'en reste bouche bée.

— Et je sais que tu en meurs d'envie, toi aussi.

Il finit sa phrase en se léchant la lèvre supérieure, comme pour me provoquer. Ah ça oui, il provoque un raz de marée dans mon bas ventre et une inondation dans ma culotte. Je dois couper court à cette conversation, et vite, si je ne veux pas flancher maintenant et céder à cette putain de tentation. Je fais mine de regarder ma montre et invente l'excuse qui me vient en tête :

— Je suis désolée, Chase, mais je vais devoir y aller. J'ai un rendez-vous important et j'ai bien peur d'arriver en retard. Merci beaucoup pour cette matinée. C'était très agréable de te découvrir dans ton élément.

— Plaisir partagé. Reviens quand tu veux, tu pourras me voir combattre si tu le souhaites un de ces jours pendant mon entraînement. Tu sais maintenant quand je vais au dojo.

— Oui, ce serait super !

— Je t'appelle bientôt pour un dîner ?

— Ok, à la condition que tu sois sage.

— Je suis toujours sage, beauté. Allez viens, je te ramène à ta voiture.

Quel beau parleur... Lui, toujours sage ? Il dit ça maintenant, puis il voudra à nouveau coucher avec Satine ou une autre. Pourtant, malgré le constat sans appel de son incapacité à se positionner, je craque toujours pour son aura.

Cet homme va me rendre dingue, oui, dingue de lui.

Chapitre 25

(Rosenfeld – Gimme love)

CHASE

RETOUR AU SANCTUAIRE

J'ai beaucoup apprécié ce moment avec Chiara. Elle a une très bonne condition physique, et son corps en sueur tout près de moi m'a déconcentré à plusieurs reprises. Des images obscènes m'ont submergé quand son petit cul moulé dans son legging se penchait dans ma direction. Cette femme me plaît beaucoup, et pas que physiquement. J'aime la voir sourire, l'entendre parler de son métier. Son tempérament de feu et son humour subtil me rendent chèvre. Oui, je crois que je craque un peu pour elle. Mais je veux surtout l'avoir dans mon lit. Goûter à sa peau, à ses lèvres qui n'ont cessé de me narguer, à ses tétons et à la mouille de sa petite chatte. *Putain ça y est je bande comme un malade.* Ça fait deux jours que je ne l'ai pas vue, et elle me manque déjà. J'ai eu l'occasion de reparler à ce bâtard de Terence qui ne s'est pas privé de ma soumise. Il m'a assuré qu'il n'aurait jamais fait une telle chose si Satine était ma petite amie officielle. Il m'a rappelé sa loyauté, mais aussi mon non-sens. Et il a raison, preuve en est : malgré mon intérêt grandissant pour Chiara, j'ai décidé de retourner au Sanctuaire ce soir. Pourquoi ? Si je savais... Si seulement je pouvais comprendre cette puissante attirance pour ces deux femmes... Parfois, il m'arrive même de les imaginer ensemble, en train de se lécher à tour de rôle et ça me donne envie de les baiser toutes les deux en même temps. Je n'arrive pas à renoncer à l'une ni à l'autre. C'est comme si elles se complétaient. Si seulement je pouvais les mélanger pour n'en former qu'une, j'en ferais sûrement la femme de ma vie, l'unique, car elle m'apporterait tout ce dont j'ai besoin. Mais cette femme n'existe pas. Je dois profiter des deux pour me sentir moi-même complet, c'est pas fou ça ?

J'ai prévenu Anita de mon retour précoce. Elle avait l'air satisfaite de cette bonne nouvelle pour ses affaires, mais elle devrait ronger son frein, car si elle savait que je reviens pour ma soumise préférée, elle déchanterait rapidement.

Quand je pénètre dans la moiteur de ce lieu de luxure où l'odeur du sexe prime, je me sens de nouveau frétillant. Et oui, on ne change pas du jour au lendemain. Je salue quelques habitués et enlace certaines de mes soumises, mais mes pensées restent focalisées sur *elle*. ! Étonnamment, je ne la trouve pas au bar, mais presque prostrée dans un coin de la piste de danse. Lorsque de loin, nos regards se croisent, j'ai l'impression que ses yeux sont en train de me foudroyer. Pour en avoir le cœur net, je m'approche d'elle. À mesure que je réduis la distance entre nous, je constate qu'elle porte une robe tout à fait ordinaire, contrairement à son habitude, et je ne vois aucun cocktail entre ses doigts manucurés. *Putain, à tous les coups, elle a ses règles.*

— Bonjour, ma belle.

Assise sur un tabouret assez bas, elle lève la tête vers moi et déglutit sans dire un mot.

190

— Tu n'es pas contente de me voir ?

— Je suis juste… surprise, mais agréablement surprise, puisque j'espérais ton retour.

— Il me tardait aussi de te retrouver. Même si je suis mécontent. Tu t'es laissée tenter par T. White. Je ne t'ai pas tant manqué que ça.

— Tu ne te laisses jamais tenter toi ? Il me semble que tu ne te prives pas non plus.

Mis à part m'intéresser à Chiara et me faire abuser par la patronne, je n'ai baisé personne d'autre qu'elle depuis ce qui me semble être un siècle.

— Comment oses-tu répondre à ton maître de cette façon, Satine ?

— Je crois qu'aucun collier n'est attaché à mon cou, donc je n'ai pas l'intention de t'obéir.

Mais c'est que ma petite soumise a eu le temps de se rebeller en mon absence. Une semaine et mon initiation paraît loin.

— On avait pourtant bien avancé dans ton apprentissage, je suis déçu de voir qu'en si peu de temps, tu aies laissé de côté les fondements de notre relation.

— Je ne suis tout simplement pas dans le rôle de ta soumise.

— Ah oui ? Tu es dans le rôle de la soumise de T. White dans ce cas ? J'arrive trop tôt ou trop tard ?

Ce fourbe lui a bien lavé le cerveau, on dirait.

— Tu es jaloux ? demande-t-elle avec tout l'affront dont elle peut user.

— Pas le moins du monde. Juste étonné.

— Tu mens. D'ailleurs, tu ne cesses de faire en sorte que personne ne me touche alors que toi, tu ne te gênes pas pour faire ce que tu veux. Pourquoi pas moi ?

— Je n'y peux rien si les gens ont peur de mes représailles.

— Eh bien pour ça, j'envisage de quitter le club. J'étais venue pour expérimenter, et tu me prives de ça.

— Quoi ?

191

— Je quitte le Sanctuaire. Je me lasse.

— Il en est hors de question.

Elle pouffe de rire. Un rire jaune. Insolent. Elle ne peut pas partir, j'ai encore besoin d'elle. Elle ne peut pas disparaître comme ça.

— Pour qui tu te prends ? Je pars si je veux.

J'ignore pourquoi, mais je panique. Elle a l'air déterminée. Je suis peut-être allé trop loin avec cette possessivité que je peine à comprendre. Je dois absolument lui prouver qu'en dehors de ma chambre, elle est libre. C'est le seul moyen de la retenir, même si ça me coûte. Alors que je réfléchis à toute vitesse, j'aperçois Terrence, sur la piste, en train de nous épier. Déterminé, je fonce vers lui et l'attrape par le bras.

— Suis-moi.

Étonné, il ne pipe mot et se laisse entraîner. Dans la foulée, j'octroie le même tarif à Satine et les emmène tous les deux dans mon antre.

Une fois seuls, je me déshabille et brise le silence :

— C'est bon, j'abdique. Satine, tu es libre. Tu nous apprécies T. White et moi, eh bien ce soir, je t'offre la possibilité de nous avoir tous les deux en même temps.

T. White jubile, je le vois bien. Il a toujours aimé que je partage mes soumises avec lui. Ce soir, c'est à contre-cœur que je le fais, mais c'est le seul moyen de retenir Satine.

Terence s'approche alors d'elle, lui faisant désormais face et prend la parole :

— Je te voulais pour moi tout seul, mais si Éros est de retour et que c'est le seul moyen de te goûter, je suis d'accord avec sa proposition. Si tu le désires, on peut s'amuser ensemble, tous les trois.

Satine danse d'un pied à l'autre, déglutissant à tout va. La tentation la brûle autant que son besoin d'explorer ses limites. Je devine qu'elle n'a jamais partagé son corps avec deux mâles à la fois. Si elle savait que T.

White et moi sommes très liés dans la vraie vie, elle trouverait ça totalement malsain. Ça l'est, dans un sens.

— Je ne sais pas trop…

— Tu en as envie, alors laisse-toi aller, lui dis-je en m'approchant d'elle.

Lentement, je commence à la déshabiller, caressant au passage son corps qui m'a manqué. T. White m'observe, incrédule face au revirement de situation. Par jalousie, j'ai failli lui péter la gueule et voilà que je lui propose un plan avec Satine. Il ne doit pas comprendre ma réaction, mais je m'en fous. Il aura ce qu'il voulait et Satine reviendra. La cause de notre querelle se laisse faire, oubliant toute raison et se laissant aller à cette proposition indécente. L'indécence, c'est ça, qu'elle est venue chercher au Sanctuaire et je vais lui en donner.

Habitués à ce genre de situation, Terence et moi l'entraînons sur le lit et je ne tarde pas à l'attacher. Mon ami ne perd pas de temps pour l'embrasser dans le cou. Pour faire disparaître cette vision désagréable, je plonge ma tête entre ses cuisses et mordille la chair tendre en remontant vers son intimité. Satine gémit sous nos assauts, m'obligeant à la regarder prendre du plaisir. Terence s'empare d'un sein et le suce avec avidité. Je peux voir sa queue se tendre comme jamais et les veines apparaître le long de son membre. Ce con est tellement excité qu'il pourrait éjaculer sur le ventre de ma soumise d'une minute à l'autre. Quand je commence à laper la petite chatte qui s'offre à moi, Satine se met à respirer de plus en plus fort et à émettre des bruits de protestation. Terence se branle en dévorant sa poitrine et soudain, il entre dans une frénésie. Sans crier gare, il se met au-dessus d'elle et cale son membre entre ses seins pulpeux.

— Putain, Satine, oui, lâche-t-il d'une voix hachurée.

Pitié, je vais vomir. Satine commence à tirer sur ses liens et à se tortiller dans tous les sens. Quant à moi, je me mets à la lécher pleinement pour faire passer la nausée. J'entends la bite humide de Terence glisser sur la peau douce dont je raffole et je me surprends à détester ça.

— Je veux que vous me détachiez ! Tout de suite ! s'écrie subitement Satine.

Terence s'exécute sans discuter et libère ma soumise qui paraît plutôt dominatrice et mécontente en cet instant. Elle se redresse sans ménagement et récupère ses affaires restées au sol. Terence et moi restons interdits et figés devant la fuite de Satine qui a l'air d'être en colère.

— La prochaine fois, prévenez-moi de vos petits plans avant de me mettre devant le fait accompli. Il n'y a pas que vos désirs qui comptent dans le Sanctuaire. Moi aussi, je suis un membre à part entière et j'estime avoir le droit autant que vous d'avoir un minimum de respect. Sur ce, je vous laisse vous amuser ensemble. Je suis sûre que ça pourrait être torride.

Elle file vers la porte qu'elle claque violemment en sortant. Nous nous regardons comme deux crétins, scotchés par autant de fougue et de répondant. Je découvre alors une autre facette de la personnalité de Satine qui me déstabilise au plus haut point, mais qui me ravit en cet instant. Au fond, je suis soulagé de sa réaction. Terence finit par briser le silence :

— Wahou ! Putain, j'adore définitivement cette femme !

J'aurais préféré qu'il soit vexé, ainsi, il arrêterait de lui tourner autour. J'essaie donc de le manipuler :

— Quoi ? Elle vient de nous jeter comme des merdes et toi, tu kiffes.

— J'adore ce côté dominateur chez elle. Tu sais, Satine apprécie aussi de prendre les devants et de diriger ses désirs.

— Putain, mais t'as fait quoi de ma soumise ?! Je pars une semaine et voilà le résultat !

— Elle est juste différente avec moi, c'est tout. Ce soir, ce n'est pas toi qu'elle attendait et encore moins nous deux en même temps. On y est peut-être allé un peu fort.

Pour qui il se prend, putain ? Je ne peux pas faire de vagues ce soir et encore moins m'en prendre à lui étant donné que l'idée est venue de moi. De plus, je réfléchis à ce qu'il me dit et je ne peux que confirmer ces dires. Je m'y suis mal pris avec elle ce soir et ça me met hors de moi. Ce n'est pas ça qu'elle attendait. Pour couronner le tout, j'ai peur qu'elle m'échappe, qu'elle ne veuille plus de moi et de ma domination maintenant qu'elle a goûté le plaisir avec un autre.

Je décide de rejoindre le bar. J'ai besoin d'un remontant et vite. Je n'imaginais pas mon retour de cette façon. Je pourrais me contenter de décharger ma frustration de cette semaine sur l'une de mes soumises, mais bizarrement, je n'en ai absolument pas envie. Celle que je veux a décidée de me rendre dingue, surtout quand je l'aperçois sur la piste de danse en train de se déhancher au rythme lancinant de la musique. Des images de notre première rencontre viennent alors me percuter de plein fouet. Ce corps obsédant, musclé, voluptueux qui se meut devant moi. Et subitement, j'imagine Chiara dansant sur cette piste. Elle et Satine ont un corps assez similaire, de ce que j'ai pu apercevoir. Ces deux femmes m'obnubilent de plus en plus. Il faut vraiment que baise ou je vais péter un câble. Je traverse la piste de danse et passe devant Satine en la frôlant. Je veux qu'elle me voit me diriger vers le salon qui fait face au dancefloor. Je m'y engouffre et m'installe sur le canapé face à elle. Son regard ne m'a pas quitté un seul instant. Les jambes écartées, je sirote mon whisky tout en commençant à me toucher l'entrejambe. Je veux la rendre aussi dingue que je le suis en la regardant se

195

trémousser. Je pousse le jeu plus loin en déboutonnant mon pantalon et en sortant fièrement ma queue dressée devant celle qui ne la laisse pas insensible. Je me branle alors lentement en continuant à la fixer intensément. Je n'attire pas uniquement le regard de ma belle soumise, et très vite, certaines commencent à vouloir me tenir compagnie. Je les dégage alors sans ménagement en les priant de quitter l'alcôve. Satine se fige au milieu de la foule et s'avance d'un pas décidé vers moi. Après un arrêt devant le rideau qui nous sépare, elle franchit la dernière barrière et s'installe à califourchon sur mes genoux, mon sexe comprimé sur le fin tissu de sa culotte. Elle bouscule toutes nos habitudes, prend les devants et je me surprends à aimer ça. Elle enroule ses bras autour de ma nuque et presse ses lèvres sur les miennes en les savourant avec avidité. Nos langues s'entremêlent, se redécouvrent pendant qu'elle continue son déhanché sur mon sexe prêt à exploser sur elle.

— Tu me rends folle, me confie-t-elle d'une voix basse et saccadée.

Ces quatre petits mots me mettent dans un état second. Je la saisis par la taille pour la faire basculer sur le dos et tire le rideau pour avoir plus d'intimité. Elle se redresse et me fait asseoir sur le canapé. Elle se déshabille alors sensuellement devant moi et s'accroupit devant mon sexe tendu à l'extrême. Elle lèche lentement mon gland et glisse sa langue le long de ma verge avec délectation. Se saisissant d'un préservatif, elle me l'enfile avec lenteur. Elle s'assoit alors sur mes genoux tout en s'empalant sur mon sexe et commence à faire de lents va-et-vient. J'engouffre mon visage entre ses seins et hume son odeur qui m'avait tant manqué. Je mordille ses mamelons dressés et empoigne sa chevelure pour tirer sa tête en arrière. Je lèche alors son cou en remontant vers son oreille. Ses gémissements m'électrisent, m'excitent davantage.

— Putain, j'avais tellement envie de toi, Satine. Tu m'as rendu dingue tout à l'heure.

— Toi aussi, tu m'as manqué, malgré la colère que tu me fais ressentir.

Je la dévore, l'incite à aller plus vite et admire son corps qui ondule sur le mien. Quand elle crie enfin sa jouissance, je ne peux plus retenir la mienne et pousse un râle libérateur. Ce moment était intense, comme une délivrance après tous ces jours de frustration. Elle s'écroule alors dans mes bras, son visage enfoui dans le creux de mon cou. Sa respiration chaude me fait dresser les poils. Comme une envie soudaine, un truc que je ne peux pas maîtriser, je l'enveloppe de mes bras et la serre contre moi, mon nez dans ses cheveux au doux parfum de vanille. Ce moment est comme hors du temps. Nous sommes là tous les deux enlacés à réchauffer nos âmes. Je n'ai jamais éprouvé une telle sensation de bien-être, surtout en ces lieux où seul le sexe et le plaisir sont de rigueur. Pourtant, à cet instant, c'est un sentiment fort que j'éprouve, quelque chose qui va bien au-delà du sexe, quelque chose que je n'ai jamais ressenti auparavant. Dans un souffle à peine perceptible, je lui chuchote alors :

— Qu'est-ce que tu m'as fait, Satine…

Chapitre 26

CHASE

UN RENDEZ-VOUS QUI TIENT TOUTES SES PROMESSES

Ça fait deux jours que j'essaie de me remettre de cette soirée au Sanctuaire. Deux jours que je rumine à essayer de comprendre ce que j'ai ressenti quand je tenais Satine dans mes bras. Deux putains de jour à me prendre la tête avec tous ces sentiments contradictoires qui me bousculent, me tétanisent, me font clairement chier. Qu'est-ce qu'elle m'a fait pour que je sois obsédé par elle à ce point ? Je n'ose plus retourner au club, affronter mes pires angoisses, ressentir encore cet interdit, cet impossible, ce sentiment troublant jusqu'alors inconnu pour moi. Non, encore une fois, je me débine et décide de me concentrer sur ma belle journaliste. Oui, parce que je panique. Ce que j'ai ressenti avec Satine me fait flipper.

J'ai envoyé un message à Chiara hier pour l'inviter à dîner chez moi comme promis, et contre toute attente, elle a accepté sans trop de difficulté. Je sens qu'elle commence à baisser la garde quand je me comporte normalement avec elle et que je laisse le séducteur de côté. Je vais miser sur le naturel si je veux avoir une petite chance de goûter un jour à sa peau. Et puis, en plus d'être carrément canon, j'avoue apprécier sa compagnie. C'est une femme instruite et intelligente, piquante quand il le faut, dont l'humour lui rajoute un charme supplémentaire.

Ce soir, c'est LE grand soir ! Pour l'impressionner, j'ai décidé de lui concocter un repas moi-même. Et oui, la cuisine fait partie de mes nombreuses qualités. J'ai pas mal d'arguments pour prétendre être bon à marier, mais ce mot est banni de mon vocabulaire. Mariage signifie durée, exclusivité, fidélité, enfin tout ce que j'exècre ! Même si parfois, j'avoue ressentir la solitude, seul dans ce loft. Mais mon boulot, mes entraînements et le club me prennent suffisamment de temps pour ne pas trop mal vivre cet isolement entre ces murs. Ce matin au dojo, nous avons discuté longuement avec Terence. Il ne l'a pas revue hier et j'en suis malgré moi soulagé. Je sais qu'elle aussi a éprouvé cette connexion, cette intensité dans nos échanges. Lui vit assez mal mon retour. Il a bien vu le changement d'attitude de ma soumise à son égard et je dois bien admettre que j'apprécie qu'elle me préfère à lui. La partager est trop difficile et goûter à d'autres corps me tentent de moins en moins également, et ça, c'est mauvais signe. Alors, je vais me focaliser sur Chiara et prendre autant de plaisir à la découvrir sexuellement qu'avec Satine. Cette petite brune volcanique est la seule, en dehors de ma soumise, à me donner envie de creuser, de me l'approprier, de la faire jouir, de lui donner envie de moi comme jamais. Après une journée harassante au boulot à courir après plusieurs interviews, je me dépêche d'aller à l'épicerie du coin pour acheter de quoi faire un bon repas et une bonne bouteille de vin pour l'accompagner. J'opte pour un menu exotique et aphrodisiaque. Si la nourriture peut m'aider à conclure, autant y mettre le paquet. Je vais lui promettre des saveurs, des couleurs et des frissons en perspective. Je prépare mes ingrédients, découpe les légumes afin de n'avoir qu'à faire cuire au moment voulu et gagner du temps pour la soirée. Le but n'étant pas de rester aux fourneaux sans profiter de mon invitée. Je file direct à la douche pour avoir un peu de temps pour me préparer avant son arrivée. Il est vingt heures quand la sonnette retentit dans mon appart. La table est dressée sur la terrasse, chandelles trônant fièrement en son centre. J'ai joué la carte du romantisme, car je sais qu'elle aime ça et je veux marquer des points. Ma cuisine sera le moment de grâce pour l'achever. Elle ne pourra plus résister longtemps, sinon je jure que j'me fais moine ! Quand j'ouvre la porte, un courant d'air me frappe le visage avec cet effluve envoûtant, cette aura puissante, cette beauté bouleversante, ces yeux verts d'une intensité profonde et ce sourire à se damner. C'est une déesse qui foule le sol de ma demeure, ça ne peut pas en être autrement. Mais quand sa voix chaude et sensuelle me salue, je reste bloqué comme un con devant l'entrée, tentant de refermer ma bouche et de reprendre mes esprits. Cette femme aura ma peau, je n'en doute plus un seul instant.

— Bonsoir, Chiara, tu es d'une beauté renversante ce soir. Excuse-moi, j'ai d'ailleurs du mal à m'en remettre.

— Flatteur, ça fait partie de ton plan de drague pour ce soir ?

— Non, ce soir, tu auras droit au vrai Chase, l'homme charmant, simple, romantique. Je vais mettre le séducteur de côté.

— J'ai hâte de découvrir ça !

Je l'accompagne jusqu'à la terrasse tout en lui faisant visiter mon antre. Elle a l'air d'apprécier ma déco et l'agencement des meubles. Elle s'arrête devant mon sac de frappe et se prête au jeu de quelques coups comme je lui ai appris. Son sourire me fait fondre et son naturel me conquiert. Tel un gentleman, je tire sa chaise pour l'aider à s'installer. Elle semble subjuguée par l'endroit et ma table qui transpire le romantisme. Ses yeux pétillent de joie et d'admiration. J'aime la voir comme ça.

— Chase, c'est magnifique ! Je ne pensais pas que tu étais le genre à pouvoir faire ce genre de chose.

— Et encore, tu n'as rien vu. Je vais continuer à te surprendre. Je t'avais prévenue, je suis du genre à me donner à mille pourcents pour obtenir ce que je désire.

Il me semble déceler, dans son regard, un léger trouble, un désir caché. L'ai-je rêvé ?

Je lui propose un cocktail en apéritif. Je mise sur *le Tentation*, ma boisson préférée pour mettre mes soumises en condition avant nos ébats endiablés. Il va bien dans le thème de mon menu. Quand elle goûte à mon élixir, elle se fige, mal à l'aise. *Merde, elle n'aime pas.* Je m'empresse de la questionner.

— Ce n'est pas à ton goût ?

— Non, du tout, c'est très bon, au contraire. Je ne m'attendais pas à ce mélange de saveurs, mais c'est très réussi.

— Tu me rassures ! Son nom est *le Tentation* !

Elle se met alors à tousser en recrachant presque le liquide dans son verre. Décidément, ce choix n'est peut-être pas le bon. Si ça se trouve, elle ne souhaite pas me froisser en admettant qu'elle déteste.

— Chiara, si tu n'aimes pas, je ne me vexerai pas, promis.

— Tout va bien, je t'assure. Le nom m'a quelque peu déstabilisée, c'est tout. Je vois que Chase le séducteur n'est jamais très loin.

Son argument et son sourire en coin me soulagent. Effectivement, on peut dire que j'annonce la couleur dès l'apéritif. On ne se refait pas.

— Désolé, chassez le naturel, il revient au galop !

L'atmosphère se détend et nous prenons plaisir à discuter simplement de notre journée passée. Je la questionne davantage sur ses hobbies, ses passions en dehors de son métier. Elle me parle de sport, des sorties avec sa meilleure amie Eva, que j'ai eu l'occasion de rencontrer lors de la cérémonie des remises de prix. Je la laisse quelques instants seule pendant que je m'affère dans la cuisine à finir de préparer les entrées. J'entends des talons claquer sur le sol, s'approchant de moi. Elle me regarde avec étonnement quand elle comprend que j'ai moi-même préparé le repas.

— Mais dis-moi, tu as d'autres talents cachés, Chase Davis ? Si en plus d'être magnifiquement bien présenté, c'est délicieux, il se pourrait que tu marques des points.

— Alors prépare-toi psychologiquement à me rejoindre dans ma chambre, ma chère.

Ses joues s'empourprent, et le pincement de sa lèvre entre ses dents ne me donne aucun doute sur l'état d'esprit dans lequel elle se trouve. *Chase, c'est ce soir ou jamais, mon gars.*

— Allez viens goûter avant.

Je lui fais un clin d'œil en passant devant elle, la frôlant légèrement. Je sens que le cocktail commence à faire son effet. Les épices de mes plats vont finir par l'achever.

Une fois assise à la table, je lui dépose son assiette en présentant mon plat.

— Voici pour commencer des cannellonis aux gambas, pomme verte et radis. Une entrée pour te faire voyager avec une note d'exotisme.

— Waouh ! Je suis soufflée ! Quelle originalité ce mélange de saveurs et cette présentation.

— Allez vas-y savoure ! Tu m'en diras des nouvelles.

Elle ne se fait pas prier et pique le premier rouleau avec sa fourchette pour l'engloutir dans sa bouche. Des gémissements sortent d'entre ses lèvres avec une telle sensualité que je ne peux empêcher ma queue de se dresser. Cette fille n'imagine pas l'effet qu'elle me fait en soupirant de plaisir en dégustant mes gambas. C'est d'ailleurs comme si je connaissais par cœur le timbre de sa voix lorsqu'elle exprime son petit orgasme culinaire. C'est déroutant. Ce repas se transforme tout à coup en une scène de sexe que je m'imagine parfaitement bien, avec elle allongée sur la table, soupirant de désir pendant que je lui lécherais le clitoris. Je tente de remettre mon membre en place et de me focaliser sur la nourriture avant de me jeter sur elle. Ce serait con de tout gâcher maintenant.

— C'est trop bon ! Tu dois absolument me donner ta recette.

— Merci, mais si tu pouvais éviter de t'extasier à chaque bouchée, ça m'arrangerait, car désolé d'être franc, mais tu me rends dingue là et ça va devenir difficile de finir le repas sans avoir envie de t'embrasser.

Comme si je venais de lui avouer un truc de dingue, elle reste interdite, la bouche ouverte, déglutissant difficilement sa dernière fourchetée.

— Excuse-moi, je ne pensais pas être aussi peu discrète.

— On ne peut pas dire que ça me gêne, au contraire, j'imagine très bien comment ça pourrait être.

— Chase, je croyais que tu devais mettre de côté le séducteur ce soir et être plus naturel.

— Désolé, mais cela fait partie de moi, de ma personnalité. J'aime le sexe, Chiara, je ne m'en cache pas et il se trouve que je rêve de le découvrir avec toi.

Elle récupère son verre de vin et en vide quasiment son contenu. Ses joues ont subitement pris une jolie couleur rosée. Je la déstabilise, mais je dois lever le pied si je ne veux pas qu'elle recule. Je décide de changer de sujet, mais contre toute attente, Chiara a l'air de vouloir en savoir un peu plus.

— Quand tu dis aimer le sexe, tu parles de quoi exactement ? Tu aimes certaines techniques particulières ? Tu es plutôt exclusif ?

Wow, ça devait lui brûler la langue.

— Beaucoup de questions d'un coup ! Je ne pensais pas que ce genre de choses t'intéresserait. Très curieuse à ce que je vois.

— Non, c'est juste qu'à chacune de nos rencontres, tu ne te gênes pas pour exprimer tes envies, donc je rentre dans ton jeu et souhaite en savoir davantage.

— Je vois. Tu veux de la franchise au risque de te choquer ?

— C'est à ce point ? Je suis prête à tout entendre, en toute sincérité, Chase.

— Ok, pitié, ne fuis pas s'il te plaît.

— Vu tes talents en cuisine, je ne risque pas de bouger avant d'avoir goûté au dessert.

C'est cette répartie que j'adule chez cette femme. Je décide de me livrer sans détours :

— J'aime la domination dans le sexe. J'aime que ma partenaire me soit soumise dans sa posture. L'attacher, lui dicter sa conduite, la fesser, la fouetter si elle le souhaite. Je pratique le BDSM soft, très soft.

— Pourquoi ? Je veux dire, qu'est-ce que ça t'apporte personnellement de dominer dans le sexe ?

— Je ne sais pas, c'est cette adrénaline que je ressens pendant mes combats, par exemple. L'acte de soumission de ma partenaire me donne l'impression qu'elle me fait une confiance aveugle, qu'elle met entre mes mains ce qu'il y a de plus précieux pour elle : sa sécurité, son assurance et son abandon pour notre plaisir mutuel.

— On peut dire que tu sais comment parler de tout ça…

Elle aime ce qu'elle entend. Je le savais ! Derrière sa retenue et ses bonnes manières, se cache une vraie coquine.

— Et c'est tellement jouissif, si tu savais. Désirer un individu, c'est toujours l'intégrer et l'assujettir à son propre désir. Il ne peut en être autrement. Cette pratique me permet d'aider ma partenaire à mieux discerner qui elle est. C'est grâce à cette connexion avec cette femme qui m'a choisi et qui me fait entièrement confiance que mon SM se déploie et s'alimente de cette intensité.

Je me rends compte que je n'ai jamais parlé de ça à quiconque. Avec elle, je me sens d'humeur à me livrer un peu, pour qu'elle puisse me connaître davantage et me comprendre également. Si je la veux dans mon lit, je dois être totalement honnête avec elle sur mes désirs et mes fantasmes. Je n'imagine pas me forcer à lui faire l'amour autrement qu'à ma façon. Cela ne sera que plus intense.

— Je ne voyais pas cette expérience de cette manière. C'est intéressant de connaître le ressenti de ceux qui l'expérimentent. Mais comment l'idée de tenter cette pratique t'est venue ? Comment peux-tu expliquer que dominer ta partenaire, ça puisse t'apporter autant de plaisir ?

— Mais dis-moi, c'est une séance de psy que tu me fais ? Tu veux être sûre de ne pas fréquenter un dangereux prédateur ?

— Non, c'est juste que je trouve très intéressant d'en connaître les raisons. Ce n'est tout de même pas très courant de pratiquer le BDSM, alors je m'interroge.

C'est la première fois qu'une femme se soucie d'en apprendre autant sur moi, ou du moins, qui essaie de me comprendre. Je savais qu'elle n'était pas comme les autres. J'hésite à m'ouvrir complètement à elle, car je sais pertinemment pourquoi je me comporte de la sorte avec mes partenaires sexuelles. J'ai longtemps fréquenté les psys pour me sentir mieux dans ma peau et pour comprendre ce qui ne tournait pas rond chez moi. Et ça a été très instructif. Maintenant, j'ai accepté sans difficulté mes désirs et les assume pleinement, au point de les avoir mis au centre de ma vie en étant l'un des Dieux du Sanctuaire. Mais avant de lui donner des explications sincères, j'ai besoin qu'elle me donne quelque chose d'elle en retour. Je veux provoquer ce jeu entre nous.

— Je pense t'avoir donné beaucoup de renseignements pour le moment. Si tu souhaites en savoir plus, je veux également connaître tes secrets les plus fous. Et toi Chiara, qu'est-ce qui t'excite ?

Des épaules s'affaissent et elle sourit face à mon petit chantage.

— Ok, c'est de bonne guerre. Je dois t'avouer qu'être attachée pendant l'acte me plait assez. Je n'aime pas éprouver de la douleur, juste ce qu'il faut pour attiser le désir tel qu'une fessée par exemple ou bien une pénétration violente.

Quand elle me fait toutes ces révélations, je suis comme subjugué. Putain rien qu'en prononçant ces quelques mots, elle me fait bander comme un âne. Cette femme est parfaite. Je croyais ne pas retrouver cette ouverture d'esprit chez elle. C'est d'ailleurs pour cette raison que je m'accroche autant à Satine.

— Dans ce cas, tu as le partenaire idéal en face de toi, affirmé-je en plissant les yeux pour analyser chacune de ses réactions.

— Alors, j'ai le droit à la suite de ton histoire ? répond-elle pour détourner ma dernière phrase.

— J'aurai quoi en échange ?

— Un second rencard.

— Je ne me contente pas forcément d'une seule fois avec la même partenaire. Il m'arrive de rencontrer des femmes avec qui je prends beaucoup de plaisir et avec qui j'ai mes habitudes. Nous nous voyons régulièrement, juste pour le sexe, le plaisir, rien d'autre.

— Jamais tombé amoureux ?

— Jamais. Je ne cherche pas l'amour, je sais que c'est incompatible avec mes pratiques.

— As-tu déjà fréquenté des clubs ou ce genre d'endroit ?

C'est incroyable qu'elle me pose cette question.

— Tu veux dire des clubs libertins ? Oui, j'en ai fréquenté, et ça m'arrive toujours d'ailleurs. Et toi ?

Elle semble subitement vouloir cacher un certain malaise. J'ai touché un point sensible. Cette petite cache finalement bien son jeu. Je suis sûre qu'elle a déjà essayé, son air gêné ne trompe pas.

— On va dire que oui. Pour voir. Tu sais, j'ai parfois besoin d'essayer quelques expériences.

— Intéressant. Je peux savoir où ?

— Oh… Ce n'était pas dans la région… et… c'était il y a longtemps maintenant... Je ne me souviens même plus du nom.

Sujet très sensible. Cette petite me cache des choses, il n'y a aucun doute là-dessus. Mais je ne vais pas insister, du moins, pas pour l'instant. Ce n'est pas encore le bon moment.

— Bon, et si on passait à la suite, sinon à ce rythme-là, nous n'aurons plus aucun secret l'un pour l'autre avant le dessert.

Je débarrasse nos assiettes d'entrée et file dans la cuisine. Ce dîner tient toutes ses promesses, et bien plus encore.

Chapitre 27

CHIARA
UNE REDOUTABLE ENQUÊTRICE

Alors que Chase s'éloigne vers la cuisine, j'expulse tout l'air que j'avais accumulé dans mes poumons, comme si depuis tout ce temps, j'étais en apnée. À force de vouloir en savoir toujours plus à son sujet, je risque de me griller sans m'en apercevoir. Cet homme arrive toujours à me surprendre et plus j'en apprends sur lui et plus, il me plaît dangereusement. Sa cuisine est excellente et inattendue, son appart est carrément démentiel, j'adore ses goûts en matière de décoration et cette table est d'un romantisme déconcertant. Comment un homme tel que lui peut-il rester célibataire. *Quel gâchis !* Tout ça pour une soi-disant liberté sexuelle. Il est cash et franc avec moi. Sans détour, il m'a avoué ses préférences en matière de sexe alors qu'il savait pertinemment qu'il pouvait me faire fuir. Mais il a joué la carte de la sincérité, et en faisant ça, il ne s'imagine pas à quel point il me séduit davantage. En bonne enquêtrice pour parfaire mon article, je suis assez fière de moi d'avoir réussi à l'amener sur les explications aux nombreuses questions que je me posais sur la pratique du BDSM. Je n'ai pas encore obtenu toutes mes réponses, mais chaque chose en son temps. J'ai eu le temps de glisser mon portable sur mes genoux pour enregistrer notre conversation. Je sais, c'est nul, voire carrément flippant, mais je dois tout déchirer avec cet article, quitte à employer les grands moyens. De toute façon, il n'en saura jamais rien, sauf si j'en révèle beaucoup trop à mon sujet et sur mes fréquentations dans les clubs libertins. Il faut surtout que j'arrive à me détendre si je ne veux pas qu'il se doute de quelque chose. Déjà que chaque jour je risque qu'il fasse le lien entre moi et Satine, il est inutile de lui donner de quoi douter. J'ai cru passer pour une folle avec ce satané cocktail qu'il est capable de proposer, même en dehors du Sanctuaire ! Je dépose mon portable dans mon sac à mes pieds. Je ne vais pas abuser de la situation et prendre plus de risque pour la soirée. Une succulente odeur me sort de mes questionnements. Chase dépose délicatement mon assiette devant moi tout en présentant ce plat appétissant.

— Et pour la suite, voici un poulet au miel et gingembre, pour rajouter une petite touche aphrodisiaque à cette soirée.

— Tu ne cesseras jamais de me surprendre, tout ça m'a l'air délicieux.

Chase, posté derrière moi, se penche vers mon oreille et me glisse quelques mots qui me liquéfient sur ma chaise.

— J'espère bien ne jamais cesser de te surprendre et sache qu'il n'y pas que ce plat qui a l'air délicieux.

Je m'empresse de mettre une bouchée de ce festin dans ma bouche pour tenter de cacher mon trouble. Mon entrejambe frétille d'excitation. Je n'ai jamais vu des épices faire si vite leur effet. Sans le voir, je devine le sourire qui doit trôner sur son visage. Il n'est pas dupe et il sait très bien l'effet qu'il me fait. Mais combien de temps vais-je encore tenir ? Il n'est que tentation. Sa chemise gris anthracite légèrement ouverte laisse deviner ses pectoraux parfaitement bien dessinés et imberbes. Ses manches remontées sur ses avant-bras découvrent la puissance de ses bras à la peau mate. Quand il se dirige vers sa chaise, je scrute sans discrétion ses magnifiques fesses musclées dans un pantalon taillé sur mesure. Son sourire diabolique laisse entrevoir une dentition parfaite d'une blancheur intense contrastant avec sa peau bronzée, et son regard d'un bleu lagon hypnotisant finit de me rendre fébrile. Toutes mes bonnes résolutions sont en train de se faire la malle avec une facilité déconcertante. Si j'arrive à finir la soirée ailleurs que dans son lit, il faudra penser à me décerner une médaille. Nous continuons d'échanger sans tabou sur notre conception du couple, des relations en général. C'est un véritable épicurien, qui ne songe qu'à prendre du plaisir sous toutes ses formes, dans le sexe, les combats, la nourriture, les voitures et son métier. Rien ne semble lui manquer, même pas la compagnie d'une femme au quotidien, celle avec qui il pourrait tout partager. Son seul défaut. Je dois cesser d'espérer quoi que ce soit avec cet homme. Il ne désire pas ce que je souhaite de tout mon être. C'est comme si son cœur était imperméable aux moindres sentiments, à la moindre émotion. Derrière ce physique parfait et torride pouvant vous faire consumer tel un brasier ardent, se cache un homme froid, dénué de tendresse, d'amour. Et pourtant, il y a deux jours, au Sanctuaire, j'ai cru déceler dans ses bras bien plus que du sexe. Une infime preuve d'affection à mon égard. C'était si bouleversant que lui-même paraissait troublé. Depuis ce jour, je n'ai pas eu le courage d'y retourner. Il ne m'a même pas donné un autre rendez-vous pour une prochaine soirée. Pourtant, ce soir, il semble aller bien, prêt à passer à autre chose avec moi. En même temps, comment concevoir quelque chose avec une soumise anonyme rencontrée dans un

211

club libertin ? Si je dois percer à jour Chase Davis, c'est dans la peau de Chiara, pas celle de Satine. Il va peut-être falloir que je rende Satine plus fade, plus effacée, ainsi, il n'aura d'yeux que pour Chiara. Et plus tard, il découvrira qu'il peut tout avoir avec moi.

Pour conclure ce dîner romantique, Chase nous apporte un cœur coulant chocolat fruits rouges accompagné d'une flûte de Champagne. Entre le cocktail, le vin et les petites bulles, je commence à rire sur tout et n'importe quoi. Chase s'en amuse, mais il ne faudrait pas qu'il en abuse, car j'en suis à un point où je ne saurai plus maîtriser la moindre de mes actions envers celui qui n'attend qu'un geste de ma part pour me mettre dans son lit. Et le pire, c'est que j'en ai terriblement envie ! Sans aucun masque qui cache les émotions ou le bleu troublant de ses yeux dans lesquels je désire plus que tout me noyer pendant qu'il me ferait jouir. *Chiara, reprends-toi !* Il est peut-être temps de rentrer chez moi avant que je ne fasse une bêtise monumentale. Je fais mine de regarder ma montre, mon alibi le plus plausible.

— Il commence à se faire tard, je ne voudrais pas abuser de ton temps. Il est l'heure pour moi d'aller décuver un peu dans mon lit.

— Tu peux abuser de tout ce que tu veux, Chiara. Et te dessaouler dans mon lit ne me dérange absolument pas.

Je me mets à ricaner comme une hyène. C'est bon, là, je suis bel et bien bourrée. Après ça, je ne suis pas certaine qu'il ait toujours envie de me mettre dans son lit.

— Dans tes rêves ! Je ne suis pas assez saoule pour ça !

— Mais bien trop pour prendre ta voiture. Ce ne serait pas prudent vu ton état.

— Mais bien sûr ! Essaie... encore !

Je continue de rigoler toute seule, mais Chase semble très sérieux. Il s'avance vers moi, s'accroupit à ma hauteur et plonge ses billes translucides dans les miennes. En prenant un ton posé, il ne lâche pas l'affaire et semble vraiment s'inquiéter que je reprenne la route dans mon état.

— Chiara, je ne plaisante pas. Je ne te laisse pas partir dans ton état. Je te laisse mon lit, je dormirai sur le canapé, ça ne me dérange pas. Je préfère te savoir en sécurité ici, plutôt que sur la route. S'il t'arrivait quelque chose… je m'en voudrais toute ma vie.

Je cesse subitement de ricaner comme une enfant quand il montre, pour la première fois depuis que je le connais, une émotion intense qui semble le chambouler. Il est effrayé à l'idée qu'il m'arrive malheur. Je m'abreuve de l'intensité de son regard qui me couve d'une tendresse infinie. Je sens mon cœur fondre pour cet homme et mes remparts céder un à un. *Je suis grave dans la merde !*

— Tu avais tout prévu, avoue !

— Je ne pensais pas que tu avais une si belle descente, en fait. Et visiblement, tu ne tiens pas la cadence.

Il est vrai que je n'ai pas arrêté de vider mon verre dès que je me sentais troublée par son aura envoûtante. Autant dire, durant toute la soirée. Et sans m'en rendre compte, je suis passée pour l'alcoolique qui a enchaîné les verres. Il a raison, je ne peux pas prendre ma voiture. Je ne suis même pas sûre de marcher droit jusqu'à la sortie.

— Ok, je capitule. Tu as raison, j'ai peut-être un peu trop abusé de la boisson ce soir, mais je te jure que je ne suis pas ce genre de fille.

— Je sais. Tu as juste voulu cacher ta nervosité, ton attirance à mon égard. Mais je ne suis pas dupe, Chiara. Oh non, je lis en toi comme dans un livre ouvert.

Je reste figée devant autant de perspicacité. Il me déchiffre tellement bien que je me demande comment il n'a pas encore fait le rapprochement avec Satine.

213

— Prétentieux !

— Non, j'ai raison, c'est tout. Je vais te faire un café, ça dissipera un peu les effets de l'alcool.

Comme un véritable gentleman, Chase ne profite pas de la situation pour me convaincre de le suivre dans sa chambre. Il voit bien que je ne suis pas en état. Après avoir bu un expresso qui m'a un peu remis d'aplomb, mon hôte me propose une douche et un tee-shirt à lui pour dormir. C'est un peu gênée que je pénètre dans son antre. Sa chambre est spacieuse, toujours décorée avec beaucoup de goût comme le reste de son appartement. C'est une véritable suite parentale avec sa propre salle de bain et un immense dressing. Il me tend une serviette propre et ce qui va me servir de pyjama pour la nuit. Je réalise, tout d'un coup, que je vais dormir chez lui. Combien de soumises au club ont rêvé de ça ? Il me laisse seule dans la salle de bain, après m'avoir déposé tout ce dont j'ai besoin pour me laver. Il est au petit soin avec moi, et ses gestes, pourtant anodins, ne font que me tirailler davantage sur ce que je commence à ressentir pour lui. L'eau chaude sur mon visage me permet de me détendre, sentant les vapeurs d'alcool quitter ma peau sous la chaleur brûlante des gouttelettes qui ruissellent sur mon corps. Cette douche délassante m'a permis de me reconnecter à la réalité du moment. C'est-à-dire, moi dans la maison de Chase, prête à dormir dans son lit, sans lui, avec moi. Je me dirige silencieusement vers le salon. Chase est torse nu, préparant son lit de fortune sur le canapé. Je l'épie discrètement, savoure cet instant en scrutant les muscles de son corps se tendre à chacun de ses gestes. Sa peau est un appel aux péchés. J'ai terriblement envie de lui à cet instant, ressentant des papillons virevolter dans mon ventre, ce frisson dévaler le long de mon échine et ce feu ardent qui ne cesse de consumer mon intimité. J'imagine ses bras puissants saisir mes hanches pour mieux me pénétrer, ses grandes mains rugueuses caresser les courbes de mon corps, sa langue se délecter de chaque parcelle de ma peau. Chase coupe soudainement ces images toutes aussi chaudes dans lesquelles je m'étais projetée.

— La vue a l'air de te plaire. J'ai l'impression que tu as très chaud d'un coup, la douche ne t'a pas fait du bien ?

— Oh... Excuse-moi... si, si, la douche était très appréciable, merci.

Son regard profond coule le long de mes jambes pour remonter sur ma poitrine, dont mes tétons, pointant d'excitation, restent probablement visibles au travers du tee-shirt. Ses yeux fixent avec envie mes seins qui ne cessent de se tendre davantage devant son désir palpable. L'air me manque, des bouffées de chaleur envahissent mon corps. Je ne ressens que ce désir brûlant et je n'ai qu'une envie : me jeter sur lui pour qu'il me remplisse, me caresse, me fasse jouir comme lui seul sait le faire. Mais contre toute attente, Chase ne profite pas de cet instant hors du temps, où nos corps, pourtant, ne cessent de se crier leur désir. Il ne bouge pas, et finit son inspection en plongeant ses billes translucides dans les miennes. J'y décèle cette ardeur, cette attirance, cette passion, mais aussi une certaine retenue. Il me dévore dans un silence pesant. Mes jambes me soutiennent à peine.

— Je te souhaite une bonne nuit, Chiara.

C'est tout. Juste un « bonne nuit », rien d'autre. J'espérais pourtant plus, alors que je tente d'échapper à ce moment pour ne pas tout gâcher. *Ressaisis-toi Chiara* ! Bon sang, il faut que ce soit lui, qui finalement me rende la tâche plus facile, et moi, je ne veux qu'une chose, qu'il me prenne, là, maintenant, sur son canapé.

— Merci pour cette soirée et ce dîner. J'ai passé un agréable moment... et je me sens un peu nulle de m'imposer chez toi en te virant de ton lit.

— Plaisir partagé, mais inutile d'avoir honte, c'est moi qui ai insisté pour que tu restes. Je t'aurais bien proposé de partager mon lit en tout bien tout honneur, mais j'en serais incapable.

Il s'approche alors de moi, comme il sait si bien le faire, tel un félin prêt à bondir sur sa proie. Son torse n'est plus qu'à quelques centimètres de moi. J'arrive à sentir son souffle chaud sur mon visage quand il me parle avec sa voix chaude, sensuelle.

— Si tu savais à quel point je te désire. Ça va être un véritable supplice de devoir dormir à quelques mètres de toi, sachant que tu es dans mon lit, terriblement sexy dans mon tee-shirt qui met en valeur tes formes voluptueuses et qui me font fantasmer comme ce n'est pas permis. Putain, si tu savais comme je bande en imaginant tout ce que je voudrais te faire.

Mon cœur bat à tout rompre dans ma poitrine. S'il tente la moindre approche, je sais que je ne pourrai pas l'en empêcher. Son visage s'approche dangereusement de ma bouche, je retiens mon souffle, ferme les yeux. Je sens un délicat baiser sur ma joue, puis le vide, le froid qui me saisit quand il s'éloigne de moi en tournant le dos pour me lancer de nouveau :

— Bonne nuit, Chiara.

Chapitre 28

CHASE
UN VÉRITABLE SUPPLICE

Je ne me retourne pas tant qu'elle n'a pas quitté le salon. Je lutte de toutes mes forces pour ne pas me jeter sur elle comme un affamé. Je n'ai jamais autant fait appel à mon self-control pour tenter de maîtriser la situation. Je ne veux pas abuser de son état d'ébriété pour la faire mienne. Si ça doit arriver, et je sais que ça aurait pu se faire il y a à peine cinq secondes, ce sera quand elle aura toutes ses capacités et qu'elle le désire à un point que ça la rongera de l'intérieur. Je veux provoquer cette envie en elle, cette frustration que j'ai cru déceler quand je lui ai souhaité bonne nuit. J'aime jouer, et ce que je souhaite, c'est que ce soit elle qui me supplie de la baiser. Je vais prendre un malin plaisir à la rendre folle, à attiser son désir pour moi. Mais en attendant, il va falloir que je m'occupe de mon sexe tendu à l'extrême, qu'il en est douloureux. Je sors sur ma terrasse pour prendre l'air frais afin de me reconnecter. Je récupère une clope et aspire une grande bouffée de nicotine pour apaiser mes tourments. J'apprécie une cigarette de temps en temps, pour le plaisir. Avec le sport que je pratique, j'évite d'en être dépendant, c'est juste occasionnel. Après être resté plus d'une demi-heure dehors, je décide d'aller me coucher sur mon canapé. L'excitation de la savoir dans la pièce d'à côté, à demi nue, m'empêche de trouver le sommeil. Je tourne, je vire la couverture, j'ai chaud, j'ai froid, puis chaud. *Putain de merde, elle me rend dingue !* Mais quelle idée j'ai eu de la laisser dormir ici. J'ai imaginé des dizaines de fois qu'elle viendrait me rejoindre dès que j'entendais un bruit dans la pièce. Les heures défilent et moi, j'ai toujours les yeux grands ouverts à fixer ce putain de plafond. L'idée de me défouler sur mon sac de frappe me traverse l'esprit, mais vu le boucan que ça fait, je risque de la réveiller. Au bout de quelques heures, je finis par sombrer dans les bras de Morphée.

La lumière du jour filtrant au travers de ma baie vitrée me réveille brusquement. Je récupère difficilement mon téléphone pour regarder l'heure. Putain, j'ai dormi à peine cinq heures. Il n'est que sept heures du matin et je finis par capituler en me levant pour me préparer un bon café. J'essaie de me réveiller en sortant dehors afin de respirer à pleins poumons l'air frais matinal. Même si hier soir, j'ai pris toutes les mesures pour ne pas faire de bruit, ce matin, y'a pas moyen, j'ai besoin de me défouler sur mon sac de frappe. J'ai dû rêver une bonne dizaine de fois de la voir me chevaucher sur mon canapé ou bien de pénétrer dans ma chambre pour l'attacher à mon lit et lui faire l'amour dans toutes les positions possibles. Ma queue étant toujours tendue à l'extrême et ma douche indisponible pour le moment, seuls mes gants pourront me faire penser à autre chose et dégonfler la bête. Au bout d'une bonne heure de sport entre la corde à sauter, une série d'abdominaux et un défouloir en règle sur mon sac, j'entends la porte de ma chambre s'ouvrir sur une déesse, qui même paraissant à moitié endormie, cheveux en bataille, reste magnifique au saut du lit.

— Bonjour Chiara, bien dormi ? Excuse-moi si c'est moi qui t'ai réveillée, mais c'était un besoin vital pour ma santé, là.

— Bonjour Chase. Non t'inquiète pas, tu es chez toi, tu fais ce que tu veux. Par contre, il me faut un café d'urgence et une aspirine si tu en as.

Même dans cet état, elle reste belle à mourir.

— Mal à la tête ?

— On peut dire ça ! J'ai vraiment honte. Me mettre minable au point de rester dormir chez toi, je crois que je ne vais jamais m'en remettre.

— Moi, j'ai été ravi de cette soirée et de te savoir dans mon lit. Finalement, j'aurai réussi à t'y mettre, tu vois !

— Ha, ha, très drôle, Chase ! Ça ne compte pas.

Je m'esclaffe devant sa petite mine fatiguée. Elle paraît tellement vulnérable, douce, que je ressens le besoin de vouloir la prendre dans mes bras. Bizarrement, il n'y a rien de sexuel à ce que j'aimerais lui faire à cet instant. Je crois que je commence à complètement débloquer ces temps-ci. Je me secoue la tête violemment pour me ressaisir et me hâte de lui préparer un bon café et des pancakes.

Pendant tout ce temps, elle reste posée sur l'un des tabourets qui entourent l'îlot central de la cuisine et m'observe en silence. Je lui sers son repas et m'installe en face d'elle.

— Décidément, même tes p'tits déj' sont délicieux ! Rappelle-moi pourquoi tu es toujours célibataire ? Ah oui, c'est vrai, tu es un vrai queutard !

Ouch ! dès le matin, malgré sa gueule de bois, on ne peut pas dire qu'elle mâche ses mots. Madame n'est visiblement pas du matin.

— Je me serais contenté de ton compliment sur ma cuisine. Le reste n'était pas nécessaire.

— Il n'y a que la vérité qui blesse !

— La gueule de bois te rend quelque peu désagréable, j'me trompe ?

— Non, réaliste !

J'avale d'une traite mon café et me lève avec un regard un peu canaille.

— Bon, et bien moi, je vais profiter que tu manges pour aller prendre une douche, si ça ne te dérange pas. Je ne voudrais pas complètement réveiller la bête sans pitié qui sommeille en toi.

Je ne lui laisse même pas le temps de répliquer et pars vers ma chambre pour me délasser au plus vite sous une eau bien chaude et bien méritée.

Pour la provoquer un peu, je ressors de ma chambre, vêtu d'une simple serviette autour de la taille, encore dégoulinant d'eau. Je remarque ses yeux interloqués, fixant chaque partie de mon anatomie, déglutissant difficilement sa gorgée de café. Elle n'en loupe pas une miette, et j'adore ça. Je sais qu'elle n'est pas insensible à mon charme et que d'ici quelque temps, elle me suppliera de la prendre violemment pour vénérer ce corps qui ne demande qu'à être goûté. Je vais employer une autre stratégie pour faire céder ma belle. Même si ça doit être un véritable supplice pour moi, je promets de parvenir à mes fins avec cette tornade indomptable.

— Tu as fini de me mater ?

— En même temps, si tu ne souhaites pas qu'on te reluque, tu pourrais t'habiller un peu plus en sortant de ta douche.

— Mais j'aime qu'on me reluque, surtout quand c'est toi qui le fais avec cette envie perceptible dans tes yeux. Je voulais juste savoir si je pouvais me rhabiller, la provoqué-je en contractant les abdos.

— Pfff, quel égo, Chase ! Bravo !

— Je n'aime pas la fausse modestie.

— C'est vrai que tu n'es pas mal, on ne peut pas le nier. Mais les muscles ne font pas tout !

— Mes muscles font tout, arrête tes conneries.

Elle capitule :

— Oui... Il faut l'avouer, tu as un corps parfaitement bien sculpté, des yeux d'un bleu électrisant, un charme indéniable... Mais ton côté aguicheur arrogant gâche le tout et tu finis par faire cliché avec ta panoplie du parfait séducteur lourdingue.

— C'est plus fort que toi, n'est-ce pas ? Tu commences toujours très bien tes phrases, mais le reste n'est jamais vraiment intéressant.

Elle se lève d'un bon et se dirige vers ma chambre d'un pas décidé en me lançant à son passage :

— J'emprunte ta douche et je te laisse tranquille. J'ai des choses plus intéressantes à faire que de continuer cette discussion.

Elle claque la porte derrière elle dans un fracas assourdissant. Super, avec cette fille, c'est loin d'être gagné. Elle est un peu susceptible. J'ai cru marquer des points hier, mais le réveil semble lui avoir fait ouvrir les yeux au sens propre et figuré. Avec elle, c'est un pas en avant, deux pas en arrière dans la minute qui suit. Je n'ai jamais autant galéré avec une femme et il faut que ça tombe sur celle qui me plait vraiment. Peut-être que son comportement attise davantage mon intérêt pour elle. Chiara est devenue un véritable challenge et cela me procure cette adrénaline que j'aime tant. J'ai soudain une idée pour l'attirer un peu plus dans mes filets. Quand elle sort enfin de ma chambre, sa beauté naturelle me frappe. Sa longue chevelure brune, ses yeux verts ensorcelants, sa bouche pulpeuse et ce petit air supérieur qu'elle essaie de se donner comme pour mettre une barrière entre nous... C'est craquant. Cette femme dégage ce petit quelque chose qui s'immisce sournoisement en moi. Elle déclenche des ressentis, des émotions que je ne pensais jamais éprouver. Est-ce la curiosité, le défi, cette euphorie, qui m'animent autant ? Je l'ignore, mais j'aime l'effet qu'elle me fait. C'est l'une des rares à avoir réussi là où tant d'autres ont échoué. Pour le moment, seule une petite soumise est parvenue à cet exploit.

— Si ça te dit, il y a un gala de MMA qui réunit tous les anciens champions de cette discipline. Je vais y participer. Je souhaiterais t'inviter pour que tu découvres un peu plus mon monde.

Ma proposition balaye sa mauvaise humeur d'un revers de main.

— Ce serait avec plaisir... Je n'ai jamais participé à ce genre d'événements, ça doit être incroyable.

— Tu me fais plaisir en acceptant cette invitation. Ça me tient à cœur que tu sois présente, dis-je en séchant la vaisselle que je viens de faire.

— Ah bon ?

— Et oui Chiara, j'apprécie beaucoup ta compagnie et ce sera l'occasion pour toi de me voir autrement qu'en éternel séducteur de bas étage.

Elle semble gênée par mon petit pic. Je pose mon torchon et me rapproche d'elle au plus près pour la fixer avec intensité afin qu'elle comprenne qu'elle me plait bien plus qu'elle ne le pense. Elle ne répond rien et semble troublée. J'en profite pour m'avancer encore. Elle recule et heurte le mur derrière elle. J'encadre son visage de mes mains et lui susurre à l'oreille avec ma voix la plus chaude et sensuelle dont je puisse user :

— J'ai vraiment envie d'apprendre à te connaître, Chiara, car même si tu parais ne pas me faire confiance ni me croire, sache que je t'apprécie énormément. Et j'ai passé une excellente soirée en ta compagnie.

Elle déglutit péniblement, ses yeux de chat ancrés aux miens. La tentation à cet instant devient une véritable torture. Ses lèvres appellent les miennes, sa respiration se fait plus rapide, ses pupilles se dilatent, sa gorge semble s'assécher. Son corps entier frémit si fort que j'en ressens toutes les vibrations. Je me recule pour la libérer de mon emprise, emportant avec moi les effluves de son parfum sucré.

— Je te donnerai les invitations à notre prochain rendez-vous.

Je lui fais un clin d'œil pour accompagner mes paroles et détendre un peu l'atmosphère qui s'est soudainement chargé d'une tension sexuelle palpable, et ça elle ne peut pas me le cacher. Je sens à des kilomètres son désir qui s'échappe de chacun de ses pores et je n'imagine pas l'état de sa petite chatte. Ses yeux luisants d'ardeur ne me mentent pas, eux.

— Parce que tu as prévu un prochain rendez-vous ?

— Bien sûr.

— Tu ne t'avoues jamais vaincu ?

— Avec toi, jamais.

Le silence nous mange un instant, puis elle le brise :

— Ok, j'accepte, par pure curiosité, hein !

Elle n'arrête jamais, cette femme est impossible ! J'adore ça.

— Que souhaites-tu faire ? Je te laisse le soin de choisir notre prochain rendez-vous.

— J'ai prévu d'aller boire un verre avec mon amie Eva samedi soir et d'enchaîner dans une boîte de nuit. Tu n'as qu'à nous rejoindre. Disons, vingt et une heures au bar *Le Select*.

Une boîte de nuit, c'est parfait. On dit qu'un homme danse comme il fait l'amour. Ce sera l'occasion pour moi de lui montrer mes talents.

— Avec plaisir, ma belle. J'y serai. Mais tu as peur de te retrouver seule avec moi ?

Sa copine risque fort de tenir la chandelle.

— Disons que je veux juste refroidir un peu tes ardeurs.

Faux. Elle veut l'avis de sa meilleure amie. Les femmes fonctionnent comme ça. C'est un test et ça signifie que je lui plais vraiment. Je m'approche d'elle et dépose un baiser sur sa joue.

— Es-tu bien sûre que ce sont mes ardeurs que tu veux réfréner ?

Elle ne répond pas, ramasse son sac à main et sourit avant de regagner la porte d'entrée.

— Bonne journée à toi, belle Chiara et à très vite.

Elle reste figée sur place. J'aime voir l'effet que je lui fais.

— Merci pour le dîner, Chase… À samedi…

Ses pommettes rougies par le désir et son air perdu prennent le dessus avant qu'elle disparaisse pour de bon. *Putain, je craque !*

Chapitre 29

CHIARA
DIABOLIQUE CHASE

Je tente de reprendre une respiration normale après toutes ces montagnes russes émotionnelles. Chase a ce pouvoir démoniaque de me mettre dans tous mes états et d'attiser cette frustration qui me consume. Je vois bien son petit manège qui consiste à me rendre folle, à m'allumer sans retenue en se pavanant à moitié nu devant moi. Il devient très fort à ce jeu qui commence à être dangereux pour moi. Je n'ai quasiment pas dormi malgré le taux d'alcool qui devait circuler dans mes veines. La présence de mon Dieu séduisant juste à proximité en est la principale cause. J'ai failli franchir cette porte plus d'une fois pour aller le rejoindre sur le canapé et le chevaucher toute la nuit. Sa cuisine est un délice, ses petits déjeuner à se damner, son appart est dément et lui carrément canon ! J'aime son humour, son arrogance piquante, sa spontanéité, sa conversation. *Je suis dans la merde ! Concentre-toi sur ton article et rien d'autre ! Ce mec n'est pas fait pour moi, il n'est pas fait pour être en couple, il n'est pas fait pour une vie normale.* Je me répète sans cesse cette phrase comme un mantra pour finir par en être convaincue.

J'arrive à mon appart et file me changer. J'ai besoin d'éliminer toute cette tension et de me réveiller un bon coup pour chasser cette gueule de bois, et pour ça mon remède, c'est le sport. J'enfile une brassière et un leggin, chausse mes baskets de running et glisse mes écouteurs dans mes oreilles. La musique entrainante me pousse à trouver un bon rythme de croisière malgré la fatigue et mes tourments. Chaque foulée me libère peu à peu l'esprit, estompe mon mal de crâne et me redonne un coup de fouet. *Merci les endorphines !* Il va falloir attendre quelques jours pour revoir Chase. Je préfère le voir en compagnie d'Eva pour être certaine de ne pas succomber. Mes remparts commencent à céder les uns après les autres à chacune de nos rencontres. Je ne dois pas franchir cette ligne rouge avant que mon article soit terminé. Une fois que tout cela sera fini, je cesserai définitivement mes escapades au club. Car je n'ai plus envie de profiter d'Eros, de ce personnage caché derrière un masque. Non, désormais, c'est avec Chase que je souhaite succomber quitte à me brûler les ailes. Je le veux lui tout entier, sans faux-semblants, sans avoir besoin de se cacher, pouvoir me plonger dans ses prunelles ardentes, admirer son corps en pleine lumière, découvrir le véritable Chase dans son intimité. Est-il comme Eros en matière de sexe ou bien est-ce différent ? Est-il prêt à changer et à s'investir auprès d'une seule femme ? Tellement de choses que je souhaite découvrir.

Ce soir, je dois aller au Sanctuaire. J'ai besoin d'assouvir mes désirs par ce biais pour le moment. Sera-t-il là à chercher Satine après la soirée qu'on vient de passer ? Le contraire m'étonnerait étant donné que je lui ai résisté. Je vois bien qu'il change ses habitudes au club pour Chiara. Il est de moins en moins présent, essaie de se détacher de Satine en la partageant avec un autre. Peut-être n'est-ce pas impossible de dompter le grand

Eros, de le rendre si accro à mon corps qu'il ne ressentirait plus l'envie d'aller en baiser une autre. C'est stupide de ma part de penser ça, mais j'ai envie d'y croire malgré mes gros doutes à ce sujet. Je deviens définitivement irrécupérable.

Comme à mon habitude, je sirote un cocktail au bar du Sanctuaire. J'aime me retrouver dans cette ambiance si particulière, chargée d'érotisme, de moiteur sensuelle. Je me surprends à aimer regarder les autres prendre du plaisir, à me délecter de ces corps en sueur qui se déplacent avec volupté et lascivité, m'imaginant un instant être à leur place. La gêne et la peur du départ se sont envolées. Cela fait déjà plus d'un mois que je foule le sol de cet endroit atypique et que ma féminité ne s'est jamais autant exprimée à travers mes tenues affriolantes. Je scrute avec insistance les différentes alcôves et salons privés pour essayer de repérer celui pour qui je suis prête à me soumettre à ses moindres aspirations. Une aura puissante frôle mon dos et un souffle chaud dans mon cou déclenche un frisson le long de mon épine dorsale. Cette voix rauque si sexy, reconnaissable entre toutes et cet effluve envoûtant dont je suis devenue complètement accro, déclenchent un tambourinement incessant au creux de ma poitrine. Je savais qu'il serait là.

— Rejoins-moi dans ma chambre en position de soumission dans dix minutes. J'ai terriblement envie de toi ce soir, Satine.

S'il savait à quel point j'ai envie de lui, moi aussi. Je finis mon verre d'une seule traite et pars d'un pas décidé vers la pièce de la luxure. Celle où j'ai tout appris de la soumission soft avec celui qui est devenu mon obsession. Celui que je trahis impunément, que je manipule sans aucun remord. J'ouvre la porte qui me mènera vers l'extase suprême. Le coussin est toujours au sol, les chaînes prêtes à être utilisées, l'odeur réconfortante d'une bougie parfumée embaume la pièce. Je m'agenouille, tête baissée, mains derrière le dos et j'attends avec impatience celui qui me libérera de la frustration qu'il a lui même provoquée. Le bruit de la poignée met tous mes sens en alerte. Tel un fauve prêt à bondir sur sa proie, ses pas sont lents et discrets. Il s'avance vers la commode pour récupérer l'objet qui fera de moi sa soumise. Il frôle avec la pulpe de ses doigts mes épaules, puis mon cou, ce qui déclenche un frisson exaltant, une respiration chaotique, un bouillonnement au creux de mon ventre et des palpitations cardiaques. Lui seul arrive à me faire ressentir autant d'émoi et de trouble avec sa seule présence. Il attache le collier et me saisit les mains toujours croisées derrière mon dos et m'aide à me relever.

— Mets-toi à quatre pattes sur le lit, Satine.

Je m'exécute sans broncher. Éros caresse mon cul tendu vers lui puis le claque violemment avec sa paume. Un gémissement sort de ma bouche. Je ressens une douleur vive mélangée à du plaisir. Il lèche avec douceur la partie de ma fesse meurtrie et recommence à me fesser. Il écarte aussitôt ma raie pour y insérer sa langue qui me propulse dans un état second. Il alterne alors entre douleurs corporelles et caresses démentes qui finissent par m'envoyer au septième ciel. Il aiguise mes sens, me fait découvrir ce plaisir déviant, inhabituel, mais si intense. Après avoir joué avec tous les endroits stratégiques de mon corps pour me faire jouir comme une folle, il me pénètre avec lenteur pour commencer, puis accélère le mouvement. Ses dents ancrées dans la peau fine de mon cou, ses mains partout sur ma peau et ses coups de boutoir de plus en plus rapides libèrent en moi un orgasme d'une ampleur indescriptible. Cet homme ravage tout sur son passage. Quand je le sens éjaculer, je le prends par le cou et l'oblige à se pencher vers mon visage. Je presse mes lèvres contre les siennes et cherche sa langue dont je me délecte pour étouffer ses gémissements. Surpris par mon geste dans un premier temps, il finit par s'écrouler sur moi, m'envelopper de ses bras puissants et approfondir ce baiser passionné qui n'a rien d'anodin et qui n'est pas habituel. Ce baiser est d'une telle intensité qu'il finit par m'effrayer. Des millions de papillons s'envolent au creux de mon estomac et mon cœur semble à deux doigts d'exploser. Eros coupe subitement cet échange exaltant en se redressant rapidement comme s'il s'était brûlé. Sa respiration est chaotique. Il semble vouloir reprendre son souffle en restant assis au bord du lit. Il prend alors sa tête entre ses mains, les coudes posés sur ses genoux. Inquiète, je m'avance vers lui et le questionne :

— Tout va bien, Eros ?

— Putain, mais qu'est-ce-que tu es en train de me faire ?

— Quoi ? Je ne comprends pas.

Il se lève et fait les cent pas dans la chambre en jurant dans sa barbe des mots inaudibles. Il s'approche de moi pour me retirer le collier.

— Tu peux partir maintenant.

— Tu me jettes maintenant ?

— Je suis désolé, mais ça va beaucoup trop loin.

Putain, il a ressenti quelque chose lui aussi. Et Chiara alors ? Je sais que c'est la même femme et de surcroît, moi, mais qu'est-ce qui se passerait si Satine était une autre femme ? Il se foutrait de la gueule de Chiara. *Merde, ressaisis-toi !* Je fais mine d'être un peu neuneue et de ne pas avoir compris :

— Explique-moi, parce que là, je ne comprends rien.

— Ce baiser… Ici, on baise, Satine, on prend du plaisir, point final ! Il n'y a pas de place pour autres choses, pour les sentiments et toutes ces conneries !

— Tu me fais une scène pour un simple baiser ?!

— Putain, mais tu ne comprends pas ! Ce foutu baiser n'avait rien de simple ! Et tu le sais !

Il est complètement perdu et lui aussi a ressenti ce sentiment étrange qui m'a traversé... Cette connexion intense qui semble le paralyser, lui qui ne doit probablement pas connaitre autre chose que le sexe et le plaisir. Je voudrais le délivrer et lui dire que Chiara et Satine sont la même personne, mais je ne peux pas. Sans un mot, je préfère récupérer mes affaires et quitter la chambre. Nous avons besoin tous les deux de prendre de la distance. Je crois que nous avons franchi la ligne qui nous était interdite et qu'il sera difficile de faire machine arrière. Il est peut-être temps de boucler cet article et de fermer définitivement les portes du Sanctuaire.

Chapitre 30

(King Kavalier – Bad Drugs)

CHASE

LA CLAQUE

Alors que Satine claque la porte, je m'effondre sur mon lit, les avant-bras croisés sur mes yeux. Je tente de reprendre mes esprits et de comprendre ce qu'il vient de se passer. *C'est quoi mon foutu problème !* L'intensité de cet échange m'a littéralement foudroyé. Ce baiser si profond, tellement puissant. Cette sensation inconnue au creux de mon ventre. Cette envie de la posséder à jamais. Mais qu'a-t-elle fait de moi ? Je ne suis pas certain de la revoir de sitôt quand je pense à la manière dont on vient de se quitter. Mes peurs et mes angoisses ont tendance à me faire réagir de manière excessive, spontanée et disproportionnée. Je regrette déjà ce qu'il vient de se passer.

J'ai besoin de prendre l'air, de quitter cet endroit qui ne m'apporte plus l'excitation d'avant. Seule, cette femme m'obsède ici, plus personne d'autre. Ce club a perdu de sa saveur depuis qu'elle a franchi ses portes. Je me relève péniblement, me rhabille à la hâte et sort sur le parking en passant par une porte dérobée, située à l'arrière du bâtiment. Cela m'évite de croiser mes nombreuses soumises qui se prélassent dans les nombreuses alcôves, à m'attendre pour un plaisir avec moi, qui ne viendra jamais. Au volant de ma Mustang rutilante, je m'éclate les oreilles en poussant le volume de la musique à son maximum. Pied au plancher, j'ai besoin de ressentir l'adrénaline pour oublier mes tourments. Je sais qu'il est tard, mais la seule personne capable de me faire oublier ce baiser est ma tornade brune, Chiara. Arrivé chez moi, je m'empresse de lui envoyer un SMS pour lui proposer un verre. Je tâche d'être spontané et moi-même dans mon texte pour la convaincre de me rejoindre.

[Bonsoir Chiara. Excuse-moi de te déranger à une heure si tardive, mais j'ai besoin de parler à quelqu'un. J'ai passé une mauvaise soirée et j'avais envie de te voir pour penser à autre chose.]

J'attends sans trop y croire. Elle doit surement vouloir m'éviter depuis notre soirée d'hier et notre rentre dedans de ce matin. Mais contre toute attente, mon portable se met à sonner. Chiara m'appelle directement ! Je décroche aussitôt, surpris par son audace.

— Bonsoir, ma belle.

— Bonsoir, Chase. Je te manque déjà ?

Manquer n'est pas le bon mot. Elle seule arrive à me faire oublier Satine et vice versa, d'ailleurs. Je lui réponds quand même par la positive :

— J'avoue, oui !

— Bon, trêve de plaisanterie, qu'est-ce qui t'arrive pour que tu m'envoies un message si tard ?

— Mauvaise soirée. J'avais envie de parler avec une amie.

— Parce que maintenant je suis une amie ?

— Absolument, n'en doute pas. Une amitié qui peut toujours évoluer plus tard, mais en attendant je t'apprécie beaucoup, au point de vouloir faire de toi ma compagne de beuverie.

— Non, tu ne m'auras pas une seconde fois ! Je ne vais pas prendre l'habitude de dormir chez toi, je te préviens. On peut discuter au téléphone, si tu veux, mais il est tard et je n'ai pas envie de bouger de chez moi.

— Ok, je prends. Une conversation téléphonique, c'est très bien aussi.

— Un problème au boulot ? À moins qu'une de tes nombreuses conquêtes t'ait renvoyé bouler et que ton égo en ait pris un coup ?

— Tu sais que tu as beaucoup d'humour, Chiara ! Tu es une véritable peste !

— Et tu adores ça.

Sa voix devenue chaude et suave me décontenance une fraction de seconde. J'ai l'impression qu'il est plus facile pour elle de se laisser aller avec la distance imposée par notre mode de communication. Je décide alors de rentrer dans son jeu pour voir jusqu'où je peux l'amener :

— J'avoue que j'apprécie ton caractère de tigresse. Ça m'excite.

— Tu ne changeras donc jamais ! Toujours à vouloir séduire en toutes circonstances. Tu ne lâcheras donc pas l'affaire ?

— J'obtiens toujours ce que je convoite, je te l'ai déjà dit, Chiara, et j'ai terriblement envie de toi.

Un silence lourd s'ensuit. J'entends son souffle à peine perceptible. Sans me démonter, je continue de la provoquer. Cette conversation a le don de me faire oublier instantanément mes problèmes avec Satine.

— Et je sais que toi aussi, tu en meurs d'envie. Tu auras beau vouloir lutter, seule la tentation pourra te libérer de cette frustration naissante. Ton silence le prouve. J'entends à ta respiration que tu es excitée.

— N'importe quoi, nie-t-elle sans détour.

— Sois franche pour une fois avec moi. Ne me dis pas que ça ne t'a pas excitée hier, dans mon salon.

— Tu as un charme indéniable, je ne peux pas nier cette attirance que j'éprouve pour toi, mais ça ne suffit pas. Je ne suis pas de celles que l'on prend et que l'on jette une fois qu'on a eu satisfaction. J'ai envie de te faire ramer un peu.

— Donc tu ne fermes aucune porte ?

— On va dire que je me laisse porter, Chase. Je ne veux rien calculer, rien prévoir. Tu devrais toi aussi lâcher prise et laisser les choses se faire d'elle-même et rester toi-même avec moi. Je suis davantage séduite par ta véritable personnalité que celle que tu te forces à montrer.

— Mon côté séducteur fait partie de moi, Chiara.

— Je sais, mais c'est inutile avec moi. On se retrouve samedi soir au *Select*, ok ?

— Tu me quittes déjà ?

— Il est tard, Chase, et être la roue de secours après un râteau ne m'intéresse pas !

Comment fait-elle pour toujours deviner les choses ? C'était pas vraiment un râteau, mais plutôt une fuite.

— Je ne prends jamais de râteau et tu n'es pas une roue de secours. J'avais besoin d'entendre ta voix, tu m'as déjà fait oublier les raisons pour lesquelles j'ai passé une mauvaise soirée.

— Bonne nuit, Chase.

Je suis étonné qu'elle ne demande pas plus de détails.

— Fais de beaux rêves, ma belle.

Cette femme a réussi à me faire oublier mes tourments en un claquement de doigt. Je dois me focaliser sur elle et personne d'autre. Rien n'est envisageable au club, mais dans la vraie vie, tout est possible. Une fois dans mon lit, je sais qu'elle sera capable de me faire définitivement oublier Satine. Et si elle aime être attachée et dominée dans le sexe, alors ce sera le jackpot pour moi.

Je finis de me détendre dans ma douche en pensant à des yeux verts hypnotisants. La main sur ma queue, mon imagination débordante me pousse à la branler lentement puis plus énergétiquement. Je jouis sur le carrelage en poussant un son rauque, délivrant toute cette frustration qui me bouffe chaque jour passé à ses côtés, sans pouvoir la toucher.

Je m'écroule sur mon lit et m'endors aussitôt. La nuit précédente ayant été chaotique, je compte bien rattraper mon retard de sommeil avec pour compagnie, dans mes rêves, ma belle tornade brune.

Chapitre 31

CHIARA

UN JEU DANGEREUX

En raccrochant, mon cœur se serre. Je suis toujours dans ma voiture sur le parking du Sanctuaire pour tenter de réfléchir à la suite des événements. J'ai pris un verre pour oublier les paroles blessantes d'Eros et maintenant, je me retrouve dans ma voiture à répondre à Chase pour qu'il m'explique qu'il a passé une mauvaise soirée. Je suis au bout de ma vie. Lui, a interprété mes silences comme de l'envie, alors que je me retenais pour ne pas fondre en larmes au téléphone. La seule chose de positive dans l'histoire, c'est qu'il ait pensé à Chiara pour oublier cette nuit, ses tracas et ses émotions qu'il ne doit absolument pas maîtriser. Pour le moment, il n'est pas prêt de revoir Satine dans les parages, il faudra qu'il se contente de moi. Dès samedi, je finalise mon article en essayant de soutirer les dernières informations qui me manquent auprès de Chase et le rends à ma patronne en priant pour que tout cet investissement finisse par payer. J'ai donné de ma personne, voir bien au-delà. Quand tout sera bouclé, je pourrai enfin me laisser aller dans les bras de Chase, en espérant qu'il ne fasse jamais le rapprochement entre moi et Satine. J'ai envie de creuser un peu plus et pourquoi pas voir s'il est possible d'envisager une quelconque relation avec lui. J'ai encore besoin de lui, de son contact. Je ne suis pas encore prête à renoncer à sa présence, cet homme qui m'a prise dans ses filets avec sa domination séduisante, ses pratiques captivantes, son initiation euphorisante, son aura hypnotisante. Je suis accro à Eros, au sexe avec lui, à tout ce qu'il représente dans ce club, mais je sais que Chase peut m'apporter tout le reste dans la vie de tous les jours. C'est un sportif, un journaliste, à de nombreux points communs avec moi, qui, une fois de plus, m'attirent irrémédiablement vers lui. Advienne que pourra, qui ne tente rien n'a rien, quitte à se brûler les ailes. Il vaut mieux avoir des remords que des regrets. Sur ses belles pensées, je démarre ma voiture et retourne à mon domicile, laissant derrière moi ce club dans lequel je ne suis pas sûre de remettre les pieds.

Assise à mon bureau, je fais les dernières corrections sur mon article en y ajoutant toutes les notes prises depuis plusieurs semaines. Je peaufine la partie psychologique grâce à des recherches effectuées sur le net, mais je souhaite la version d'Eros pour donner une authenticité à mon reportage. Je compte bien lui tirer les verres du nez au bar, quitte à user de mes charmes. Je suis définitivement diabolique et je poursuis ce jeu dangereux, mais nécessaire pour ce poste qui sera à moi et à personne d'autre. Shirley ne va pas en revenir. Je n'ai jamais été aussi loin dans mes investigations et je sais qu'un sujet comme celui-là n'a jamais été abordé auparavant dans ce genre de magazine, surtout avec comme thème un club aussi atypique. Je risque de leur faire un sacré coup de pub, même si je ne cite jamais le nom du Sanctuaire. Les plus curieux arriveront sûrement à trouver ce lieu inconnu. Je prie pour que Chase ne lise pas ce genre de papier, sinon je suis foutue. Il fera très vite le rapprochement et me haïra jusqu'à la fin de sa vie.

L'heure du déjeuner sonne déjà. Je dois retrouver Eva dans notre café habituel pour lui raconter les derniers événements au club et pour lui expliquer que Chase doit nous rejoindre au Select samedi prochain. Quand elle franchit le pas de la porte, Eva illumine le café. Sourire malicieux aux lèvres, elle s'approche de moi rapidement, pressée de connaître la suite de mes péripéties au sein du Sanctuaire. Me confier va me faire le plus grand bien. Je sais que ce sujet ne va pas m'épargner et que je joue beaucoup de choses pour cette place de rédactrice en chef. Vendre mon âme au diable devrait me terrifier, car le retour de karma risque d'être terrible.

— Alors ? Raconte-moi tout.

— Oh, ma pauvre, je ne sais même pas par où commencer.

— À ce point ? Tu me fais peur !

— Je ne suis pas certaine de retourner de sitôt au club. J'ai tout ce qu'il me faut maintenant et j'ai quasiment terminé mon article.

— Il s'est passé quoi au juste ?

— On va dire qu'après une jouissance démente, comme à chaque fois, j'ai ressenti le besoin de l'embrasser. C'est comme si tous nos remparts s'effondraient d'un seul coup. J'ai ressenti un truc si intense à ce moment-là, au creux de mes entrailles. Et lui aussi l'a éprouvé. Il a flippé et m'a craché au visage qu'on n'était pas ici pour les sentiments, mais pour baiser. Tu l'aurais vu, il était comme paniqué, complètement perdu. Je sais qu'il ne connaît pas ces émotions. C'est un homme qui ne sait même pas ce que c'est d'aimer.

— Non, sans déconner, et alors, qu'est-ce qu'il s'est passé ?

— Il m'a jetée. Et le pire, c'est que vingt minutes plus tard, il m'envoyait un SMS, à moi, Chiara, pour oublier sa mauvaise soirée. J'étais tellement en colère, que je l'ai appelé directement au lieu de répondre à son putain de message. Mais j'ai complètement bugué quand sa voix suave a répondu. Je suis faible, Eva. Face à lui, je ne maitrise plus rien. Ce mec m'a ensorcelée.

Eva boit mes paroles comme l'une de ces filles accros, à une « télé novelas ».

— Ben merde alors. Tu as réussi à faire fondre le cœur de glace du grand Eros. Un truc de dingue.

— Toi, c'est tout ce que tu as retenu de la discussion ?

— Mais tu te rends compte, Chiara, ce n'est pas rien. Tu es quand même parvenue à lui faire ressentir des choses, et tout ça grâce à ton cul ! Sans conversation, sans partager autre chose que le plaisir. C'est tout de même fort !

— Vu sous cet angle, effectivement, je mériterais une médaille. Non, mais sans blague, je suis foutue. Ce mec me retourne, tu ne peux pas imaginer à quel point.

— Quelle est la suite du programme ?

— J'ai invité Chase à nous rejoindre au *Select*. Il doit me refiler des places pour un tournoi d'exhibition de MMA auquel il va participer. C'est surtout pour moi l'occasion de lui soutirer les dernières informations qui me manquent pour terminer mon article.

— Et tu arrives toujours à te regarder dans une glace après ça ?

Putain, Eva... Je n'ai pas besoin de ça maintenant.

— N'enfonce pas le clou, c'est déjà compliqué d'assumer ce que je suis en train de faire. Tu ne vois pas d'inconvénient à ce qu'il passe la soirée avec nous ?

— Pas de soucis, j'espère juste ne pas tenir la chandelle toute la soirée.

— Non, au contraire, tu seras là pour m'éviter de craquer, car crois-moi, je suis à deux doigts de céder.

— Alors pourquoi lutter ? Ton article est terminé, tu viens de le dire, tu n'as plus rien à perdre. Profite, sans prise de tête. De toute façon, tu sais pertinemment que ce n'est pas un homme à marier. À part une bonne partie de jambes en l'air, c'est tout ce qu'un homme comme lui peut t'offrir.

— C'est bien là le problème. Peut-être que je tente de sauver le peu qu'il me reste. J'ai ressenti un truc fort hier soir avec lui, et ça me fait peur. Je crois que cette histoire ne va pas épargner mon cœur.

— Merde, t'es vraiment accro, alors.

— J'ai bien peur que oui.

— Chiara, tu es amoureuse ?

Le silence devrait en dire long. Pourtant…

— Je ne sais pas.

Chapitre 32

CHASE

CONFIDENCES

Le réveil a été difficile, car la nuit fût courte. J'ai revécu en boucle ce baiser incroyable et j'ai tenté de faire disparaître de ma tête ces images obsédantes de ma petite soumise, en m'acharnant sur mon sac de frappe jusqu'à épuisement. Ce matin, mes muscles sont douloureux, mon moral au plus mal et la perspective de la suite m'effraie. Pour oublier ce méli-mélo de sentiments contradictoires qui m'assaillent, je vais me focaliser sur des entraînements intensifs cette semaine, pour préparer au mieux mes futurs combats au gala qui approche à grands pas. J'avale une grande tasse de café et trouve un peu de réconfort dans ma soirée à venir avec Chiara. Je sens qu'elle est à deux doigts de craquer, mais je sais également que pour arriver à mes fins, il va falloir être davantage moi-même et me montrer tel que je suis réellement., L'adage « fuis-moi je te suis, suis-moi je te fuis » va être mon nouvel angle d'attaque. Attiser son désir pour ensuite la fuir a l'air de la mettre dans tous ses états. Maintenant qu'elle m'a montré son point faible, elle est foutue. L'ambiance du bar et de la boîte de nuit va d'autant plus m'aider à parvenir à mes fins avec cette déesse. Plus que trois jours à patienter, avant de la revoir pour la faire définitivement succomber.

Trois jours plus tard

La soirée bat son plein. Le *Sélect* est un bar branché du centre-ville. La déco et les lumières sont modernes, la fréquentation est plutôt haut de gamme, et les filles sont à tomber. Mais la seule que j'aperçois est définitivement la plus belle d'entre toutes. Chiara a laissé ses cheveux détachés. De parfaites boucles retombent sur ses épaules habillées de fines bretelles. Son top laisse entrevoir un décolleté indécent qui me donne déjà des bouffées de chaleur et un début d'érection qu'il m'est difficile de camoufler dans mon pantalon très près du corps. Un short très court met en valeur ses interminables jambes et des talons vertigineux soulignent leur musculature parfaite. Debout devant le bar, elle discute avec son amie Eva, rigole aux éclats avec elle. Je la contemple, la détaille et reste subjugué par son sourire ravageur. Subitement, l'image de Satine s'interpose sur la vision de ma belle journaliste. Je ferme alors les yeux un instant, secoue ma tête énergiquement pour effacer le trouble qui vient de m'envahir. Mes soucis avec Satine finissent par me faire avoir des hallucinations. J'ai tout bonnement l'impression de la voir partout, surtout dans celle que je convoite. Il ne manquait plus que ça. Je décide de m'approcher de Chiara et de son amie pour éviter à mes neurones de trop cogiter, et surtout, pour oublier ma petite soumise quelques instants.

— Bonsoir, Chiara.

Ma tornade brune se retourne alors, son regard navigant sur mon corps. J'aime l'effet que je lui fais. Elle finit par me regarder dans les yeux, une légère couleur rosée recouvrant ses pommettes. Sans lui laisser le temps de répondre, je me penche vers elle et dépose un délicat baiser sur sa joue. Chiara semble surprise par mon étreinte, mais contre toute attente, ne s'en offusque pas. Je me délecte alors de ce moment, inspirant la fragrance de son parfum avec dévotion, attardant ma main sur ses reins et caressant du bout des lèvres la peau satinée de son visage. Je ressens alors un léger frisson de sa part. Elle finit par sortir de son mutisme et prend enfin la parole.

— Bonsoir, Chase. Tu te souviens de mon amie, Eva ?

— Bien entendu, comment ne pas se souvenir d'une femme aussi charmante. Bonsoir, Eva, comment allez-vous ?

C'est vrai qu'elle est plutôt mignonne.

— Ouuuuh, quel charmeur ! Très bien, merci. On peut se tutoyer. Les amis de Chiara sont aussi mes amis.

Je me penche alors vers Eva et lui glisse discrètement :

— Très bien, avec plaisir, mais je t'avoue espérer être un peu plus qu'un simple ami pour Chiara.

Quand nos regards se croisent, elle me sourit de toutes ses dents et me fait un discret clin d'œil. Je l'ai déjà mise dans ma poche.

— Je vous offre un verre, les filles ? La première tournée est pour moi.

— Ok, moi, je vais prendre un mojito !

— Et toi Chiara ? Je peux t'offrir *un Tentation*, si tu le désires.

Ma belle semble subitement décontenancée. J'ai vraiment l'impression qu'elle est plus que réceptive, ce soir. Son petit air gêné et la couleur flamboyante qui continue de parer son visage me le confirment.

— Oui, pourquoi pas.

— Je peux savoir ce qu'est le *Tentation* ? demande son amie curieuse de la réaction de Chiara.

— C'est un cocktail des plus addictifs et aphrodisiaques. Il y a du gin, du vermouth rouge, du sirop de gingembre, et du jus de citron vert. Il sait vous mettre dans de bonnes conditions pour lâcher prise.

En argumentant sur les bienfaits de ma boisson fétiche, je ne quitte pas des yeux celle qui perd contenance et qui déglutit avec difficulté sa salive. Chiara a l'air d'être à point, alors qu'elle n'a pas encore commencé à boire. Cette soirée risque d'être prometteuse et sa copine semble vouloir m'y aider.

— Tu es très fort pour vendre ton cocktail ! Moi aussi, j'en veux un, je dois absolument goûter ça !

Nous nous sommes installés sur une banquette à l'écart. J'essaie d'échanger aussi bien avec Chiara qu'avec Eva, pour éviter que celle-ci se sente délaissée, mais la musique très forte est plutôt propice à la gestuelle qu'à la parole. Du coup, la pauvre Eva a l'air de tenir la chandelle. Soudain, une idée me vient. Et si j'invitais Terence à nous rejoindre ? Je suis sûre qu'il sera charmé par la beauté d'Eva. Elle est tout à fait son style. Je m'empresse de partager mon idée avec les filles.

— Vous avez décidé d'aller en boîte de nuit après, c'est bien ça ?

— Oui, absolument !

— Ça ne vous dérange pas si je demande à mon pote Terence de nous rejoindre ? Ce sera plus sympa à quatre.

Eva ne cache pas sa joie à cette idée.

— Mais carrément ! Chiara m'a rapidement parlé de ton ami, qui, me semble-t-il, est un ancien champion de boxe ?

— Tout à fait ! Il est mon ami depuis des années et mon coach personnel également. Je m'entraîne régulièrement avec lui dans son dojo. Je suis sûr que vous allez bien vous entendre.

— S'il est aussi canon que toi, alors je me languis de faire sa connaissance.

Chiara paraît outrée des propos de sa copine et manifeste son malaise en lui mettant des coups de coude dans les côtes.

— Eva ! Mais enfin, le *Tentation* te monte déjà à la tête !

— Ben quoi, il faut être honnête, Chase est plutôt bel homme, mais ne t'inquiète pas, je n'ai pas l'intention de te le piquer.

Je regarde, amusé, les deux filles se chamailler à mon sujet. Pendant ce temps, j'envoie un SMS à Terence pour lui proposer de nous rejoindre directement en boîte.

Pour mettre mon plan à exécution, je tente de rendre ma tigresse jalouse en bavardant avec Eva avec un grand intérêt. Du coin de l'œil, je perçois de l'agacement dans son attitude. Elle sirote son cocktail à une vitesse folle, lève les yeux au ciel régulièrement et souffle sans discrétion à chacun de mes compliments envers sa copine. Puis, quand je vois que ça l'agace de trop, je me reconcentre sur elle pour éviter de la faire fuir. Je sais qu'elle me voit comme le grand séducteur, il ne faudrait pas qu'elle pense que je suis attiré par son amie. Eva s'éclipse aux toilettes et j'en profite pour charmer de nouveau ma belle.

— Je suis heureux de te voir ce soir. Tu es magnifique dans cette tenue. Je n'avais pas remarqué que tu avais des jambes aussi belles. Absolument tout chez toi me plaît.

— Le charme d'Eva a l'air de t'émoustiller également. Si tu veux, je vous laisse... Elle est beaucoup moins réservée que moi et beaucoup plus facile à séduire.

C'est pas très sympa pour son amie de dire ça, mais ce qui la pousse à devenir méchante me plait.

— Serais-tu jalouse ?

— Mais bien sûr !

— Rassure-toi, la seule qui m'obsède jour et nuit, la seule que je désire ce soir c'est toi ! Quand vas-tu finir par le comprendre ?

Chiara me regarde dans les yeux, intensément. J'y décèle du soulagement, de la surprise, mais aussi un feu ardent. Je glisse alors ma main sous la table et la pose délicatement sur sa cuisse. Nous restons ainsi, figés, à se dévorer des yeux. Elle ne tente même pas de retirer mes doigts qui dessinent des petits cercles sur sa peau si douce. Je me contente de rester au milieu de sa jambe pour ne pas l'effrayer. Je vais y aller en douceur avec elle, ne pas la brusquer. Eva coupe alors ce moment intense, éclate la bulle de volupté dans laquelle j'ai réussi à entraîner Chiara. Je retire alors ma main prestement, pour ne pas mettre ma belle mal à l'aise. La vibration de mon téléphone me signifie l'arrivée d'un nouveau message. Terence est ravi de revoir Chiara et de faire la rencontre de son amie. J'annonce la nouvelle aux filles. Eva est aux anges, alors que Chiara est sur la réserve. Son comportement au dojo, face à mon ami, m'avait déjà perturbé, et son attitude de maintenant commence à me faire douter sur ce qu'elle éprouve pour lui. A-t-elle une attirance pour lui ? Il faut que j'en ai le cœur net.

— Cache ta joie, Chiara ! Il y a un problème avec Terence ?

— Absolument pas, tu te fais des idées. J'ai beaucoup apprécié ton ami. Ce jour-là, j'étais très fatiguée, je te l'ai déjà dit. Je suis désolée si je t'ai paru impolie, ce n'était pas du tout le but. On va dire que votre altercation m'avait un peu mise mal à l'aise. Je souhaite passer une bonne soirée, donc j'espère juste que vous allez mettre vos différends de côté.

— Nous n'avons aucun différend. Ça ne t'arrive pas de te prendre la tête de temps en temps avec Eva ? Nous c'est pareil.

Cette conversation commence à jeter un froid à l'ambiance. Je trouve Chiara sur la défensive et à trop vouloir se justifier, je la trouve fausse. Que me cache-t-elle au juste ? Je décide de changer de sujet rapidement. Je ne voudrais pas gâcher cette soirée, qui pourtant, commençait tellement bien.

Chapitre 33

CHIARA
CONFIDENCES

Quelques minutes plus tôt

Nous sommes enfin arrivées au *Select* avec Eva. J'adore cet endroit, son ambiance, sa musique, mais j'appréhende toujours un peu avant chaque rencontre avec Chase. L'angoisse qu'il me reconnaisse ne me quitte jamais en sa présence. Ce soir, je vais jouer la carte de la séduction pour lui soutirer des informations personnelles pour mon article. Je vais essayer d'être moins sur la défensive et le laisser m'approcher un peu plus, surtout que j'en meure d'envie. J'ai choisi une tenue assez simple, mais très sexy. Je sais que je prends un risque en chaussant des talons vertigineux et en dévoilant un peu plus mon corps, mais je dois mettre toutes les chances de mon côté. La présence d'Eva m'évitera de céder à ses avances. Je l'ai briefée sur ce point, mais la connaissant, elle pourrait tout simplement me faire un sale coup. Quand elle s'y met, elle peut être une véritable peste. Eva est une fille sans filtre et sans tabou. Elle prend tout ce qui l'intéresse, vit le moment présent à fond sans se prendre la tête. Elle me tanne depuis plusieurs jours pour que je la parraine pour devenir membre du Sanctuaire. Mais sachant que ce sont les dieux qui décident de son sort, je n'envisage pas un seul instant qu'Eros puisse s'occuper d'elle. Certes, il ne m'a pas encore reconnue, mais avec Eva dans les parages, il pourrait finir par percuter ou ouvrir les yeux. La jalousie commence à s'immiscer doucement, mais sûrement en moi et ce n'est pas bon signe. Je ne tarde jamais au club après nos ébats. J'ai toujours peur de le croiser avec une autre dans un salon privé. Il utilise le plus souvent sa chambre personnelle pour ses initiations, à l'abri des regards, mais il aime également se montrer avec ses soumises, aux yeux de tous. Alors que nous nous apprêtons, avec Eva, à commander nos boissons, la voix chaude de Chase vibre dans tout mon corps. Quand je lui fais enfin face, sa beauté virile me percute de plein fouet. Il est à tomber. Une chemise blanche, légèrement ouverte sur son torse, dont je ne me lasserai jamais, met en valeur sa peau mate. Un pantalon chic, très près du corps, moule parfaitement ses formes. Après une inspection en règle, sans aucune discrétion de son anatomie plus qu'alléchante, je finis par me plonger dans le bleu cristallin de ses yeux pour m'y noyer. Déjà fébrile sur mes jambes, je crois défaillir quand il s'approche de moi pour m'embrasser sur la joue. Sa main chaude au creux de mes reins provoque un tsunami au fond de mon estomac, son parfum addictif m'euphorise complètement et ses lèvres pleines à quelques centimètres de ma bouche me font perdre pied. Je n'ai même pas la force de le repousser tellement cet échange est grisant. Et puis, après tout, j'ai décidé de me lâcher un peu plus avec lui. J'essaie de reprendre contenance en lui présentant Eva, qu'il connaît déjà. Je décèle dans leur échange une certaine complicité qui a le don de m'énerver. Lui, toujours aussi charmeur, et elle, toujours aussi rentre dedans ! Il n'y en pas un pour rattraper l'autre. Il ne manquerait plus qu'ils repartent ensemble. Eva semble m'envier quand je lui raconte mes aventures avec au Sanctuaire, il ne faudrait pas qu'elle tente sa chance pour assouvir ses désirs. Je sais qu'elle me demandera mon autorisation si ça devait être le cas, mais elle sait aussi que mes sentiments vis-à-vis de Chase, changent. Eva est une amie fidèle sur qui je peux compter. Elle aime jouer des situations, souvent pour me pousser dans mes retranchements, pour provoquer en moi un déclic. Elle ne souhaite pas que je passe à côté de certaines opportunités, quitte à me griller. Je suis beaucoup plus sur la réserve qu'elle dans beaucoup de domaines. Moi, la timide et elle la dévergondée. Chase nous offre un verre et me provoque sans le vouloir avec son fameux cocktail dont je suis devenue accro au club. J'apprécie les efforts que fait mon dominant en discutant avec nous deux, sans laisser mon amie de côté. Mais la soirée prend une tout autre tournure quand Chase nous propose d'inviter Terence à nous rejoindre. Là, c'est le bouquet ! Je vais finir avec un ulcère à l'estomac avec toute cette histoire. En plus, j'ai beaucoup de mal à cacher mon étonnement et surtout mon angoisse. Mais je crois que c'est quand Chase et Eva commencent à flirter sans aucune gêne devant moi que ma patience commence à se faire la malle. S'il croit qu'en agissant ainsi, il va réussir à m'avoir dans son lit, il se met le doigt dans l'œil. Je pense qu'il n'a pas bien compris à qui il avait affaire. Ce retournement de situation va plutôt m'aider à ne pas craquer durant cette soirée. Eva commence à me faire sérieusement honte avec ses allusions provocantes. Je sais qu'elle le fait exprès pour me secouer et pour m'inciter à passer la seconde avec mon beau ténébreux. Mais tant que mon article n'est pas fini, je ne veux prendre aucun risque. Je finis mon deuxième verre, quand Eva nous laisse seuls avec Chase. Elle me fait un clin d'œil en partant en direction des

253

toilettes, comme pour me dire que le champ est libre. Chase ne tarde pas à me séduire de nouveau alors qu'il m'ignorait il y a à peine deux minutes. *Passer d'une femme à l'autre c'est vraiment son truc !* Je ne manque pas de lui faire la remarque. Mais quand il me déclare son envie de moi avec une telle ardeur dans le regard, je fonds littéralement. Il a réussi en une phrase à me chauffer tel un brasier ardent et à me rassurer également. Je sais que c'est un beau parleur, mais j'ai pourtant envie d'y croire. Ma respiration cesse dès l'instant où je sens ses doigts naviguer sur ma cuisse. Un frisson me parcourt l'échine et une vague de chaleur s'installe au creux de mon intimité qui se lubrifie à chacune de ses caresses. Nos yeux ancrés se dévorent. Pas besoin de paroles pour faire de cet instant un échange des plus érotique. Un feu ardent commence à me consumer de l'intérieur. Je bave sur ses lèvres qu'il lèche de façon provocante. Ce mec aura ma peau. Il met à rude épreuve ma patience et les limites que je me suis imposées. Comment ne pas succomber devant ce mâle dominant qui appelle au sexe, surtout quand on y a déjà goûté ? Sans le vouloir, Eva arrive au bon moment pour m'éviter un dérapage imminent. Chase s'empresse alors de remettre ses mains sur la table comme si de rien n'était. Mais l'annonce de la venue de Terence éclate définitivement la bulle d'euphorie dans laquelle je nageais il y a quelques secondes. Incapable de montrer une quelconque neutralité sur mon visage, Chase me grille et commence à devenir soupçonneux vis-à-vis de mes réactions avec Terence. Je n'ai déjà pas pu cacher mon trouble quand il m'avait fait un baisemain, et avec la tête que je fais maintenant, je peux comprendre qu'il ait des doutes. Je tente comme je peux de me justifier et de le rassurer, mais l'alcool coulant déjà dans mes veines, j'ai plutôt l'impression de m'enfoncer plus qu'autre chose. L'ambiance devient soudainement électrique et je commence à douter sur la suite du déroulement de la soirée.

Comme pour calmer la mauvaise tournure que prend cette discussion, Chase change de sujet. Eva commence à se trémousser sur la banquette au rythme de la musique et s'éclipse discrètement vers le bar. C'est le moment ou jamais de mettre à exécution mon plan d'attaque avant que Terence vienne tout compromettre. Visiblement, il doit nous retrouver directement en boîte de nuit dans une heure. Ça me laisse largement le temps de commencer à le travailler au corps pour lui soutirer quelques confidences.

— Alors, Chase, je crois qu'on n'avait pas terminé une conversation très intéressante chez toi, lors du dîner.

— Ah bon. De quel sujet tu parles ?

— De tes penchants sados masochistes.

— Ça t'inquiète ou ça t'intéresse ?

— Quoi ? La pratique ?

— Oui.

— On va dire que je suis curieuse d'en connaître un peu plus.

— Que veux-tu savoir exactement, Chiara ?

— Pourquoi ? Quelle est la raison de ton intérêt pour cette pratique ? Pourquoi, elle te donne autant de plaisir ?

— Tu sais, c'est très personnel comme confidences. Nous ne sommes peut-être pas assez intimes ou assez proches pour me livrer sur ce sujet. Et puis je t'ai déjà expliqué ce que j'éprouve avec ces pratiques. Pourquoi tu insistes autant ?

— N'oublie pas que je suis journaliste. Ça pourrait me donner des idées pour alimenter ma rubrique.

En disant ça, je reste un peu honnête avec lui. Et du coup, je me déteste un peu moins. Si jamais il tombe dessus, il m'en voudra moins.

— Alors c'est juste pour le boulot ou bien la pratique t'attire vraiment parce que tu meurs d'envie d'essayer ?

— Qui te dit que je n'ai pas déjà essayé ?

Putain Chiara, tais-toi ! L'alcool commence à me faire dire beaucoup trop de choses que je risque de regretter rapidement.

— Alors là, tu m'intéresses.

Chase se penche légèrement pour se rapprocher de moi et le feu torride que je décèle dans ses iris me fait subitement perdre tous mes moyens. J'ai chaud d'un coup, j'étouffe même. Mais j'y vois aussi l'opportunité de lancer un jeu auquel il aura très envie de jouer.

— Je t'en dirai un peu plus sur le sujet si tu te dévoiles également. Tu réponds à ma question et tu pourras à ton tour poser la tienne. Même une question très indiscrète. Je te promets d'y répondre honnêtement.

— Ça me va, je marche.

— Ok, mais toi aussi tu dois être sincère. Alors ? Pourquoi cette pratique ?

Chase s'enfonce au fond de la banquette et prend subitement un air sérieux.

— Je vais être sincère avec toi, même plus que ça, parce que, ce que je m'apprête à te révéler, personne d'autre que mon psy n'est au courant.

Je sens qu'il va enfin se livrer et arrêter de se cacher derrière l'adrénaline qu'il ressent à travers la boxe et le sexe.

— L'absence du père conjointe à l'image d'une mère déniant sa maternité ont possiblement modelé et façonné ma sensibilité, si bien que mon vécu se traduit par une peur de nouer des relations avec les autres ou de construire une vie de couple. Je cherche à refermer symboliquement ces plaies dans une pratique SM où l'autre, par son abandon sans réserve, mais pas sans limite, me délivre d'un puissant sentiment de culpabilité envers mes géniteurs.

Incroyable. La révélation me trouble, mais surtout sa lucidité déconcertante.

— Ma soumise asservie me renvoie probablement ma propre image sur un mode me conduisant à me libérer de mes pulsions et de mes passions pour remédier à ce traumatisme, poursuit-il en attrapant l'une de mes boucles pour l'enrouler autour de son doigt. Le SM est une déviation sexuelle pour exorciser mes souffrances.

Je reste bouche bée devant cet aveu des plus personnels. Il s'est ouvert à moi sans concession alors que moi, j'ai l'intention d'utiliser ses confessions pour alimenter mon article. Si je les utilise, je deviendrai alors un véritable monstre et Chase aurait tous les droits de me détester. Il coupe court à ce silence pesant après de telles révélations en me posant à son tour une question :

— Et toi, tu as déjà pratiqué le SM ?

Je n'ai pas le choix d'être, pour une fois, honnête avec lui.

— Oui, j'ai déjà testé cette pratique, mais de façon très soft.

— Plutôt soumise ou dominatrice ?

— Dans quelle position tu me verrais ?

— Vu ton tempérament de feu, je te verrais bien en dominatrice, même si je rêverais de te voir en soumise. Là, tu serais parfaite.

Son sourire en coin diabolique me fait complètement craquer. Je n'ai qu'une envie à cet instant, c'est qu'il m'attache à un lit pour le laisser faire tout ce qu'il veut avec mon corps.

— Figure-toi que j'ai testé la soumission, et on peut dire que j'ai aimé ça.

— Putain, tu me fais bander !

— Chase !

— Désolé, mais là je ne pouvais pas me retenir. Tu vas me rendre dingue, Chiara. Avec toutes les révélations que je viens de te faire, j'estime avoir le droit de te poser une dernière question.

257

— Ok, mais la dernière, alors choisis-la bien.

— Tu as envie de coucher avec moi ?

Merde ! Le salaud ! J'ai promis d'être honnête avec lui, mais cette confession risque de donner le top départ pour qu'il ne me lâche plus jusqu'à ce que je capitule. Et puis merde, après tout, je lui dois bien la vérité, il vient de boucler mon article. Autant lâcher un peu du leste maintenant.

— Oui, Chase, j'en ai très envie.

Chapitre 34

(Rosenfeld – Body)

CHASE

EXCITATION

La fête bat son plein dans cette nouvelle discothèque où nous finissons la soirée. Nous venons d'arriver et je cherche dans la foule mon pote Terence, qui a dû très certainement arriver. Je ne lâche plus Chiara des yeux depuis qu'elle m'a avoué avoir envie de moi. Mais depuis sa révélation, elle semble vouloir me fuir encore plus, collant sa copine en toute circonstance, comme si elle appréhendait que je lui saute dessus à la moindre occasion, et elle n'a pas tort. Elle ne sait pas à quel point cette confession m'a excité. Maintenant, c'est sûr, je ne vais plus la lâcher. Je vais encore jouer un peu avec ses nerfs pour que ce soit elle qui fasse le premier pas. Elle me désirera si fort, qu'elle ne pourra plus résister encore longtemps. Et cette idée me fait déjà bander comme un âne. Me sentant tout d'un coup à l'étroit dans mon pantalon, je décide de m'asseoir à une table libre pour réserver nos places. Les filles me rejoignent et s'installent à mes côtés.

— Alors, ton ami est arrivé ? me demande Eva, impatiente de faire sa connaissance.

— Normalement, il est déjà là, mais je ne le vois pas. Je vais lui envoyer un message pour lui indiquer la table.

À peine cinq minutes plus tard, j'aperçois Terence s'avancer vers nous. Je me lève et le salue d'une accolade amicale, puis l'introduis aux filles.

— Eva, je te présente Terence, mon ami et coach et Terence, voici Eva, une amie proche de Chiara que je ne te présente plus, puisque vous vous connaissez déjà.

— Enchanté de faire votre connaissance. Décidément, Chase a le don de s'entourer de belles femmes.

Comme à son habitude, il saisit la main d'Eva pour y déposer un baiser, tout en la fixant du regard. Ça fonctionne toujours avec la gent féminine. Malgré l'ambiance tamisée, on décèle les joues d'Eva s'empourprer et son air chamboulé. Mais quand je regarde Chiara, je la vois se décomposer au moment où Terence la prend par la taille pour mieux l'embrasser sur la joue. *Pourquoi mon pote prend-il autant ses aises avec elle ?* Ce n'est pas dans ses habitudes de dire bonjour à une femme de cette façon. J'ai vraiment l'impression que quelque chose se trame entre eux depuis que je les ai présentés, et cela commence à sérieusement m'énerver. Il va falloir que j'aie rapidement une conversation avec lui. Nous décidons de commander une bouteille de champagne, car atteindre mon objectif pour séduire ma belle, n'a pas de prix. Malgré la musique forte, Terence et Eva engagent une discussion en se parlant au creux de l'oreille. Chiara, elle, semble perdue dans ses pensées, alors qu'elle vide les verres les uns après les autres en évitant de croiser mon regard. La distance qu'elle nous impose et son mutisme commencent à me taper sur les nerfs. Je décide de la débrider un peu en allant vers elle pour l'inviter à danser. Une musique plutôt lascive et entrainante me donne des idées coquines et surtout l'envie de me frotter à son corps de déesse. Sans lui laisser le temps de réfléchir, je lui saisis la main et l'attire à ma suite au milieu de la piste. J'entoure sa taille de mes bras et me colle à sa poitrine. Interloquée, ses mains restent le long de son corps, incapable de faire le moindre geste à mon égard. Alors, je décide de l'aider un peu en prenant ses poignets que j'enroule à mon cou. Je commence à me déhancher subtilement en frottant mon bassin contre le sien au rythme entêtant du tempo. Chiara se détend au fur et à mesure et suit mes mouvements dans une parfaite synchronisation. Nos corps lovés l'un contre l'autre ne font plus qu'un dans cette danse des plus sensuelles. Mes mains caressent ses flancs, faisant des va-et-vient entre ses aisselles et le creux de ses reins. L'envie de lui empoigner les fesses se fait de plus en plus pressante. Nos souffles s'accélèrent, la tension sexuelle entre nous est palpable et la moiteur de nos corps nous trahissent. J'approche mes lèvres de son oreille pour qu'elle puisse bien m'entendre.

— Si tu savais à quel point j'ai envie de te baiser.

Mes mots sont crus, directs, mais honnêtes. J'en ai marre de me cacher derrière le mec bien sous tout rapport. J'aime bousculer mes conquêtes, les provoquer, leur faire sentir mon désir pour elles. Terence et Eva viennent nous rejoindre, éclatant instantanément la bulle dans laquelle nous nous étions enfermés. Chiara reprend ses esprits et se libère de mon emprise en mettant une distance entre nous. *Qu'elle est pudique !*

Le reste de la soirée est pourtant agréable. Nous restons tous les quatre ensemble à danser, boire et discuter. J'en profite pour prendre l'air un instant et entraîne Terence avec moi. J'ai besoin de débriefer avec lui de la situation. La fraîcheur de la nuit me reconnecte et rabaisse ma chaleur corporelle, devenue bouillante en présence de ma petite journaliste.

— Alors, tu as l'air de bien t'entendre avec Eva.

— Plutôt très jolie femme, directe, loin d'être timide et surtout, elle a l'air d'être une sacrée coquine. Peut-être un peu trop facile à mon goût. J'aime les femmes qui se laissent désirer.

— Je vois très bien de quoi tu parles.

Mon pote replie sa jambe pour caler son pied sur le mur en briques derrière nous.

— Tu en es où avec Chiara ? Elle avait l'air plutôt réceptive sur la piste de danse.

— Elle est difficile à cerner. Avec elle, c'est un pas en avant, et deux pas en arrière. Elle ne cesse de souffler le chaud et le froid avec moi. Je pensais détenir le pouvoir sur elle, tenir les rênes, je crois que c'est tout l'inverse. C'est elle qui me tient en laisse et le pire, c'est que je commence sérieusement à aimer ça.

— Avec une femme telle qu'elle, je crois qu'on serait tous capables de tout accepter.

Je mets les deux pieds dans le plat :

— C'est quoi le délire entre vous deux, Terence ?

— De quoi tu parles ?

— De ta façon de la saluer tout à l'heure, de ce rapprochement intime, voire limite. Tu joues à quoi ? Ici, on n'est pas au club. Je veux bien partager mes soumises, mais Chiara, tu n'y touches pas !

Il m'a fait le coup avec Satine, il n'a pas intérêt à recommencer avec Chiara.

— J'avais besoin de vérifier un truc.

— Et on peut savoir quoi ?

— Depuis que tu me l'as présentée, j'ai la sensation de la connaître, de l'avoir déjà croisée. Je me suis intéressé d'un peu plus près à ce qu'elle faisait, ce qu'elle écrivait comme article. Pour voir où j'ai bien pu la rencontrer.

— Maintenant, tu la surveilles et tu fais des recherches sur la femme que je convoite depuis des semaines, derrière mon dos. Il est où ton problème ?

262

— Chase, je suis juste curieux. J'ai besoin de savoir. Tu vois bien qu'elle est gênée en ma présence. Je ne suis pas sûre qu'elle ait été honnête avec nous quand elle nous a dit qu'elle ne m'avait jamais vu. J'ai un sérieux doute et je compte bien en savoir davantage.

— Tu ne vas rien faire du tout et te concentrer sur sa copine. Ne me fais pas le même coup qu'avec Satine, où je te jure que cette fois, je t'éclate vraiment la tronche et en dehors du Dojo.

Je le fusille du regard et rentre hâtivement dans la boîte. Je cherche Chiara du regard et quand je la, trouve enfin, je reste figé devant le spectacle qu'elle me montre. Elle, dansant, collée-serrée avec un autre type, sans aucune gêne. Pour une fille qui se la joue sainte-nitouche avec moi depuis des jours, je la trouve bien décoincée et entreprenante quand il ne s'agit pas de moi. Elle veut jouer à ça, aucun problème. *J'aime les défis, et crois-moi ma petite, tu vas vite regretter ton impertinence.* Je passe devant elle afin qu'elle puisse me repérer et m'approche d'une jolie jeune femme en me collant à son dos, comme j'aime si bien le faire, pour la chauffer comme il se doit. Mes yeux ancrés à ceux de Chiara, je navigue mes mains sur les courbes de ma proie, frotte avec indécence mon sexe bandé contre son cul bombé, une putain de trique provoquée par le regard incendiaire que m'envoie ma tornade brune et qui m'excite au plus haut point. Mon manège la rend folle de rage et je me délecte de ses réactions. Elle finit par repousser celui qui tentait de s'accrocher à elle, telle une moule à son rocher, et part vers sa copine, en furie. Elle ne sait décidément pas cacher ses émotions. Je lis en elle comme dans un livre ouvert. Mais je commence à paniquer quand je la vois récupérer ses affaires et filer droit vers la sortie. Je me précipite alors à sa suite pour la rattraper. En franchissant la porte, je regarde dans tous les sens pour essayer de la repérer au milieu des nombreux passants sur le trottoir. Sa silhouette se démarque alors au loin et je cours derrière elle avant de la perdre de vue. Arrivé à sa hauteur, je lui saisis le bras et l'attire à moi pour qu'elle fasse volte-face. Elle tente de se dégager de ma prise.

— Lâche-moi ! Je n'ai rien à te dire, Chase ! Retourne donc voir ta conquête de la soirée !

— C'est toi qui as commencé à jouer à ce petit jeu, je te signale.

— Tu n'es qu'un beau parleur ! Soi-disant que tu t'en fiches des autres et à la première occasion, tu te jettes dans les bras d'une autre !

— Ce n'est pas moi qui me frottais à un mec sans gêne pendant que j'avais le dos tourné et qui prenait un plaisir à me rendre fou. Tu as voulu jouer, mais tu as perdu, Chiara.

Tout en lui disant ces paroles, je me rapproche d'elle en laissant peu d'espace entre nous. Elle recule alors jusqu'à toucher le mur derrière elle. Nos corps se frôlent, sa respiration est saccadée. Je pose mes mains de chaque côté de son visage pour l'emprisonner de ma domination. Elle déglutit difficilement et j'en profite pour approcher mon visage, presque joue contre joue, ma bouche à quelque centimètre de son oreille, je lui susurre alors :

— Personne ne m'a jamais autant résisté, et tu ne peux pas savoir à quel point cela m'excite.

Elle est sur le point de craquer, offerte, attendant probablement que je l'embrasse, mais stratégiquement, je ne fais rien.

Je me saisis du billet d'invitation pour assister à mon combat et le lui tends.

— Tu partais sans mon invitation. Le gala aura lieu samedi prochain. Je serai très pris cette semaine avec les entraînements. On se reverra directement là-bas, si tu es toujours d'accord.

Elle récupère le billet puis me répond dans un murmure :

— J'ai dit que je viendrai, mais pas pour toi.

Je me penche à nouveau vers sa joue et lui dépose un tendre baiser, frôlant délibérément la commissure de ses lèvres.

— À très bientôt, Chiara.

Et je disparais aussi vite que je suis arrivé, la laissant seule contre le mur, désemparée et troublée. À trop vouloir jouer, c'est elle qui va finir par se brûler les ailes. Maintenant, elle est à point.

Chapitre 35

CHIARA
ARTICLE TERMINÉ

Enfin chez moi, j'essaie de me remettre de mes émotions. Moi qui pensais jouer un peu avec ses nerfs, tentant de voir si la jalousie pouvait atteindre mon dominant, j'ai été prise à mon propre jeu. C'est moi qui ai fini verte de jalousie, incapable de contenir cette colère qui me ronge de plus en plus, à chaque fois qu'il parle, frôle ou sourit à une autre femme. Il ne cesse de m'allumer, de me provoquer pour ensuite mieux m'ignorer ou me snober. Je l'ai sous-estimé et j'en paye les conséquences. Je suis définitivement attachée à cet homme. Tout me plait chez lui. Il aurait pu tenter n'importe quoi ce soir, je sais que j'aurais plié à toutes ses envies, mais il n'essaye même plus. Il ne fait qu'attiser davantage ce désir intense que je ressens pour lui. J'ai compris qu'il ne cédera pas, c'est à moi de faire le premier pas. Jusqu'au bout et dans n'importe quelle situation, c'est lui qui décide, qui mène et qui domine. Avec un homme pareil, il ne peut en être autrement. J'ai cru détenir les rênes de notre petit jeu de séduction, mais face à un adversaire de son envergure, c'était perdu d'avance. Une fois de plus, je me retrouve frustrée, enivrée par le désir et l'envie de sexe. Depuis notre altercation au Sanctuaire, je n'ose plus y mettre les pieds pour assouvir cette privation. Et avec la présence de Terence, ce serait trop risqué. Son regard sur moi est insistant et ses manières de faire aussi. Je sais qu'il me teste et qu'il a des soupçons. Le temps m'est compté, mais surtout, la peur de ne plus pouvoir fréquenter Chase me tétanise. Je n'imagine pas un seul instant me passer de lui, pas après ce que nous avons vécu ensemble. Il m'a permis de libérer ma féminité, de me découvrir un sexappeal insoupçonné, d'accepter mes envies et mes fantasmes et de les assumer. Grâce à lui, j'ai davantage confiance en moi et peut la lui donner les yeux fermés. Je me sens protégée, désirée dans ses bras et pour rien au monde je n'aurais envie de renoncer à tout cela. Je sais qu'il est impossible pour lui de se laisser embarquer dans une relation de couple, mais je suis prête à faire des concessions pour le garder auprès de moi. Un retour en arrière n'est absolument plus envisageable. Je boucle mon article, espère obtenir le poste et prie pour que Chase ne tombe jamais sur ce papier ou qu'il ne fasse jamais le rapprochement avec Satine. Pour cela, il ne va plus falloir fouler le sol du Sanctuaire. Il finira par oublier Satine et se contentera de moi. À moins que je me décide à lui dire la vérité, un jour, sur ma double identité, mais sans jamais lui parler de l'article. Pour commencer une relation saine, je lui dois au moins ça.

Après une douche salvatrice, je me faufile sous mes draps frais et me refais le film de cette soirée. Les yeux perçants de Chase ne quittent plus mon esprit, ni son corps dansant sensuellement contre le mien.

***

Je tape le point final à mon article qui, je l'espère, sera la clé de ma réussite future. J'ai longuement hésité avant de divulguer les révélations très intimes de Chase sur ses traumatismes d'enfant qui ont, aujourd'hui, des répercussions sur sa vie sexuelle et qui l'ont amené à aimer la pratique du BDSM. Mais je dois faire la part des choses. Je me suis investie plus qu'il ne fallait pour ce sujet et mes sentiments pour lui ne doivent en aucun cas interférer dans ma vie professionnelle. Chase étant, lui aussi, journaliste, serait le premier à utiliser toutes les informations en sa possession pour faire la meilleure chronique. Si je veux prétendre au titre du meilleur journaliste l'année prochaine, je dois être capable d'aller au bout de mes investigations. Dans ce métier, il ne faut avoir aucun scrupule pour y arriver, sinon, il faut changer de profession.

Je m'avance en direction du bureau de Shirley, frappe à sa porte et entre dès qu'elle m'en donne l'autorisation. Fébrile, je lui tends le sésame et attends sa sentence. Elle prend le temps de lire l'article avec intérêt. Mon cœur tambourine fort dans ma poitrine, mes mains sont moites, ma respiration chaotique. L'attente est insoutenable. Un petit rictus vient illuminer son visage. Elle lève alors les yeux vers moi et me libère enfin de cette angoisse qui me tord l'estomac.

— Je n'ai pas les mots, Chiara. C'est ton meilleur article, le sujet est incroyable, les descriptions parfaitement bien détaillées. On sent que tu as vécu personnellement cette expérience hors du commun, et ça, tes lectrices vont adorer. La partie qui explique les raisons pour lesquelles les dominants aiment cette pratique est très intéressante. Ça donne une autre dimension à ton édito. Je te félicite Chiara. Il paraîtra dans le prochain numéro qui sortira dans deux semaines. J'attends celui de ta concurrente directe et je vous donnerai le nom de notre nouvelle rédactrice en chef.

Sourire aux lèvres, je quitte son bureau avec cette euphorie qui ne me quitte plus. Je sais que je mérite ce poste et que je l'aurai. Je risque de perdre beaucoup en divulguant les secrets de ce club atypique, alors si la place me passe sous le nez, j'aurai finalement tout perdu.

Ça fait deux jours que je n'ai eu aucune nouvelle de Chase. Depuis la soirée, en fait, et ça me rend dingue ! Il a pourtant mon numéro de téléphone, mais il n'a jamais profité de cette occasion pour me harceler ou tenter de me draguer. Cet homme préfère l'échange, le vrai : toucher, caresser, murmurer. J'hésite un instant à aller au Sanctuaire. Et s'il était là-bas, ce soir ? Aurait-il le temps à quelques distractions entre deux entraînements ? Mais si je tombais sur T. White ? Je sais qu'il est à deux doigts de me remettre, mais le manque de mon dominant en devient douloureux. Le vibromasseur et les doigts, ça va cinq minutes, mais ça ne remplacera jamais Eros et son talent inné pour donner du plaisir. Et si j'allais au dojo ? C'est là-bas que Chase doit effectuer toutes ses préparations avant le show de samedi prochain. Mais le problème reste toujours le même, la présence de son coach, flirt à mes heures perdues. Résignée, je décide de patienter jusqu'au gala pour le revoir. Prendre du recul ne peut que m'être bénéfique.

Chapitre 36

CHASE

UNE PAUSE S'IMPOSE

Depuis ma soirée avec Chiara, elle ne cesse de hanter mes pensées. Cette femme est la deuxième à réussir à me retourner. Peut-être que l'envie d'elle à en crever en est la cause. Probablement, même. Mais je dois bien avouer que nos discussions, nos échanges, son charme, sa façon de se comporter avec moi m'attirent irrémédiablement. J'apprécie sa compagnie, et pas que pour son cul, ni pour la baiser, et ça, c'est une première. Heureusement que ma préparation physique, mes entraînements intenses et mon boulot m'aident à ne pas trop me prendre la tête sur ce que je commence à ressentir pour cette belle brune. Ça fait déjà trois jours que mes journées sont millimétrées et planifiées. J'ai réussi à négocier, avec le journal pour lequel je travaille, un aménagement de mes heures afin de me permettre une préparation optimale pour le tournoi d'exhibition de MMA. Ils sont fiers que je puisse y participer, cela fait toujours un sacré coup de pub au magazine sportif. Et dans mon programme, il n'est pas question d'aller au

Sanctuaire pour décharger ma frustration. Alors je la libère et me défoule sur mon coach Terence, sur mon sac de frappe et sur les séries de pompes et d'abdominaux que je m'impose. Cela fait déjà plusieurs mois que je m'entraîne assidûment pour ce tournoi, mais une semaine avant, je redouble toujours d'efforts en m'obligeant à avoir un régime drastique, une hygiène irréprochable et un programme sportif très pointilleux. En ce moment, ma vie est rythmée par une course à pied dès sept heures chaque matin jusqu'au dojo de Terence. J'enchaîne avec des échauffements à la corde à sauter, avec des séries de pompes et d'abdominaux, des séances d'assouplissements et un défoulage en règle sur un sac de frappe avant de terminer avec un combat sur le ring face aux poulains de mon coach. Alors que je me délasse sous la douche des vestiaires, Terence vient à ma rencontre.

— Le Sanctuaire ne te manque pas trop ? s'écrie-t-il en ouvrant un casier.

— Chiara me rend tellement fou de désir, que je crois que mes couilles vont exploser. Un petit tour au club me ferait un bien fou, mais ce n'est pas raisonnable.

— Je crois qu'au contraire, une pause s'impose ! Le sexe fait partie de toi, Chase, et si tu ne te soulages pas rapidement, je ne suis pas sûr que ce soit bon pour toi.

— À t'écouter, on dirait que je n'ai pas baisé depuis des semaines.

— Et ce n'est pas le cas ?

En y réfléchissant d'un peu plus près, je me rends subitement compte que la dernière que j'ai baisée, c'était Satine, il y a maintenant une semaine, et que depuis elle, je n'ai eu aucune autre relation. Comme si le besoin ou l'envie d'une autre m'était passé, sauf pour ma journaliste, bien entendu.

— On va dire que ça commence à faire longtemps, vu mes habitudes, affirmé-je en savonnant l'objet de notre discussion

— C'est la première fois que je ne te vois plus venir au club pendant aussi longtemps. Anita commence à voir rouge, tu sais ? Je l'ai entendu dire à plusieurs reprises qu'elle souhaitait te trouver un remplaçant, que tu avais fait ton temps au sein du Sanctuaire et que tu n'avais visiblement plus le même intérêt à satisfaire et initier tes soumises.

— Elle n'a peut-être pas tort.

— T'es difficile à suivre, mec.

Je sors de la douche, une serviette autour de la taille, et m'assois sur un banc. Cette conversation me fait prendre conscience que j'aspire à autre chose. Et je me rends surtout compte, telle une baffe en pleine gueule, que je ressens des choses intenses et inexplicables pour deux nanas depuis quelques mois.

— Depuis que j'ai goûté à la peau de Satine, je ne peux plus m'en passer et encore moins prendre du plaisir avec une autre. Voilà mon foutu problème ! J'ai essayé de baiser toutes les autres en leur faisant tout ce que j'aime faire en tant que dominant, mais pas une n'arrive à la cheville de ma petite soumise, ni à me faire ressentir ce truc. Et puis, il y a eu ce baiser, la dernière fois qu'on s'est vu… et… c'était bizarre, indescriptible. J'en ai eu mal au bide tellement c'était intense. J'avais jamais éprouvé ça auparavant.

Au moment où je cesse ma longue tirade, je me rends compte à quel point je suis paumé. Je veux Chiara, mais je suis sacrément accro à Satine. L'une des deux va irrémédiablement… souffrir ? M'en vouloir ? J'ai beau être un queutard, je sais que je ne pourrai pas jouer sur les deux tableaux éternellement.

— Chase Davis serait-il en train de tomber amoureux ?

Amoureux ? Pff, faut pas abuser.

— C'est des foutaises ! Ce n'est pas de l'amour, c'est certain. C'est impossible au club, pas comme ça. C'est juste une forte connexion, rien d'autre.

273

— Et qu'est-ce que t'en sais ? Tu y connais quoi, toi, à l'amour ?

Il a raison. Je ne sais pas ce que ça fait d'aimer et de l'être en retour. Ma vie ne tourne qu'autour du sexe. Les sentiments ne font jamais partie de l'équation, en tout cas, pas dans mon monde.

— Je n'en sais foutrement rien ! Et puis, il y a Chiara. Cette femme aussi, m'électrise. Mais ça va bien au-delà de cette attirance physique et sexuelle. J'aime être en sa compagnie, l'écouter me parler de son boulot avec autant de fougue que moi, de ses passions. J'aime son sourire, son caractère sauvage qui la rend terriblement sexy.

— En fait, t'es vraiment accro à ces deux gonzesses ! Tu aimes dominer l'une et te faire dominer par l'autre ! lâche Terrence en me balançant mes gants de boxe tombés au sol.

— Non, j'aime lui faire croire qu'elle me domine, nuance.

— Tu comptes faire quoi après ? Je veux dire quand tu auras couché avec Chiara, car crois-moi, ça ne saurait tarder, vu comme elle te dévore des yeux. On ne peut pas nier cette alchimie presque bestiale entre vous. Je me demande d'ailleurs pourquoi elle n'a toujours pas craqué.

— Parce qu'elle aime jouer et qu'elle ne veut pas perdre. J'aime sa ténacité, sa frustration que je lis dans ses yeux à chaque fois que je m'approche d'elle. Cette femme sait comment faire pour me retenir dans ses filets, et c'est bien la seule à en être capable sans sexe. Avec Satine, c'est la facilité, elle est sur mon terrain de jeu, me contente sexuellement, mais ce n'est que physique et sexuel, alors que Chiara, c'est tout le reste. Alors, je n'imagine même pas l'explosion de sensations auxquelles je pourrais être confronté le jour où je baiserai Chiara. Je ne peux pas te dire ce qu'il se passera après. Je préfère vivre le moment présent.

— Tu seras définitivement foutu, mon pote.

Oh que oui, j'en ai bien conscience. Mais, je crois que l'idée me plaît, finalement.

— Je te propose d'aller au Sanctuaire ce soir, une dernière fois avant ton gala. Satine saura te décompresser.

Lui aussi il est difficile à suivre. Je viens de lui dire à demi mot que j'étais près à m'engager avec une femme, et lui il me pousse dans les bras d'une autre, et de surcroît, une femme qu'il désire. Pas très logique tout ça.

— Elle ne voudra plus me voir après la façon dont je l'ai dégagée la dernière fois. Elle ne sera peut-être même pas là.

— C'est vrai que je ne l'ai pas revue depuis un moment.

— De toute façon, je commence à me sentir sale d'en baiser une autre derrière le dos de Chiara, alors que je tente de la persuader de me faire confiance.

Je suis un véritable connard, en fait. Et cette fois-ci, ça me touche. Je dois cesser de jouer sur les deux tableaux et voir où ma relation avec Chiara, peut me mener.

— Si Satine est au Sanctuaire, ce sera comme un adieu. Après, je te la laisse.

Terence a un sourire satisfait sur les lèvres qui me fait littéralement chier, mais je dois lâcher prise.

Quelques heures plus tard

Nous avons passé la soirée à attendre que Satine se montre, mais elle n'est jamais venue. Dans un sens, je suis soulagé de ne pas l'avoir croisée. Est-ce peut-être le signe qu'il est temps pour moi de passer à autre chose ? Malgré l'insistance de Terence pour que je prenne quand même du bon temps avec une autre, je n'ai pas réussi. Plus aucune ne me fait de l'effet, mis à part ma journaliste et ma soumise que je tente d'oublier. Anita, ma patronne, semble elle aussi s'être lassée de ma passivité et alors qu'elle m'avait fait du chantage pour que je reste, la rumeur court que je vais me faire remplacer. Terence disait vrai. Bizarrement, je m'en contrefous. Peut-être est-il temps de quitter définitivement le Sanctuaire ?

Chapitre 37

CHIARA

LE GALA

Ce soir a enfin lieu le tournoi d'exhibition de MMA. Le manque de Chase commence à se faire ressentir, d'autant plus que je ne peux plus vraiment soulager ma frustration au club depuis quelque temps. Je ne suis pas certaine de pouvoir encore lui résister. J'aimerais tellement qu'il craque le premier, mais à ce jeu-là, il semble plus persévérant que moi. Je me faufile sous la douche après ma longue journée au boulot, afin de me préparer pour le gala. Ma concurrente n'a toujours pas remis son article à ma patronne. Un bon point pour moi, car le temps que l'on met à rendre son papier est primordial. Rapidité et efficacité sont les maîtres mots dans cette course au poste suprême.

Pour ce genre de manifestation, j'ignore comment m'habiller. Un style sexy, mais décontracté pourra très bien faire l'affaire. J'enfile un jean slim qui moule parfaitement mes formes et une blouse noire aux manches en dentelles, épaules dénudées et décolleté vertigineux. *Si avec ça, il ne craque pas...* Je suis d'ailleurs tellement sûre de moi que j'ai appliqué un tatouage semi-permanent sur ma hanche, juste au cas où. S'il reconnaît les courbes de Satine, cet attrape rêves fait d'encre noir brouillera les pistes. Il est d'un réalisme incroyable.

Je chausse mes bottines noires à talon et laisse ma chevelure brune détachée. Je me fais quelques boucles que j'estompe avec mes doigts pour donner un effet légèrement ondulé. Un fin trait d'eyeliner et un mascara volumineux suffisent à mettre mes yeux en valeur. J'opte pour un gloss rosé clair pour que mon maquillage reste naturel. Enfin prête, je récupère ma veste en cuir pour parfaire mon look et range l'invitation que Chase m'a donnée dans mon sac. Je suis tout excitée à l'idée de découvrir mon dominant avec une nouvelle casquette, celle d'un combattant, qui va, j'en suis sûre, le rendre encore plus désirable et viril qu'il ne l'est déjà.

À l'entrée de la salle, c'est l'effervescence. Tout a été organisé en grande pompe. La soirée se déroule dans un immense complexe dédié aux sports de combat. Lorsque je pénètre les lieux, une vague de chaleur me saisit instantanément. Un ring entouré d'une cage octogonale trône au milieu de la salle. Des gradins permettent de voir distinctement les combats. Je me dirige vers la place qui m'est attribuée et qui se trouve être juste devant le ring. La salle se remplit rapidement et les premiers combats débutent enfin au bout de longues minutes d'attente. La violence de certains coups me fait sauter de mon siège. L'angoisse que Chase puisse être blessé sévèrement me tétanise. Je commence à comprendre les règles et constate que les combats hors championnats de MMA s'organisent autour de trois rounds. Les adversaires s'enchaînent et la nervosité commence à me gagner. Après avoir attaqué tous les ongles de ma main, la voix de l'animateur, annonçant l'arrivée de Chase, me libère enfin de cette attente interminable. La mise en scène est spectaculaire. Chase traverse la salle. Il dégage une aura magnétique et puissante. La vision de cet homme en tenue de combat, torse nu brillant sous les projecteurs, me rend folle de désir pour lui. Sa domination et sa virilité sont exacerbées par cette parade. En passant à côté de mon siège, il tourne la tête vers ma direction. Ce geste m'envoie des milliers de papillons dans le ventre. J'aime quand il montre de l'intérêt pour moi. Quand enfin nos yeux se trouvent, un sourire charmeur se dessine sur son magnifique visage et ses yeux pétillent d'une intensité galvanisante. Il a réussi à me foudroyer sur place d'un seul regard, je n'imagine pas ce qu'il est capable de faire dans cette cage, face à son adversaire. Le combat débute au milieu des cris des supporters. L'ambiance de la salle est électrique et euphorisante. À plusieurs reprises, je détourne la tête, par peur de le voir se prendre un mauvais coup. Chase jauge son adversaire et l'entraîne à faire des erreurs qui lui permettent de s'engouffrer dans la brèche. Son combat est d'une férocité incroyable. Allongé sur son concurrent, Chase parvient à lui faire une prise remarquable par soumission qui l'oblige à taper trois fois au sol pour se libérer. Mon dominant est acclamé par la foule en délire et désigné vainqueur de ce combat incroyable. Je suis littéralement en transe, debout à applaudir cet homme que j'admire encore plus. Il me fixe du regard et paraît fier de me voir autant exaltée par sa victoire. Mon cœur tambourine à un rythme effréné, ma respiration s'emballe quand, à cet instant, au milieu de cette foule, mes yeux plongés dans les siens, je ressens cette vague d'émotions et de sentiments puissants pour lui. Je me prends en pleine tête la réalité que je refusais de voir. Je craque complètement pour cet homme, et je crois que j'en tombe amoureuse.

La soirée touche à sa fin et je me retrouve à attendre Chase dans les gradins. La salle se vide et je ne sais pas où le rejoindre. Les accès aux vestiaires sont tenus par des vigiles et à part sortir du complexe, j'ignore où me rendre. Alors que je m'apprête à passer la porte pour sortir, une main m'enserre le bras pour m'attirer vers un torse puissant. Quand mon visage se lève vers des yeux bleus translucides, je peine à déglutir et à rester debout.

— Salut, toi…

Bon sang… trop sexy.

— Tu n'allais pas partir sans moi, j'espère ?

— Bonsoir, Chase… Non… je ne savais pas où t'attendre, en fait…

Il ne m'a toujours pas lâchée. S'il ne le fait pas tout de suite, je vais me liquéfier.

— Alors, tu as aimé ?

— C'était incroyable ! m'écrié-je sans hésiter. Tu as été impressionnant ! Je n'ai pas les mots.

— Je suis content que tu sois là ce soir. C'était important pour moi que tu me découvres dans mon élément.

Je n'ai pas le temps de répliquer qu'il me saisit la main et m'attire vers l'extérieur, son sac sur l'épaule.

— On va fêter ma victoire, rien que tous les deux.

— Ah oui ? Et on va où ?

— Chez moi.

Je suis foutue.

Il m'entraîne vers sa magnifique Mustang et ne me laisse pas vraiment le choix. Pour la première fois, je ne manifeste aucun désaccord et me laisse porter. Ce soir, je veux faire tomber les barrières et succomber au charme dévastateur de Chase. Lutter encore un peu, pour être sûre de remporter ce jeu de séduction entre nous, mais capituler face à ses assauts bien trop excitants pour être ignorés.

Quand nous pénétrons dans son appartement, je me sens fébrile. Dans la voiture, le trajet s'est fait dans le silence. Seuls nos échanges de regards ont su se dire tout ce que l'on ressentait l'un envers l'autre. Alors que Chase referme la porte derrière moi, il lâche son sac de sport au sol et se rue sur moi, collant son torse à ma poitrine.

— Je ne suis pas sûr d'avoir envie de te proposer un verre, là maintenant. Tu ne peux pas t'imaginer l'effet que tu me fais, susurre-t-il d'une voix on ne peut plus sensuelle.

Je fais un pas en arrière à chacun de ses mots alors que lui reste collé à moi et lorsque je sens le mur entrer en contact avec mon dos, je sais que je ne peux plus reculer, me laissant ainsi à la merci de mon prédateur. Ce dernier engouffre son visage dans mon cou. Son souffle chaud me donne la chair de poule, mais quand sa langue s'insinue le long de mon oreille, ma respiration s'emballe et une chaleur suffocante me terrasse. Ce désir au creux de mon ventre s'intensifie au fil de ses caresses. Je tente de le stopper dans son élan, pas encore prête à céder si facilement à ses avances. Je ne veux pas le laisser gagner à ce jeu-là.

— Chase, arrête s'il te plaît.

Il me regarde comme s'il n'était pas dupe.

— Cesse de lutter, Chiara.

— On ne devrait pas, je sais que ce n'est qu'un jeu pour toi.

Il me saisit alors par la taille puis entoure mon cou de l'une de ses mains, me forçant à le regarder dans les yeux. Ses lèvres sont à quelques centimètres des miennes, tellement proches que je sens l'odeur de son souffle mentholé.

— Dis-moi, en me regardant dans les yeux, que tu ne désires pas m'embrasser. Je suis sûr que si je devais mettre ma main dans ta culotte, je la retrouverais trempée. Je sais que tu aimes ce jeu autant que moi, mais ce qui te chagrine, c'est que tu vas perdre.

Je déglutis péniblement face à autant d'audace. J'ai tant besoin de ce contact charnel avec lui. Je dévore du regard ses lèvres pulpeuses qui ne demandent qu'à être goûtées. Un sourire diabolique étire cette bouche sensuelle quand il devine que je suis à deux doigts de craquer. Il continue alors de me provoquer, car je sais qu'il souhaite plus que tout que ce soit moi qui fasse le premier pas.

— Fais-le Chiara, tu en meurs d'envie. Tes yeux te trahissent. Tu aimes ça que je te domine, n'est-ce pas ? Sens comme tu m'excites. Tu me rends fou. J'ai tellement envie de toi. Je te veux, toi, toute entière. Donne-moi tes lèvres, Chiara, embrasse-moi.

Il colle son érection contre mon ventre puis écarte mes jambes en glissant sa cuisse entre les miennes, pour la frotter contre mon entrejambe, déclenchant des vagues de chaleur et des crépitements dans mon vagin. Des gémissements s'échappent alors de ma bouche, amplifiant le volume de son sexe.

— Putain, si tu continues, je vais finir par jouir dans mon pantalon.

Il s'approche plus près de mon visage, frôle la commissure de mes lèvres sans jamais m'embrasser. La situation est insoutenable. Je ne peux plus lutter et lâche les dernières barrières que j'ai tenté de maintenir debout. Je réduis à néant le peu d'espace entre nos lèvres et viens écraser ma bouche contre la sienne. Nos langues se trouvent et commencent une danse endiablée. Avec ce baiser, j'ai l'impression de respirer à nouveau. Je cramponne son cou et fourrage dans ses cheveux. Alors qu'il me soulève par la taille, j'enroule mes jambes à son corps. Toujours plaquée au mur, Chase continue de pousser son érection contre mon intimité. Nos corps sont en fusion, l'excitation est à son paroxysme, le rythme de nos cœurs à l'unisson. Ce baiser est passionné, dévorant comme si nos vies en dépendaient. C'est si intense, si bestial qu'il nous est impossible de nous séparer. Il me lèche, mordille mes lèvres avec frénésie, caresse la pointe de mes tétons au travers de ma blouse et frotte frénétiquement mon entrejambe avec son sexe bandant.

Chase se détache enfin de ma bouche, le souffle court et réussit à murmurer ces quelques mots.

— Je savais que ça allait être intense entre nous, mais si un baiser est capable de me mettre dans cet état de dingue, je n'imagine même pas ce que tu vas faire de moi quand je serai en toi.

Chapitre 38

CHASE

UNE FEMME RENVERSANTE

Chiara presse enfin ses lèvres sur les miennes. Sa langue ne tarde pas à trouver la mienne qui la dévore. Sa bouche au goût sucré me fait bander comme un malade. Son baiser me ravage les tripes. Une multitude de sensations inédites pétillent au creux de mon ventre. Telle une drogue qui dévale dans mes veines, je commence à ressentir les effets euphorisants. Je la plaque davantage contre le mur, comme pour fusionner avec elle. Ses jambes autour de ma taille, ses mains dans mes cheveux, je ne peux m'empêcher de frotter mon sexe contre sa chatte. Son odeur aux effluves sucrées envoûtantes m'anéantit. Je suce, lèche, aspire ses lèvres, malaxe sa poitrine voluptueuse, pince ses tétons au travers de sa blouse. Accrochée à moi, tel un koala, maintenue contre le mur, je peux profiter de mes mains pour parcourir son corps. Je ne veux plus me décrocher de cette bouche, de peur de ne plus pouvoir respirer, car à cet instant, elle m'insuffle ce petit quelque chose qui manque irrémédiablement à ma vie. Après de longues minutes à se dévorer, je finis par me détacher à contre cœur pour reprendre mon souffle. Je suffoque tellement de cette intensité du moment, que ma respiration est chaotique. Seuls ces quelques mots parviennent à franchir le seuil de ma bouche :

— Je savais que ça allait être intense entre nous, mais si un baiser est capable de me mettre dans cet état de dingue, je n'imagine même pas ce que tu vas faire de moi quand je serai en toi.

Ce que je ressens est carrément démentiel. L'attente a été insoutenable, mais à l'arrivée, les sensations en sont décuplées ! *On dit souvent que plus c'est long, plus c'est bon, et bien, je le confirme.* Je maintiens alors ses fesses avec mes mains et la décolle du mur. Elle s'empresse d'entourer ses bras autour de mon cou et de resserrer son emprise sur mes hanches. Je l'emmène dans ma chambre et la pose délicatement sur le lit. Je reste allongé au-dessus d'elle, la regarde avec profondeur, et peine à réaliser que cette sublime femme sera bientôt mienne. Je fonds sur son cou, mordille sa carotide, lèche le long jusqu'à sa clavicule, prends le temps de me délecter de sa peau semblable à une confiserie. Ses gémissements m'enflamment, me galvanisent, mon corps n'étant que combustion. En descendant sur sa poitrine, je relève sa blouse pour la lui retirer. J'ai besoin de découvrir ses seins que je meure d'envie de goûter. Un magnifique soutien-gorge rouge met en valeur un décolleté appétissant. Mais l'impatience ne me laisse pas le temps de savourer cette magnifique vue. Je retire rapidement l'objet qui me sépare de mon fantasme. Ses deux magnifiques globes laiteux se révèlent alors à moi. Je caresse délicatement les courbes de sa poitrine, frôle, avec lenteur, ses mamelons. L'effet est immédiat, ses tétons pointent de façon indécente, la chair de poule traverse sa peau et moi je ne me retiens plus pour gober ses pointes rosées que j'aspire, mordille et lèche aussitôt pour estomper la douleur, jusqu'à la faire gémir. Ma queue est à deux doigts d'exploser dans mon fute. Je ressens une telle exaltation à son contact, que je serais capable de jouir dans mon caleçon rien qu'en la touchant, comme un vulgaire puceau. Je continue mon exploration en léchant sa peau jusqu'à son nombril dans lequel je m'attarde. Chiara explose de rire.

— Madame est chatouilleuse ?

Sans me laisser distraire, je continue ma progression et lui retire son pantalon. Mon visage arrive à la lisière de son tanga rouge en dentelles et constate avec étonnement un magnifique tatouage sur sa hanche. Mon nez enfoui à hauteur de sa vulve, je respire l'odeur de sa petite chatte au travers du tissu, me shoote à cet effluve addictif qui me rend dingue. Je passe un doigt sur le côté pour me frayer un chemin jusqu'à sa fente ruisselante. Je la pénètre délicatement puis titille son clitoris avec sa cyprine. Chiara pousse un râle terriblement sexy qui fait tressaillir ma queue. *Oh putain, je vais finir par véritablement jouir !* N'en pouvant plus, je lui arrache sa culotte, lui écarte ses cuisses et dévore son intimité en la pénétrant de deux doigts. Ma belle se tortille, geint, cramponne les draps avec ses poings, se déhanche au même rythme que mes coups de langue et finit par crier sa jouissance. Je me relève, un sourire conquérant sur le visage et compte bien réaliser tous ses désirs.

— Regarde-moi dans les yeux, Chiara, et confesse-moi toutes tes envies. Donne-moi ta confiance, et je te promets que tu ne pourras plus te passer de moi.

Et je crois que moi non plus, je ne pourrai plus me passer d'elle. C'est fou, mais malgré ce moment de folie, l'image de Satine vient s'interposer dans cet échange passionné. Chiara parvient à me faire ressentir la même chose que ma petite soumise. Son corps et son goût sont semblables aux siens. Si je ferme les yeux, je jurerai avoir Satine dans mes bras. Je sais que c'est impossible et que mon cerveau me joue des tours. Moi qui souhaitais tout arrêter avec elle au club, je ne regrette pas cette décision si je dois vivre les mêmes expériences incroyables avec Chiara, qui n'a rien à envier à ma soumise. Et je ne l'ai pas encore pénétrée. La suite s'annonce explosive. Ma petite journaliste me coupe dans mes réflexions en me répondant :

— J'ai très envie de te voir nu à moi aussi, alors déshabille-toi, Chase.

Je commence alors un striptease devant ma belle qui finit par se mordre la lèvre en scrutant chaque partie de mon corps qui se révèle à elle. Ses iris irradient d'un feu ardent, et moi, je ne me suis jamais senti autant désiré. Au club, nos masques et nos accessoires nous empêchent de distinguer ce genre de choses. Là, maintenant, je profite de cette femme, entière, sans faux semblant, avec toute son ardeur, son appétence qu'elle exprime pour moi. Les traits de son visage, ses expressions, ses yeux qui me parlent tant, tout cela décuple ce moment. Je crois que je vais vivre la meilleure baise de ma vie, et pourtant, elle n'est ni attachée ni soumise. Je me retrouve nu devant elle, la queue dressée, prête à exploser. Elle se relève, se met à quatre pattes sur le lit et avance sensuellement jusqu'à moi, le visage pile en face de mon érection. Puis, elle s'accroupit au pied du matelas, empoigne mon sexe et lèche délicatement mon gland en insistant sur le frein. Je ne peux contrôler les grognements qui sortent de ma bouche ni l'envie de lui saisir les cheveux dans mon poing pour l'inciter à aller plus profondément dans sa gorge au rythme que j'ai décidé de lui infliger. Mon instinct de dominant reprend le dessus et la voir se soumettre m'excite au plus haut point. Sa fellation est parfaite et carrément excitante quand elle me fixe de ses iris verts pendant qu'elle suce, lèche avec avidité toute la longueur de ma bite et qu'elle malaxe mes couilles en même temps. Si elle continue comme ça, je ne vais pas

tarder à jouir dans sa délicieuse bouche. Ce n'est pas
l'envie qui manque, mais pour ma première fois avec
elle, je souhaite la pénétrer et jouir en elle. Je lui fais
alors comprendre d'arrêter sa douce torture et l'incite à
s'allonger sur le lit. Je me couche sur elle, l'embrasse de
nouveau avec passion. Je la sens frémir sous mon baiser
et nos respirations deviennent de nouveau saccadées,
erratiques. Cette femme me fait un effet de malade à
chaque fois que nos langues se découvrent. C'est
intense, vibrant, exaltant, c'est tout simplement un truc
de dingue ! Je lui écarte alors les jambes, poste mon
gland à l'entrée de sa chatte tout en dévorant ses tétons.
Je récupère à la hâte un préservatif dans ma table de
chevet et le déroule rapidement. Je ne tiens plus, il faut
que je la sente sa chaleur, son humidité, son étroitesse
autour de mon sexe. Je lui soulève une de ses jambes et
la pénètre jusqu'à la garde. La sensation est
indescriptible. Et alors qu'elle gémit de plus en plus fort
à chacun de mes coups de reins, qu'elle se cambre de
plaisir sous mes assauts, je me sens au bord du gouffre,
prêt à décharger ce trop-plein de sensations, de
frustration que je cumule depuis des semaines à ne pas
pouvoir la toucher. Dans un dernier va-et-vient, je la
sens se resserrer autour de moi, en hurlant mon nom, son
corps convulsant presque sous un orgasme ravageur. Il
ne m'en faut pas davantage pour la suivre dans la
jouissance. Je me surprends à prononcer son nom en
boucle en m'écroulant sur elle. Nos corps en sueur se
collent l'un contre l'autre. Je ne peux m'empêcher de
l'embrasser avec de tendres baisers, comme un besoin
vital et spontané, chose que je n'ai jamais faite
auparavant. Cette femme exerce un véritable pouvoir sur
moi. Je me laisse glisser sur le côté pour éviter de
l'écraser de tout mon poids et la prends tendrement dans
mes bras. Cette baise était l'une des meilleures que je
n'ai jamais vécues, et pourtant c'était très différent de
mes pratiques habituelles. C'était fou. Comme si nos

corps se reconnaissaient ou étaient faits pour être ensemble. Cette communion est inexplicable et intense. Je commence à comprendre le sens de certaines choses, car ce soir, je n'ai pas baisé Chiara. Non, ce soir, je lui ai fait l'amour.

Chapitre 39

CHIARA

UNE DANGEREUSE ADDICTION

Je m'écroule sur le lit en sueur. Ça doit faire la troisième fois de la nuit que nous faisons l'amour avec Chase et je ne compte même plus le nombre de fois où il m'a fait jouir. Cet homme est un véritable Dieu du sexe et encore davantage quand je peux le voir, lui, tout entier. Son regard sur mon corps quand il me pénètre, ses expressions et son charme sensuel qui me terrassent. Son visage est si expressif quand il prend du plaisir. Avec Eros, je n'ai jamais pu distinguer tout ce qu'il m'a fait entrevoir, ce soir. Et c'est magique ! L'instant est d'autant plus intense, si fort et nos corps faits l'un pour l'autre. Il a exprimé sa domination subtilement à plusieurs reprises, en me bloquant les poignets au-dessus de ma tête, en m'imposant son rythme quand je l'ai pris en bouche, ou bien à travers ses quelques fessées qu'il n'a pas pu s'empêcher de me mettre lorsque j'étais en levrette. Mais tout s'est fait naturellement, sans calcul ni obligation. Chase a été spontané et a visiblement pris son pied sans me voir attachée. J'ignore, à ce moment-là, si je dois m'éclipser ou s'il verrait un inconvénient pour que je reste la nuit avec lui. Je ne souhaite pas le bousculer, c'est encore trop tôt. Je décide de me lever pour prendre une douche, je repartirai chez moi dans la foulée. Sans rien lui demander, je m'enferme dans la salle de bain et pénètre sous l'eau brûlante. Je peine à réaliser que je viens de céder aux avances de Chase. *Oui, mais maintenant, qu'est-ce-qui se passe ?* Il me jette, car il a enfin obtenu ce qu'il voulait et que désormais, je n'ai plus vraiment grand intérêt pour lui, ou bien, il veut encore profiter un peu de moi ? Parce qu'il faut bien l'avouer, c'est carrément démentiel entre nous.. Je soupire d'exaspération et tente d'arrêter de ruminer en me frottant nerveusement le corps. Après quelques minutes passées sous l'eau, à gober les mouches en tentant de faire le vide dans ma tête, je ressors et m'enroule dans une serviette. Quand je rentre dans la chambre, Chase est assis dans le lit, adossé à la tête, le drap descendu à la lisière de son pubis, ses abdominaux saillants mis en valeur par la brillance de sa transpiration. Mon cœur se comprime et mon entrejambe se réveille devant cette vue des plus appétissantes. Comment se passer de cet homme, de ce diable qui vous pousse à pécher pour finir aux portes des enfers ? Car oui, j'ai bien peur de me perdre avec lui, peur de ne pas en ressortir indemne. Ce soir, nous avons franchi une étape qui me rapproche davantage de ce que je craignais le plus : les sentiments ! Je me focalise alors sur mes vêtements disséminés un peu partout sur le sol et m'empresse de m'habiller. Quand mon regard croise celui de Chase, je le vois froncer les sourcils.

— On peut savoir ce que tu fais ?

— Je m'habille, ça ne se voit pas ?

— Oui, ça, j'avais bien compris, mais on peut savoir pourquoi ?

— Je rentre chez moi, Chase, je vais te laisser tranquille. Il est déjà tard, et je pense que tu aimerais bien dormir, surtout avec ton combat et tes entraînements des dernières semaines.

Il se lève, laissant sa nudité devant mes yeux ébahis, s'approche de moi sans un mot, puis commence à déboutonner ma blouse avec lenteur, la faisant glisser le long de mes bras. Il dégrafe mon soutien-gorge qu'il jette au loin, me prend la main et m'attire jusque dans son lit.

— C'est moi qui décide quand tu dois partir, et il se trouve que je n'en ai pas encore fini avec toi. Reste dormir avec moi, j'adore faire l'amour au petit matin.

Ses paroles me font frissonner. Il a bien dit me faire l'amour, je ne l'ai pas rêvé. Et il veut que je reste dormir avec lui. Je n'ose plus bouger, complètement figée par ce qu'il vient de me dire.

— Viens-la, ma belle.

Il me tire vers lui. Je m'allonge à ses côtés, dépose ma tête sur son torse, son bras entourant mes épaules. Je lui caresse le ventre pendant que lui joue avec quelques mèches de mes cheveux.

— Je ne sais pas ce que tu m'as fait, mais je ne compte pas te lâcher aussi facilement, si c'est ce que tu crains. Depuis le début, tu m'as subjugué, mais tu as dépassé toutes mes espérances, Chiara.

Wow… j'en reste béate.

— Pour être honnête avec toi, poursuit-il sur le ton de la confidence, j'ai rarement pris autant de plaisir avec une femme, et encore moins avec une femme qui ne m'était pas soumise. J'ai envie d'essayer avec toi, si tu le désires, bien entendu. Je veux t'initier, ma belle, je n'imagine même pas ce que cela pourrait donner.

Bordel, s'il savait…

— C'est effectivement très intense entre nous. Et je veux bien tenter l'expérience de la soumission avec toi.

— Je sais que tu as une piètre opinion de moi, et quelque part, tu as raison de te méfier. Je ne cherche pas à me caser, et ça, je ne te l'ai jamais caché. Mais avec toi, c'est différent. Je ne peux pas me l'expliquer, mais je souhaite vraiment passer davantage de temps avec toi, te découvrir, car tu as réellement éveillé quelque chose en moi qui a toujours été enfoui. Et j'ai envie de creuser davantage pour voir où ça peut nous mener.

Je me redresse un peu pour le regarder. Il est encore plus beau après ce qu'il vient de dire.

— Chase Davis, serait-il en train de baisser les armes face à mon charme ravageur ?

— Tu n'as pas idée, ma belle. Je crois que tu es une véritable sorcière, je ne vois pas d'autres explications.

Nos confidences perdurent durant un long moment. Chase me parle de ses pratiques, de comment ça se passe, du fait que je pourrai dire stop à tout moment. Il tente d'être rassurant alors que je suis très largement déjà initié. Je le laisse malgré tout m'apprendre les bases en faisant comme si je n'y connaissais presque rien.

À l'aube, nous finissons par nous endormir dans les bras l'un de l'autre, exténués de nos corps à corps endiablés.

De petits baisers mouillés dans mon cou me réveillent doucement. Je papillonne des paupières avant de réussir à les ouvrir complètement. Chase, beau comme un Dieu, un sourire charmeur en coin, me déshabille du regard, alors que je suis entièrement nue. Ses yeux d'un bleu intense me transpercent l'âme.

— Bonjour, ma douce Chiara. Comment vas-tu ?

Je me tortille dans tous les sens.

— Courbaturée ! Mais me réveiller avec un si bel homme à mes côtés me fait oublier la douleur et me donne même envie de recommencer.

Chase sourit, plein de satisfaction.

— On t'a déjà dit que tu étais parfaite ? Tes désirs sont des ordres. Fais ce que tu veux de moi, je suis capable de me soumettre à mon tour, rien que pour te voir toute la journée dans mon lit !

— Moi qui pensais que Chase Davis était loin d'apprécier un réveil auprès de sa conquête de la veille...

— C'est le cas, en général, et je fais tout pour éviter de rester dormir avec elles, mais il se trouve que tu n'es pas une conquête et que j'apprécie plus que de raison ta compagnie dans mon lit ce matin. Et ça me surprend moi-même, pour être franc.

— Si je ne suis pas une conquête, je suis quoi, pour toi ?

— Je ne sais pas, mais tu es bien plus qu'aucune autre femme n'a jamais été pour moi.

Chapitre 40

CHASE

UNE PUTAIN D'ÉVIDENCE

Cette femme ne cesse de chambouler mes habitudes, mes apriories et mes certitudes. Cette nana, je ne la baise pas comme toutes les autres, non, je la vénère, je prends mon temps pour lui donner du plaisir, car seul le sien compte pour moi. C'est de la folie, elle m'a complètement fait changer ma vision du sexe. Je ne conçois plus de pénétrer un autre corps que le sien. Elle est devenue ma seule drogue, mon seul besoin au point que ça fait déjà plus d'une semaine que je n'ai pas remis les pieds au Sanctuaire. Anita n'a pas cessé de m'envoyer des messages auxquels je n'ai pas répondu, car je suis moi-même complètement perdu. Chiara est capable de tout remettre en question. Ma vie, si parfaitement calée, qui me plaisait telle qu'elle était, vient d'être chamboulée en l'espace de seulement quelques jours. Elle est même parvenue à me faire oublier ma soumise, qui pourtant, m'a marqué elle aussi, à sa façon. Je me régale de découvrir Chiara un peu plus chaque jour et peine à la quitter. Les jours sans elle, sans son corps contre le mien est un véritable manque ! Jamais je n'aurai cru ça possible un jour ! Je me pose mille et une questions depuis. Dois-je continuer mon rôle d'Eros au club ? Qu'est-ce que j'envisage réellement avec Chiara pour la suite ? Vais-je finir par me lasser d'elle, comme toutes les autres avant elle ? Impossible ! Comment m'ennuyer avec une telle tigresse ! Elle est si... Tout ! Elle est la fille qu'il me fallait, j'en suis sûr. Dès nos premiers échanges de regards, j'ai su qu'elle était spéciale, comme un coup de cœur, un coup de foudre, une putain d'évidence que je refusais d'admettre, préférant me cacher derrière le séducteur invétéré que je suis.

Il me tarde de finir le boulot pour la rejoindre. Ce soir, je l'emmène regarder un match de boxe qui a lieu au même endroit que mon tournoi d'exhibition. Chiara a une véritable passion pour les sports de combat. Elle s'y intéresse vraiment, me bombarde de questions sur ma carrière sportive, sur les règles de toutes les disciplines et je dois bien avouer que c'est super grisant de lui faire découvrir ma passion. Nous avons beaucoup de choses en commun et une alchimie incroyable au pieu. Contre toute attente, j'aime la baiser sans mettre systématiquement en pratique ma domination. Nous sommes tellement pris par l'excitation et la ferveur du moment que j'en oublie tout le cérémonial du dominé, dominant. Tout est spontané avec elle et si intense. Et quand elle devient ma soumise, putain qu'elle est bonne dans ce rôle, comme si elle avait fait ça toute sa vie. Je ne suis pas sûre, d'ailleurs, qu'elle m'ait tout dit sur ses expériences passées, car elle semble avoir compris les règles de ce milieu un peu trop facilement. Tout est si simple et agréable avec elle. Pourtant, nos débuts ne présageaient rien de bon, avec son tempérament de feu qui ne voulait rien céder. . Elle a été un challenge plus qu'alléchant et c'est ce qui a fait d'elle une exception. C'était si excitant de ne pas obtenir ses faveurs aussi aisément, pimentant nos échanges, donnant un intérêt plus prononcé pour cette magnifique brune aux yeux verts. Je me retrouve comme un con, quand je la vois s'approcher de moi au loin, mon cœur battant la chamade et ces putains de papillons se bousculant dans mon estomac. *Allez, reprends-toi mon gars, à ce rythme-là, c'est elle qui te fouettera.* Quand elle se jette à mon cou, que nos lèvres se rejoignent pour un baiser dévorant, passionné, je ne contrôle plus rien. Mes mains ne peuvent s'empêcher de parcourir son corps. Je descends sa cambrure de rêve jusqu'à ses fesses bombées pour les empoigner sans ménagement. Si je pouvais, je la baiserais sur le trottoir, à la vue de tous, pour qu'ils admirent la déesse que j'ai dans mes bras et pour qu'ils m'envient à en crever.

— Tu m'as manqué, ma belle !

— On s'est pourtant vu hier. T'es accro ?

— Comment ne pas l'être ? Ton corps tout entier est un appel au sexe.

Soudain, elle arbore une petite moue.

— Je vois… Visiblement, il n'y a que le sexe qui t'a manqué.

Je la vois se refermer instantanément, puis me repousser pour se libérer de mes bras. Je viens, sans le vouloir, de la vexer. Avec ma réputation de collectionneur qui n'est plus à faire, je devrais tourner sept fois ma langue dans ma bouche avant de sortir des conneries pareilles, sinon je risque de la faire fuir. Et ce n'est certainement pas de cette manière qu'elle va réussir à me faire confiance.

— Je suis désolé, Chiara. Tu me connais, tu ne devrais plus t'offusquer de ce genre de propos de ma part. Tout m'a manqué ! Ta présence, ton sourire, tes yeux si pétillants quand ils me regardent, nos discussions interminables, ta peau, tes seins, ton cul, ta chatte parfaite pour moi, tout, putain !

Son visage s'illumine après mes propos qui ont l'air de la toucher. Elle s'approche de moi et dépose un délicat baiser sur mes lèvres, me prend la main et m'attire à sa suite pour pénétrer dans l'immense complexe.

— Désolée. J'ai réagi trop fort. Allez, viens, on va finir par être en retard !

À chaque fois que je regarde un combat, je suis complètement dans ma bulle, imperméable à ce qui m'entoure comme si j'étais à la place des boxeurs sur ce ring. Mais, pourtant, à cet instant, mon regard ne cesse de naviguer entre le combat et ma belle qui se trémousse sur son siège, incapable de tenir en place, exaltée, par ce spectacle des plus addictifs. La voir dans cet état me fait bander comme un malade, et l'envie d'elle devient intenable. Je dépose ma main sur sa cuisse, la presse puis remonte jusqu'à son intimité. Malheureusement pour moi, même si son jean slim souligne parfaitement ses formes, il m'empêche d'atteindre l'objet de mes désirs. Chiara tourne la tête vers moi, un sourire aux lèvres. Je me penche à son oreille, mordille son lobe, lèche son cou et lui souffle mes désirs les plus fous.

— Si tu savais comme tu me fais bander quand tu t'excites devant ce combat. Tu arrives à me détourner de ma passion, et crois-moi, c'est très fort.

Après avoir laissé échapper un petit gémissement sous les assauts de ma langue au creux de son oreille, Chiara tourne son visage, me fixe avec une lueur intense dans les yeux, se lèche la lèvre supérieure avec sensualité, et dépose sa main sur mon sexe gonflé.

— J'ai envie de toi, Chase, maintenant.

Il ne m'en faut pas plus pour me lever et lui saisir le poignet pour l'entraîner avec moi dans les couloirs du complexe. Nous nous retrouvons dans un coin à l'abri des regards. Je la plaque sans ménagement contre le mur, lèche et aspire ses lèvres avant d'insérer ma langue dans sa bouche pour commencer une danse endiablée avec la sienne. Mes mains sont partout sur son corps. Je lui déboutonne à la hâte le pantalon pour insérer mes doigts dans sa culotte.

— C'est si bon de te sentir à ce point excitée ! Tu me rends fou, ma belle !

Je la pénètre dans un rapide va-et-vient, suffoque au son de chacun de ses gémissements et bande à m'en faire mal. Je ne me retiens plus et descends son pantalon et sa culotte en même temps, lui retire ses chaussures pour la laisser nue en bas. Fiévreux et exalté, je défais à mon tour ma ceinture et sors mon sexe que j'habille aussitôt d'une capote. Le gland tendu à l'entrée de sa fente ruisselante, je joue avec son clitoris pour faire monter davantage le désir, puis je la pénètre d'une seule poussée, au plus profond de son antre chaud et humide. Qu'est-ce que j'aimerais la sentir réellement, sans aucune barrière entre nous, sans ce bout de latex qui m'empêche d'apprécier la chaleur et la moiteur de ses parois. Alors que je la pilonne avec ferveur, l'image de Satine vient de nouveau se greffer à moi. C'est dingue, sa peau est aussi douce que celle de ma soumise. *Pourquoi tout chez Chiara me ramène systématiquement à elle ?* Reprenant enfin mes esprits, je continue de la culbuter, ses jambes enroulées à ma taille, son dos collé au mur et sa langue qui ne cesse de danser avec la mienne dans un ballet sensuel. Chiara jouit dans un puissant geignement qui résonne dans le couloir, son vagin se contractant autour de ma queue. Je ne tarde pas à la suivre et me déverse en elle par de puissants jets dans un grognement guttural. Je suis en sueur, complètement essoufflé par ce moment si intense. Je dépose Chiara au sol, l'embrasse de nouveau à en perdre haleine et l'aide à se rhabiller avant qu'on ne finisse par nous surprendre. Heureusement que les cris de la foule dans la salle ont recouvert nos gémissements. Je n'ai plus envie de retourner voir le combat. La seule chose que je désire à cet instant, c'est de rentrer chez moi et de remettre ça avec ma petite brune, la tenir dans mes bras et me réveiller le matin à ses côtés. *Oui, je sais, je suis complètement fou... Fou d'elle !*

Trois jours ont passé depuis le combat que je n'ai même pas eu le temps de voir. Nous avons fini notre nuit à se découvrir l'un et l'autre, à mettre en application tous nos désirs et nos fantasmes, et je suis agréablement surpris de voir que Chiara est loin d'être farouche. Toujours partante pour de nouvelles sensations, à l'écoute de mes envies, cette femme me comble à un point inimaginable. Comment vouloir profiter d'une autre quand celle que tu as te donne entière satisfaction ? Sa rubrique qui l'oblige à essayer des choses aussi excitantes ont certainement forgé son ouverture d'esprit sur le plan sexuel, et ça, c'est la classe ! J'ai eu l'occasion d'aller jeter un coup d'œil sur certains de ses articles pour voir son travail et j'avoue que j'ai beaucoup aimé sa plume et son humour. Ça ne m'étonne pas du tout que les lectrices en soient fans, ça change de ce qu'on peut lire et surtout, elle arrive à éveiller la libido de certaines d'entre elles. C'est une véritable journaliste d'investigation qui n'hésite pas à aller tester des tas de choses ! Je me demande bien jusqu'où elle est allée pour rendre ses articles aussi intéressants. Comme tous les matins, je rentre dans le dojo de Terence pour mes entraînements journaliers. Ça fait déjà quelque temps que je ne le croise plus. C'est la saison des tournois et il est souvent en déplacement pour accompagner ses poulains et ses futurs champions. Mais quand je passe la porte, sa voix résonnant dans la salle m'indique que mon pote est bien présent aujourd'hui. Occupé à donner des directives sur le ring, il ne me voit pas arriver derrière lui.

— Salut, mec ! Content de voir que tu es toujours vivant !

Il se retourne et a l'air de voir un fantôme.

— Chase ! C'est plutôt moi qui devrais te dire ça. Je ne te vois plus aussi souvent au dojo et tu as déserté le Sanctuaire depuis des jours, que dis-je, des semaines, bientôt ! Anita te maudit. Si j'étais toi, je répondrais à ses appels.

— Oui, je compte bien aller la voir, mais avant je veux être sûr de ma décision.

— De quoi tu parles ?

— Figure-toi que je sors depuis quelque temps avec Chiara.

— Non ! Tu déconnes ? Elle a finalement fini par céder au charme insaisissable de Chase Davis ! Et vous vous fréquentez toujours ? Même après l'avoir baisée ?

— Évite de dire ce genre de choses quand tu parles d'elle !

— Alors là, je suis sur le cul !

— C'est sérieux. J'apprécie beaucoup Chiara et au lit, mon pauvre, si tu savais ! Je crois que j'ai trouvé la femme parfaite. Toutes mes soumises et amantes du club peuvent se rhabiller.

— À ce point ? Tu éveilles ma curiosité là !

— Pas touche ! Elle, c'est différent. J'ai envie d'essayer pour voir où tout cela peut nous mener. Elle arrive à me faire ressentir des trucs de dingue. Je ne pige pas toujours ce que ces drôles de sensations dans le bide veulent dire, mais je me surprends à aimer ça.

— Il va très certainement neiger demain !

— Ah ah, très drôle.

Je lui file un coup de poing amical sur l'épaule.

— Non sans rire, Chase. Je crois que tu tombes amoureux, mon pote !

— Elle me plaît, c'est certain. Je dois m'attacher à elle, c'est tout.

Mais de l'amour… C'est ça l'amour ?

Chapitre 41

CHIARA

QUAND LA CULPABILITÉ VOUS RONGE

Deux semaines que je fréquente Chase quasiment tous les jours, et je crois bien être complètement accro à lui. Déjà, au Sanctuaire, j'avais beaucoup de mal à ne pas penser à lui. Mais j'arrivais à faire la part des choses, me sachant en mission pour mon article et surtout en sachant pertinemment qu'aucune relation sérieuse n'était possible dans ce genre d'endroit. Mais aujourd'hui, je suis très surprise de l'implication que peut avoir Chase dans notre relation. Chaque jour, il montre davantage d'affection pour moi, de l'intérêt et je n'ai pas l'impression qu'il commence à se lasser. Pourvu que ça dure ! Mais ce qui me torture depuis quelques jours, c'est de savoir s'il continue de fréquenter le club alors que nous sommes en quelque sorte en couple. Est-il capable d'être exclusif avec moi ou bien est-il obligé de continuer à contenter ses soumises au Sanctuaire ? Toutes ces questions et la trahison que j'ai pu lui faire commencent à me ronger de l'intérieur. La culpabilité m'assaille et mon reflet dans le miroir me dégoûte. Je pense sérieusement à lui révéler la vérité. Et s'il tombait sur l'article ? Je préfère qu'il l'apprenne de ma bouche qu'autrement, sinon les conséquences risquent d'être désastreuses. Et je refuse de le perdre. J'ai cet homme dans la peau, et cela, depuis le premier soir où il m'a prise dans sa chambre des plaisirs. Je sais qu'il sera difficile de construire une relation simple avec lui, j'ignore même si ce sera possible, mais je veux tenter, je refuse de le lâcher. Derrière son image d'homme sûr de lui, de dominant, de dragueur, se cache une tendresse incroyable, un homme meurtri par son enfance, abandonné par ses parents. Un homme qui a dû, seul, se construire sans amour, sans soutien, et pourtant, il est capable de tellement de choses. Je le sais, je le sens, dans ses caresses, ses paroles réconfortantes. Je découvre, chaque jour, une nouvelle facette de lui. Il ne joue plus aucun rôle en ma compagnie, il est tout simplement lui-même, sans faux-semblants et qu'est-ce que j'adore sa personnalité ! Il est si attachant, plein d'humour, cultivé. C'est simple, je ne m'ennuie jamais un seul instant. Nos discussions sont si intenses, comme tout le reste d'ailleurs. Une véritable alchimie nous lie.

Assise à mon bureau, j'attends avec impatience la réponse de ma patronne, qui devrait enfin nous révéler le nom de la nouvelle rédactrice en chef. Le nouveau numéro de notre magazine sort demain et mon article avec. J'ai donné rendez-vous à Eva plus tard dans la journée, dans notre café habituel, pour lui parler de mon envie de révéler toute la vérité à Chase. J'ai besoin d'avoir son avis et surtout, je vais pouvoir lui dire si oui ou non, j'ai obtenu le poste de mes rêves ! Shirley frappe à la porte, passe sa tête dans l'embrasure et me demande de la rejoindre dans son bureau. C'est avec les mains moites et le cœur battant à vive allure que je m'avance en direction de mon avenir professionnel. Louise, ma concurrente dans cette course folle à la promotion, me précède dans le couloir. Nous entrons dans le bureau de

Shirley, toutes les deux aussi nerveuses l'une que l'autre.

— Je vous en prie, mesdames, asseyez-vous. Je ne vais pas vous faire languir davantage. Cela fait déjà plusieurs semaines que vous m'avez rendu votre travail, qui, je dois l'avouer, a été d'une qualité remarquable sur les sujets trouvés et les précisions apportées à vos articles. Comme quoi, quand un poste aussi important est dans la balance, on arrive à se surpasser.

Je suis au bord de la crise cardiaque, mais je tiens le coup.

— L'une d'entre vous s'est plus engagée, s'impliquant corps et âme dans son sujet, allant jusqu'à donner de sa personne. Une véritable enquête de terrain a été effectuée et le contenu est juste incroyablement croustillant ! Si avec ça, on ne vend pas davantage de numéros, je ne comprends plus rien. Nos lectrices vont adorer, j'en suis sûre. Bon, je vais arrêter ce suspense insoutenable pour vous.

Shirley reprend sa respiration, nous regarde dans les yeux chacune notre tour. L'attente est insupportable, mes mains tremblent, la sueur commence à perler le long de ma colonne vertébrale et ma respiration saccadée m'essouffle. Elle rompt enfin ce silence pesant :

— Chiara, félicitations, tu es notre nouvelle rédactrice en chef ! Depuis que l'article est sorti, les retombées sont très positives et c'est ce qui a fini par me convaincre de te choisir pour le poste.

Je libère tout l'air que j'avais emmagasiné dans mes poumons après être restée en apnée pendant ces interminables secondes. Shirley contourne son bureau et vient vers moi. Je me relève du fauteuil et accueille avec plaisir son accolade qui scelle définitivement notre nouvelle collaboration. Je peine à réaliser ce qu'il vient de se passer. D'ici quelques semaines, je vais changer de bureau et prendre la place de ma prédécesseure qui doit partir à la retraite prochainement. Mon rêve de toujours

307

se réalise enfin, mais une pointe de culpabilité vient malgré tout gâcher ce moment. Je me sens opportuniste, sale, semblable à une pute, qui, pour obtenir le précieux sésame, n'a eu aucun scrupule à coucher et à flirter avec plusieurs partenaires et à abuser de leurs faiblesses. Je prends soudainement une prise de conscience de plein fouet en pleine gueule, sabotant définitivement la joie et la fierté que j'éprouvais pour l'obtention de cette promotion. Je tente de cacher mon trouble derrière un sourire factice et forcé avant de m'éclipser dans mon bureau.

L'heure du déjeuner approche, je vais enfin pouvoir me libérer d'un poids en expliquant à ma meilleure amie ce que je compte faire pour réparer mes erreurs… avant qu'il ne soit trop tard.

Assise sur ma chaise à siroter mon thé, mon genou ne cesse de s'agiter sous la nervosité, pressée de discuter avec Eva qui se fait désirer. Quand je la vois enfin franchir la porte du café, je lui fais signe de se dépêcher de me rejoindre. Sourire aux lèvres, elle se précipite vers moi.

— Alors ?! Tu l'as ce poste ?

— Devine ?!

— Nonnnnnn !!! Je suis trop contente pour toi !!

— Mais je n'ai rien dit !

— À ta tête, j'ai tout de suite deviné !

— Tu as devant toi la nouvelle rédactrice en chef du magazine féminin le plus en vogue !

— Ahhh ! C'est génial ! Je suis trop contente pour toi, tu le mérites tellement ! s'écrie-t-elle avec beaucoup plus d'enthousiasme que moi.

— Ouais, ça, je ne sais pas.

— C'est quoi cette petite mine ? Bien sûr que tu le mérites, pourquoi en douter ?

— Si tu savais comme je culpabilise, Eva ! Depuis que je sors avec Chase, j'ai encore plus l'impression de le trahir. Imagine s'il l'apprend en lisant mon article !

Maintenant qu'on se fréquente, il pourrait davantage s'intéresser à ce que je fais.

— Un mec comme Chase, s'intéresser aux trucs de filles ? Tu crois vraiment qu'il va aller s'emmerder à lire ce genre d'articles ? Excuse-moi, Chiara, mais petite amie ou pas, ce n'est pas le style de mec à faire des efforts de ce genre, même pour tes beaux yeux.

— Merci, tu sais bien t'y prendre, toi, pour remonter le moral !

— Non et puis si tu lui dis tout, il va te trucider !

— Peut-être, mais je crois que je lui dois la vérité, et ça me permettra de parler avec lui de son rôle au sein du Sanctuaire. J'ai besoin de savoir s'il fréquente toujours cet endroit en étant avec moi.

— Mais tu crois quoi ? Il ne pourra pas se passer de tout cela en un claquement des doigts !

Merde alors…

— Finalement, j'aurais mieux fait de rester au bureau, car là, tu me files le bourdon. T'es censée être une amie qui me remonte le moral, pas l'inverse !

— Oui, mais moi au moins, je suis une amie franche et honnête !

— Vue sous cet angle. Je crois que je vais aller au Sanctuaire ce soir, pour tout lui révéler. Je ne peux plus continuer à lui mentir, ça me bouffe de ne pas savoir s'il continue de baiser ses soumises ! Si je veux imaginer un quelconque avenir avec lui, il faut qu'on mette les choses au clair maintenant, avant que les sentiments nous rattrapent et fassent des dégâts irréversibles.

— Tu as peut-être raison, mais si j'ai un conseil à te donner, profite à fond de cet instant avec lui, car il se pourrait bien que ce soit le dernier.

— Je sais.

***

Quand je franchis la porte du Sanctuaire, un frisson me parcourt le corps. Cette chaleur et cette moiteur qui vous enveloppent, telle une caresse sensuelle devant ces corps qui se meuvent avec un érotisme vertigineux. Tous ces visages anonymes qui osent assouvir leurs fantasmes avec des inconnus, l'ambiance chaleureuse et sensuelle des lieux. Tout cela va me manquer, mais d'un autre côté, je me sens étrangement loin de tout ça. Je suis prise entre deux feux, le désir de pouvoir croiser Eros pour lui révéler la vérité et l'espoir qu'il ne soit pas ici, ce qui prouverait qu'il a cessé ses activités pour moi. Comme à mon habitude, je suis assise au bar à déguster mon *Tentation* et à scruter la salle pour tenter d'apercevoir mon Dieu dominant. Mais c'est T. White qui s'avance vers moi, son masque blanc intégral sur le visage.

— Bonsoir, Satine, quelle belle surprise ! Je pensais ne plus jamais te revoir.

— Pourquoi ça ?

— Ce n'est pas dans tes habitudes de fuir le club aussi longtemps, donc au bout de plus de quinze jours sans te voir, j'en ai déduis que tu avais fait le tour. Ce qui est étrange, c'est qu'Eros aussi a fui le Sanctuaire au même moment que toi, étrange coïncidence, tu ne trouves pas ?

Putain. Il sait ?

— Eros ne vient plus au club ? Mais c'est le dieu de la domination, il ne va pas avoir de problèmes ?

— Je n'ai pas le droit de parler de cela avec toi, mais sa place est compromise.

— Pourquoi il ne vient plus ?

— J'ai une petite idée, mais c'est de l'ordre du privé, rien que tu ne dois savoir.

Au fond de moi, c'est la danse de la joie. Chase ne vient plus au club depuis que nous avons franchi le cap tous les deux. Il peut donc se passer du Sanctuaire. Mais je ne compte pas abandonner aussi facilement, je dois absolument lui révéler la vérité et le club est l'endroit idéal pour le faire.

— J'ai une faveur à te demander. Je dois obtenir un rendez-vous avec lui, c'est important, juste pour une dernière fois. Je compte effectivement quitter le club. J'ai rencontré quelqu'un et je ne souhaite plus jouer sur deux tableaux en même temps. Mais j'ai besoin de lui dire adieu.

T. White semble accuser le coup, mais grand seigneur, il se range et tente de m'aider :

— Ok, je vais lui parler de ta proposition, mais je ne te garantis rien. Demain, à la même heure, vient au bar. Si tu le vois, c'est que j'ai réussi à le convaincre de revenir.

— Merci. C'est avec lui que j'ai commencé cette expérience hors du commun et c'est avec lui que je veux la boucler.

Chapitre 42

CHASE

LA RÉVÉLATION

Je suis sur le point de partir du boulot quand mon téléphone se met à sonner. Je suis surpris de voir le nom de Terence s'afficher, ce n'est pas dans ses habitudes de m'appeler étant donné qu'on se voit quasiment tous les jours au dojo ou au club.

— Salut mon pote, il y a un décès pour que tu m'appelles à cette heure de la journée ?

— J'aurais préféré. Il faut que tu viennes me voir au dojo, c'est urgent.

Je marque un silence en arquant un sourcil.

— Tu me fais flipper, qu'est-ce qui se passe, Terence ?

— Viens, il vaut mieux en parler en face à face. J'ai besoin de te montrer quelque chose.

— Ok, j'arrive !

Je raccroche rapidement et récupère mes affaires à la hâte. Une boule d'angoisse vient se loger au creux de mon estomac. Putain, je suis sûr que ça avoir avec le Sanctuaire. Je n'ai toujours pas rappelé Anita. Chiara a réussi l'exploit de me détourner de mes engagements et de mes plaisirs, car elle a la faculté de me contenter pleinement à tous les niveaux. Si je dois être viré du Sanctuaire, c'est peut-être parce que c'est le moment de passer à autre chose et de tenter l'expérience d'une relation de couple. J'ai cette femme dans la peau, incapable de me passer d'elle ne serait-ce qu'une journée. Je monte dans ma Mustang et mets les gaz pour écouter plus rapidement ma sentence.

Quand je franchis la porte du dojo, j'ai un mauvais pressentiment. Je me dirige droit vers le bureau de Terence et toque à la porte frénétiquement.

— Entre !

Je pénètre dans la pièce, méfiant et curieux de ce qu'il a à me dire.

— Je te conseille de t'asseoir, et de garder ton calme, ok ?

Ça commence mal.

— Pourquoi ?

— Chase, assieds-toi !

Je fais ce qu'il m'ordonne et sens la tension monter d'un cran. Je l'ai rarement vu le visage aussi fermé, le corps tendu à l'extrême. Il déglutit péniblement, attrape un magazine posé sur son bureau et le balance devant moi.

— Regarde page quatorze, lis attentivement cet article jusqu'au bout.

Machinalement, sans même prêter attention au nom du magazine en question, j'ouvre à l'endroit indiqué et commence à lire un article de deux pages. Au fil de ma lecture, un tambourinement lancinant ne quitte plus mes tempes. La sueur s'écoule le long de mon front, mes mains se crispent sur les pages de ce foutu magazine et lentement, la colère, l'incompréhension bouillonnent dans mes veines. Mon cœur s'affole dans ma cage thoracique à m'en faire péter les côtes. Après avoir fini de parcourir ces quelques lignes, mon regard se pose sur Terence avec des questions plein la tête.

— Chase, as-tu lu jusqu'à la fin ? Regarde qui a écrit cet article.

Mes yeux scrutent la page à la recherche du nom en question, même si j'ai déjà compris. Une vive décharge électrique me transperce le corps quand j'aperçois Chiara Donatelli. Je sais que c'est réel, mais ça ne peut pas être vrai, c'est juste impossible.

— C'est quoi ces conneries ? crié-je à mon ami qui se décompose sous mes yeux.

— Au vu de ce qu'il y a dans cet article, je pense que Chiara est Satine, Chase.

Je me lève dans une colère noire, balance le magazine et commence à faire les cents pas dans son bureau devenu trop exigu.

— Quand tu m'as présenté Chiara, je savais que je l'avais déjà vue quelque part. Son corps, sa démarche, le grain de sa voix. Mais impossible de savoir où. J'ai remarqué son malaise quand je lui ai fait le baisemain, sa façon de toujours vouloir me fuir comme si elle avait peur que je la reconnaisse. Tous ces éléments m'ont poussé à creuser davantage, alors je me suis intéressée à ce qu'elle faisait, à ce qu'elle écrivait et quand je suis tombé sur cet article, j'ai su.

— Pourquoi tu n'as rien dit avant ?

— Depuis longtemps, j'avais un doute, je n'ai pas voulu t'en parler avant d'être sûr. Mais quand elle est venue au Sanctuaire me voir, hier soir, pour m'expliquer qu'elle souhaitait une dernière rencontre avec toi, alors que ça faisait autant de temps que toi que je ne l'avais pas vue au club, j'ai su que ça ne pouvait pas être une coïncidence.

Une douleur horrible me vrille la poitrine.

— Comment t'as fait pour tomber sur ce putain de magazine ?

— J'ai pris des clopes dans un kiosque ce matin. L'article était mis en avant sur la première page. Ça m'a intrigué alors je l'ai acheté.

Je reste sans voix, perturbé par l'immense sensation d'avoir été utilisé.

— Chase, elle s'est jouée de nous. Je ne sais pas comment elle a su qui nous étions et je suis d'ailleurs surpris qu'elle ne parle pas de nos réelles identités, mais elle savait et elle a continué à nous mener en bateau !

Je finis par m'asseoir, le visage dans mes mains. Des flashs me submergent. Je me suis fait tant de fois la réflexion sur le fait que Chiara ressemblait à Satine. Tout chez elle me rappelait ma soumise. Cette alchimie, ces sensations que seules elles deux réussissaient à me faire ressentir, car finalement, elles étaient la même et unique personne. Chiara a donc mis un faux tatouage sur sa hanche ? *Putain mais elle avait calculé les moindres détails pour me duper.* La sensation d'avoir été trahi, utilisé, trompé me bouffe les entrailles. Pour une fois que j'avais envie d'ouvrir mon cœur à une femme, que j'avais trouvé celle qui me chamboule à un point inimaginable, il a fallu que je tombe sur une opportuniste.

— Pourtant, tout était sous mes yeux, Terence. Je n'ai juste pas voulu le voir ou le comprendre. Je me suis dis que c'était impossible, que Satine m'obsédait tellement que je la voyais partout. Putain, mais quel con !

— J'ai appris qu'elle avait obtenu le poste de rédactrice en chef à son magazine. Je pense que cet article l'y a aidé.

La rage fait place à une tristesse inexpliquée. J'ai une boule au ventre. Terence avait raison. J'étais en train de tomber amoureux de cette femme.

— Tout ça pour une putain de promotion…

— Tu comptes faire quoi ?

Je suis complètement paumé. Dire que j'ai tout fait fait pour gagner sa confiance alors que de son côté, elle faisait semblant.

— Tu m'as dit qu'elle était passée hier soir au Sanctuaire pour me voir, dis-m'en plus.

— Elle m'a fait comprendre qu'elle avait rencontré quelqu'un et qu'elle ne voulait plus jouer sur les deux tableaux. Elle voulait dire adieu à Éros.

— Mais à quoi elle joue, putain ! Je ne comprends rien ! Pourquoi vouloir voir Eros, alors qu'elle profite de moi presque tous les jours en tant que Chase ?

— J'en sais rien… À toi de voir si tu veux le savoir.

Maintenant qu'elle a obtenu sa place en or, elle va tout simplement me larguer ! C'était son unique but, se servir de moi pour obtenir mes confidences les plus intimes. Elle a osé mettre dans son article mes confessions sur la cause de mes désirs SM. Voilà pourquoi elle a joué sur les deux tableaux. Elle savait qu'au Sanctuaire, on ne parlait pas de nos vies privées, alors elle a trouvé un autre moyen d'y parvenir.

— Je lui ai dit de revenir ce soir à la même heure, au bar, et que si je te voyais, je te dirais de l'y attendre. C'était avant de voir l'article.

Je ne sais même pas si j'aurais la force de la regarder dans les yeux. J'ai toujours espéré trouver une femme qui soit un mélange de Satine et de Chiara. J'avais obtenu ce que je voulais. Mais la chute est terrible.

— Tu comptes faire quoi au juste ? demande mon ami.

— J'en sais rien, mec…

Je me réfugie dans la salle face aux sacs de frappe et me déchaîne comme un forcené jusqu'à me niquer les jointures. Je ne ressens plus rien, ni douleur, ni compassion, ni tristesse. Seul le vide m'habite. Je savais que les sentiments n'étaient pas faits pour moi, que personne ne serait capable de m'aimer pour ce que je suis. Chiara a fait semblant pendant tout ce temps et moi, comme un pauvre naïf, je n'ai rien vu venir. Terence me rejoint, inquiet de me voir dans cet état.

— Elle ne vaut pas la peine que tu te détruises les mains et que tu ne puisses plus boxer durant des semaines. Passe à autre chose, Chase, et laisse tomber. Il est inutile que vous vous fassiez souffrir davantage.

Je ne l'écoute plus et continue de frapper mon sac jusqu'à me faire pisser le sang. J'ai besoin de sentir cette douleur lancinante dans mes phalanges pour ne pas plonger dans un état second. À chacun de mes coups, je réalise l'étendu de ces révélations, prends conscience de tout ce que je vais perdre avec cette fille incroyable. Je lui en veux tellement. Comment a-t-elle pu jouer cette comédie pendant si longtemps ? Elle avait l'air si sincère avec moi.

C'est affaibli, vidé, démoralisé et ensanglanté que je quitte le dojo. J'ai besoin de réfléchir à ce que je vais faire.

Chapitre 43

CHIARA

NOTRE PERTE

Mon cœur palpite au rythme de la musique entêtante du club. Mes mains sont moites et le balancement incessant de ma jambe montre à quel point la nervosité me gagne. J'attends depuis vingt bonnes minutes au bar, comme T.White me l'avait suggéré, qu'Eros daigne venir me voir. J'espère que mon majordome a pu le convaincre de venir.

Et puis subitement, je l'aperçois. C'est ce que je voulais, et pourtant, je ne peux m'empêcher de penser que malgré notre relation, Satine compte toujours.

Alors que je tente de réprimer cette boule au ventre, il s'approche de moi. Je sais que c'est lui, mais l'image d'Éros semble avoir volé en éclats. Malgré son masque, c'est Chase qui est en face de moi.

— Il paraît que tu voulais me dire adieu ?

À l'évocation du mot adieu, mon estomac se tord. J'ai peur de sa réaction quand il apprendra la vérité.

— Oui, je ne reviendrai plus au Sanctuaire.

Froid et imperturbable, il me propose de le suivre. Je m'exécute sans broncher et à mon grand étonnement, il m'emmène ailleurs que dans sa chambre. Nous nous retrouvons devant une pièce que T, White avait qualifié de « chambre des supplices » lors de ses visites guidées. Quand je passe le pas de la porte, mes yeux se figent sur ce décor surréaliste. Je me retrouve plongée dans l'univers du SM. Une imposante structure en forme de croix trône au milieu de la pièce. Juste à côté, une table où différents objets, tels que des fouets, des plumeaux, des pagaies, y sont déposés. La pièce est plongée dans une semi obscurité. Seuls des néons rouges donnent à cet endroit l'aspect d'un purgatoire. Même si je connais Eros par cœur, et que je lui fais entièrement confiance, une peur s'insinue sournoisement en moi. L'ambiance me déstabilise et l'attitude froide et distante de mon dominant ne m'aide pas à me sentir mieux. J'ai l'impression qu'il veut jouer son rôle à fond alors que je ne suis venue que pour lui parler. Comment peut-il encore vouloir de Satine ?

Je m'avance vers cette croix qui ressemble à un X géant, la détaille avec intérêt. Eros brise enfin le silence :

— C'est une croix de saint André. Elle a été conçue pour aider à se soumettre au désir et au plaisir du jeu de la domination et de la soumission. Ainsi, tu peux te donner entièrement dans une séance de bondage et de torture.

Ok, là, je ne suis pas du tout rassurée. Comme s'il sentait mon malaise, il s'approche de moi et me saisit les épaules pour que je lui fasse face.

— C'est un passage obligatoire si tu veux me dire adieu.

Je tente de percevoir ses iris pour y déceler une quelconque émotion, mais l'obscurité de la pièce et le masque qu'il porte m'empêchent de sonder ses pensées. Son ton froid ne m'apaise pas. Je sais qu'il prend à cœur son rôle de dominant, mais c'est la première fois que je le sens aussi distant.

— Je voudrais seulement parler avec toi, Éros.

320

— J'ai d'autres projets pour toi, Satine.

Il agrippe avec fermeté mes mains et me pousse contre la croix. Il soulève mes bras au-dessus de la tête pour pouvoir entraver mes poignets puis mes chevilles. Je me retrouve attachée à des menottes accrochées à chaque anneau intégré aux quatre coins de la croix. Jamais je ne me suis sentie aussi soumise qu'à cet instant. Exposée, complètement à sa merci, ma respiration se fait plus rapide. Il s'avance vers moi, et d'un geste brusque, il déchire la petite robe moulante que je portais. Je me retrouve en string et soutien-gorge.

— Attends…

— J'ai déjà trop attendu, Satine.

Pourquoi diable prononce-t-il mon nom de la sorte ?

Ses baisers légers telle une plume délicate sur mes lèvres accélèrent le battement erratique de mon cœur. Ce dernier se brise en constatant son infidélité, mais je découvre à quel point je tiens à lui. Car peut-être que ce moment est le dernier et que même s'il pense que je suis une autre femme, je suis prête à encaisser juste pour le sentir une ultime fois. Je le laisse donc faire, la peur au ventre que ce soit définitivement la fin. La confession que je m'apprête à lui révéler risque de me faire tout perdre. Après avoir mis tous mes sens en alerte, Eros sort mon collier de soumise qu'il m'attache avec précaution, puis me bande les yeux. Je me retrouve plongée dans le noir, dans l'attente de sentir ce qui va suivre. Cela me permet également d'ignorer le présentoir et la table remplis de jouets qu'il va certainement utiliser. Le claquement d'un fouet ou le bruit d'une pagaie me fait sursauter, tendant tous les muscles de mon corps. Je tire sur les liens qui commencent à me cisailler les poignets et me tord sur la croix. Eros commence par parcourir mon corps avec la pointe d'un instrument et entame un petit tapotement sur ma peau qui parvient à m'exciter. Sa bouche parcourt mes courbes en descendant vers mes cuisses. Les morsures qu'il m'inflige font vibrer tout mon être. Il combine à merveille une douce torture avec des caresses et des coups de langue qui effacent aussitôt la douleur causée par ses assauts. Soudain, il se détache de moi. Le vide et le froid me saisissent. Seul le bruit du claquement du fouet résonne dans la pièce. Mes sens sont en alerte. Quand les lanières percutent de plein fouet ma peau, un cri de douleur sort du plus profond de ma gorge. Surprise par cet acte que je n'ai pu anticiper, mon corps se met alors à trembler. Jamais Eros n'avait été aussi dur dans ses gestes.

— Voilà ce que c'est le véritable BDSM !

Sa voix est devenue glaciale et dure. La douleur continue à incendier la peau. Comment mon Chase peut-il être si cruel ?

— C'est ça que tu étais venue chercher, non ?

— Non, dis-je d'une voix brisée.

— Vraiment ? petite menteuse. Tu sais ce qu'on fait aux petites soumises qui osent mentir à leur maître ?

— Non.

— Non qui ?

— Maître, lâché-je d'une voix inaudible.

— On les punit très sévèrement.

Eros claque de nouveau le fouet tout près de mes cuisses avec une telle force que l'appel d'air à lui seul à été capable de me faire mal. Les larmes coulent le long de mes joues. Je n'éprouve aucun plaisir. Je ne reconnais plus la bienveillance et le ton rassurant d'Eros. J'ai l'impression d'être en présence d'un étranger. Je n'ose pas répondre à ses paroles qui me paralysent. Je sais qu'Eros est un dominant, mais il n'éprouve du plaisir qu'en le donnant en retour à ses partenaires. Il doit bien voir que je n'en prends aucun. Quelle est cette nouvelle personnalité, cette facette que je n'ai jamais eu l'occasion de voir ? Incapable de prononcer le moindre mot, ni de retenir mes larmes, je tente de résister en espérant voir de nouveau devant moi l'homme que j'ai tant désiré. C'en est trop pour moi :

— Stop…

— Quoi ? Tu veux déjà arrêter, alors qu'on vient à peine de commencer ? Tu me déçois tellement. Toi qui, pourtant, aime t'investir à fond dans ce que tu entreprends. Qui donne tant de sa personne pour obtenir ce qu'elle veut. Capable de mentir, de manipuler les gens sans aucun scrupule, hein ?!

Mais de quoi me parle-t-il ? Il me crache au visage ces horreurs avec tant de mépris. Je ne comprends plus rien.

— Comment t'as osé putain ?

— Oser quoi ? Je veux arrêter, détache-moi.

— Tu renonces déjà ? Ce n'est pas ce que tu cherches ? Pourtant, je t'apporte un sujet bien plus croustillant pour ton prochain article, Satine… ou devrais-je dire, Chiara !

À peine a-t-il eu le temps de terminer sa phrase, qu'il m'arrache le bandeau des yeux en emportant avec lui le masque qui me permet de garder mon anonymat. Je découvre devant moi, Chase, son visage révélé au grand jour, les yeux rougis par la colère. *Il sait.*

— Chase…

— Non ! Tais-toi ! Si tu savais à quel point tu me dégoûtes ! Je t'en veux tellement !

Je tremble de peur devant cet homme accablé par la haine et la colère. Il ne maîtrise plus rien et moi, je suis toujours attachée et à sa merci. Je parviens à retrouver la force mentale nécessaire pour me tenir sur mes deux jambes et tente de m'expliquer, entre deux sanglots, pour l'apaiser et le convaincre de me libérer.

— Je voulais te le dire ! Aujourd'hui même ! C'est pour cela que j'avais besoin de te voir une dernière fois… mais pas comme ça…

— Mais c'est trop tard ! Putain, Chiara, je me suis ouvert à toi ! Je n'ai jamais ressenti pour une femme ce que je perçois là, au fond de mes tripes ! Tu as tout chamboulé, remis en question mes principes, mes certitudes, ma vie, tout, putain ! Et toi, tu me poignardes dans le dos, tout ça pour un poste !

— Je suis désolée ! Je n'avais pas prévu de te rencontrer en dehors du club et de te reconnaître ! J'ai tout fait pour t'éviter, mais c'était sans compter ton envie dévorante de draguer tout ce qui bouge !

Chase se retrouve sur moi en moins de deux secondes, son visage à quelques millimètres du mien, me toisant d'un regard assassin. Je viens de faire la connerie de le mettre plus en colère qu'il ne l'était.

— Parce que ça va être ma faute en plus ? Tu aurais dû me le dire dès que tu m'as reconnu !

— J'ai eu peur des conséquences ! peur de ne plus pouvoir aller au Sanctuaire !

— Et peur de ne pas pouvoir finir ton article !

— Non ! Même si c'est ce que tu penses ! J'avais peur de ne plus te revoir, toi, l'homme qui a aussi chamboulé ma vie, l'homme qui s'est insinué en moi chaque jour un peu plus, l'homme dont je ne pouvais plus me passer, parce que je suis tombée amoureuse de toi, Chase !

Il reste figé devant moi, le regard vide, puis, après quelques secondes de ce silence pesant, il me détache les poignets et les chevilles, retire sa chemise et me la tend.

— Habille-toi et casse-toi d'ici.

Je me retiens sur la croix pour ne pas tomber. Mes poignets me tiraillent. Instinctivement, je les masse pour me soulager et contemple avec fureur les marques rouges boursouflées laissées sur ma peau.

Moi aussi, je suis en colère. Tout cela ne justifiait pas tant de violence de sa part. Il a perdu ma confiance, mon respect et tout ce qui faisait de lui l'homme que j'aimais.

— Toi aussi, tu m'as déçue ! Je ne te savais pas aussi impulsif. Tu m'as humiliée parce que ton putain d'égo en a pris un coup ! La punition est bien sévère pour un article ! Ça m'aura au moins permis d'ouvrir les yeux sur qui tu es vraiment, un véritable tyran !

J'enfile sa chemise, récupère mes affaires en lambeaux et quitte la pièce sans un dernier regard vers celui que je ne connais plus. Cette histoire nous aura conduit droit vers notre perte.

CHASE

Ça doit faire vingt bonnes minutes que je regarde Satine s'agiter sur son tabouret devant le bar. À l'abri des regards, caché dans une alcôve, j'espionne ma proie, réfléchis à la suite des événements, à ma punition pour celle que je pensais différente. Arrivé en toute discrétion dans le club, je voulais absolument éviter la mauvaise humeur d'Anita et les assauts de mes nombreuses soumises en attente depuis des semaines. Je prends le temps de la détailler, et je constate avec effroi que j'ai été aveuglé par cette déesse pendant tout ce temps. Maintenant que je connais la vérité, c'est une évidence. Comment ai-je pu ne pas la reconnaître alors que je pensais sans cesse à elle en présence de Chiara ? Je n'ai tout simplement pas voulu le voir ni le croire, préférant occulter cette éventualité. Je sais qu'inconsciemment, je connaissais la vérité depuis longtemps, mais je ne voulais tout simplement pas l'admettre. Je prends une grande inspiration avant de me lancer vers le bar. Tout près d'elle, j'admire sa nuque dégagée, sa peau satinée. Les effluves de son odeur parviennent jusqu'à moi, ceux capables de faire vriller toutes mes certitudes. *Je ne dois pas flancher, non pas maintenant !* Autant vite l'amener dans la chambre des supplices avant que je ne me dégonfle. Je la sens déroutée, mal à l'aise et je ne fais rien pour y remédier. Je me rends compte qu'en jouant

325

avec moi, elle aurait pu foutre en l'air ma carrière de journaliste en créant un scandale. Elle pourrait encore le faire. Elle me tient par les couilles, elle a de quoi me faire chanter et je déteste ça ! Le ferait-elle ? Je ne sais plus qui est cette femme.

Attachée, le corps tremblant, elle continue de lutter, alors que je suis dur dans mes gestes. Je suis comme un robot, une coquille vide, incapable de ressentir la moindre émotion, excepté celle de la colère. J'ai laissé tomber le masque depuis que je lui ai bandé les yeux. J'avais besoin de déverser tout mon désarroi en tant que Chase, car c'est moi qui suis anéanti par cette vérité. Eros n'est qu'un instrument pour assouvir mes désirs les plus pervers. J'essuie rageusement quelques larmes qui tentent de s'échapper de mes paupières. Mes dents s'entrechoquent sous la violence de mes émotions. Cette pièce est devenue la chambre du diable, la première étape vers ma descente aux enfers. Mais elle finit par céder en suppliant d'arrêter :

— Tu renonces déjà ? Ce n'est pas ce que tu cherches ? Pourtant, je t'apporte un sujet bien plus croustillant pour ton prochain article, Satine… ou devrais-je dire, Chiara !

Sans ménagement, je lui arrache son bandeau et lui fais face, avec toute la haine sur mon visage, les yeux rougis probablement. Je lui en veux de m'avoir poussé dans mes retranchements, poussé à commettre l'irréparable. Je ne la laisse pas s'exprimer quand je comprends qu'elle sait pourquoi j'agis de la sorte.

— Non ! Tais-toi ! Si tu savais à quel point tu me dégoûtes ! Je t'en veux tellement !

Elle essaie, sans succès, de se défendre comme elle peut, mais je ne crois plus un seul mot qui sort de sa bouche. Même quand elle m'avoue m'aimer. Je ne veux pas l'entendre, je ne peux pas l'entendre. Elle est en train de me déchirer les entrailles, laissant à la place un trou béant. Mon cœur vient d'être pulvérisé dès l'instant où elle a prononcé ces mots. Je la regarde une dernière fois, avec des yeux vidés de toute émotion. Je ne ressens plus rien, juste le néant qui prend doucement possession de mon âme. Je la détache et lui tends ma chemise. Je ne veux plus la voir, c'est beaucoup trop douloureux.

— Habille-toi et casse-toi d'ici.

Elle ose un pas en ma direction, mais quand elle s'exprime enfin avec douleur, elle réussit à me mettre le coup de grâce :

— Toi aussi, tu m'as déçue ! Je ne te savais pas aussi impulsif. Tu m'as humiliée parce que ton putain d'égo en a pris un coup ! La punition est bien sévère pour un article ! Ça m'aura au moins permis d'ouvrir les yeux sur qui tu es vraiment, un véritable tyran !

Oui, je suis un sale con que tout le monde rejette. À part ma queue et ma belle gueule, je n'ai aucun intérêt pour personne.

Je ne sais pas combien de temps s'est écoulé depuis que Chiara est partie de la chambre des supplices. Je suis resté prostré au fond de la pièce, assis contre le mur, le visage entre mes jambes, comme pour me protéger de tout ce qui m'entoure. Terence vient d'éclater la bulle dans laquelle je m'étais réfugié.

— Chase, ça va ? Parle-moi. J'ai aperçu Chiara paniquée, courir vers la sortie avec son masque à moitié arraché qu'elle essayait de maintenir sur son visage. Tu as fait quoi ?

— J'ai besoin de prendre l'air, il faut que je quitte cet endroit.

Je me relève avec difficulté, comme si je venais de me prendre une cuite. Je titube vers la sortie, Terence collé à mon cul.

— Je vais te ramener chez toi, tu n'es pas en état. J'espère que tu n'as pas fait de conneries que tu pourrais regretter.

— De toute façon, c'est trop tard, le mal est fait. Ne va pas perdre ton boulot ici par ma faute. Je vais rentrer seul, laisse-moi.

— Non, Chase !

Je ne l'écoute plus et file tout droit vers ma bagnole. Je lui claque la porte au nez et démarre en faisant rugir le moteur avec force, laissant ma Mustang crier toute sa rage à ma place. Je conduis comme un fou sur la route déserte que j'ai empruntée. J'ai besoin d'expulser cette frénésie, de dénouer ce nœud qui me tord les boyaux et que je ne supporte plus. Arrivé chez moi en un seul morceau, par, je ne sais quel miracle, je cours vers mon sac de frappe et me déchaîne dessus comme un forcené. Mais la douleur n'étant pas assez intense, j'enfonce mon poing droit dans le mur qui laisse un trou béant au milieu de mon salon. Ma main pisse le sang et je ne sens plus mes doigts. Je crois que je viens de me péter quelques phalanges, mais peu importe. À bout, épuisé, je m'avance vers mon bar, récupère une bouteille de vodka et bois directement au goulot plusieurs gorgées, comme si c'était de l'eau. La brûlure dans mon gosier me fait un bien fou. Chancelant, je me dirige vers ma chambre, laissant sur mon passage des gouttes de sang partout sur mon parquet. Je m'effondre sur mon lit, ferme les paupières et sens encore les effluves du parfum de Chiara dans les draps. Même chez moi, son souvenir me poursuit. Elle est partout autour de moi, mais pourtant si loin.

Chapitre 44

(Shawn Mendes & Hailee Steinfels – Stiches)

PLUS GOÛT À RIEN

CHIARA

Une semaine, déjà, s'est écoulée depuis cette soirée cauchemardesque. Rien ne s'est passé comme prévu. J'avais tout imaginé en lui révélant la vérité, mais rien de tel. Cette haine qui voilait son regard, jamais, je ne l'oublierai. Je l'ai blessé à un point que je ne pensais pas possible. Cette situation a blessé mon cœur, abîmé mon âme. Le manque de lui se fait ressentir, alors que je fais tout pour le détester, l'oublier, mais Chase Davis est pire que toutes ces saloperies de drogues réunies. Insidieuse, sournoise, létale, cette drogue-là va finir par avoir ma peau. Je ne dors plus, n'arrive même plus à penser correctement au boulot sans voir l'image de cet éphèbe devant les yeux. Shirley m'a fait confiance en me donnant ce poste, maintenant, c'est à moi de lui prouver qu'elle a fait le bon choix, mais je suis vide, sans motivation, sans envie et la déprime me guette. Je n'ai aucune nouvelle de lui, pas un coup de fil pour exprimer

329

des regrets, ni pour discuter de cet article, non, rien, le silence. Je me rends alors compte que je ne comptais pas tant que ça pour lui. C'est juste son égo qui en a pris un coup, car le dominant s'est fait dominer par sa soumise. Eva a tenté de me remonter le moral, sans succès. Je sais qu'elle se fait du souci pour moi, car je n'ai même plus d'appétit. Mon teint pâle et mes cernes bien marquées n'arrangent rien à l'impression que je donne. J'ai rendez-vous avec elle, comme d'habitude, dans notre petit café du coin. Je sais que c'est sa façon de me surveiller et de voir comment j'évolue au fil des jours. Je l'ai appelée le lendemain de cette nuit, en pleurs. Elle est au courant du déroulement de la soirée dans les moindres détails. Elle savait que j'allais me brûler les ailes, elle n'a pas cessé de me le répéter, mais l'idée d'aller jusqu'au bout pour mon article, m'a aveuglée sur tout le reste.

Quand je passe le pas de la porte du petit commerce, Eva m'attend au fond de la salle à notre place habituelle. Mon thé préféré aux odeurs épicées est déjà sur la table devant ma chaise vide, accompagné d'une assiette de viennoiseries de toutes sortes.

— Coucou ma belle ! Je me suis permise de te commander ta boisson préférée avec quelques douceurs. Et vu ta tête, je pense que quelques gourmandises sont les bienvenues pour te remonter le moral ! Tu as une mine affreuse !

— Merci, Eva, je ne sais pas ce que je ferai sans toi. Je dors très peu en ce moment et je cumule la fatigue, mais ça va aller.

Eva ne me croit pas, je le vois bien. Telle une mère protectrice, elle me prend la main.

— Et si on partait, rien que toutes les deux, le week-end prochain ? Tu as besoin de changer d'air, sinon à ce rythme-là, tu risques de perdre le job de tes rêves, et tout cela n'aura servi à rien !

— Tu as peut-être raison, j'ai besoin de voir autre chose.

— Et de vite rencontrer quelqu'un ! Rien de mieux pour oublier un mec que de le remplacer rapidement.

— Les hommes, c'est fini pour moi, pour le moment. Je me suis blessée, mais lui aussi n'a pas été tendre. Je suis incapable de faire de nouveau confiance. Et puis, je tenais à lui… C'est difficile de l'oublier, Eva.

Je ne peux retenir les larmes qui me submergent. Je ne supporte plus cette boule qui me noue l'estomac, cette sensation de vide qui m'oppresse. J'ai mal au cœur et je craque devant mon amie démunie.

— Oh, Chiara ! Tu tenais tant que ça à lui ? Tu devrais peut-être le contacter pour que vous puissiez vous expliquer. Il est journaliste lui aussi et il est le mieux placé pour comprendre ta démarche pour cet article. Il avait probablement besoin de temps pour digérer la situation.

— Il me déteste ! Si tu avais vu son regard empli de haine !

— Alors, sers-toi de ça pour l'oublier ! Jamais un homme ne t'a mis dans cet état, Chiara, et je m'inquiète pour toi ! Passez au-dessus de vos ressentis ou bien, oubliez-vous, mais bougez ! Tu ne vas pas tout gâcher maintenant, alors que ta vie professionnelle est à son apogée, tout ça pour un mec ! Tu es belle, intelligente, et tu trouveras un homme digne de toi, quelqu'un d'exclusif qui n'aura pas besoin d'aller voir ailleurs pour être épanoui sexuellement, un mec normal !

— Et si je n'avais pas envie d'un mec normal ?

— Alors bats-toi pour le récupérer et arrête de me faire chier ! Maintenant, tu manges et ensuite, on va se changer les idées en faisant du shopping ! s'exclame-t-elle sur un ton autoritaire qui se veut optimiste.

Elle a raison, si je suis incapable de me passer de lui, je devrais peut-être me battre pour nous. Il faut que je fasse le vide dans ma tête, prendre du recul pour savoir ce que je souhaite réellement. Après, je prendrai une décision.

CHASE

Assis dans le fauteuil qui fait face à Anita, je la regarde cracher son venin sans broncher. J'écoute ses paroles sans en comprendre le moindre mot. Figé, les yeux dans le vide, je ne sais même pas comment je suis parvenu à venir jusqu'ici. Un mort-vivant serait sûrement plus actif que moi, à cet instant.

— Tu es viré ! Tu prends tes affaires et tu dégages de là ! Je t'ai trouvé un remplaçant bien meilleur que toi, qui lui au moins, contente et initie toutes ses soumises. Entre ton comportement des dernières semaines et maintenant cet article qui nous attire tous les pervers de cette ville, je ne sais pas comment je fais pour ne pas te détruire sur le champ !

— Au point où j'en suis, achève-moi !

— Mais qu'est-ce qui t'arrive ? Je ne te reconnais même plus ! Où est le dominant sûr de lui, qui ne se laisse jamais marcher sur les pieds, l'homme arrogant capable de vous fermer la bouche d'un regard ?

— Je crois qu'il a disparu le jour où il a eu le cœur brisé.

— Toi ? Le cœur brisé ! Fais-moi rire ! Et qu'est-ce que tu t'es fait à la main, bon dieu ?!

Je regarde l'attelle que je porte au poignet et replonge dans les réminiscences de cette soirée où tout a basculé. Terence paniqué en débarquant chez moi, le sang partout sur mon lit, ma main gonflée et violacée anesthésiée par l'alcool qui devait couler à flot dans mes veines. Les cadavres de plusieurs bouteilles jonchant le sol, mes meubles retournés dans mon appart et ma visite à l'hôpital pour constater les dégâts. Je m'en sors plutôt pas mal avec quelques entorses aux doigts et fêlures du métatarse. Le souci, c'est que je suis droitier et que c'est justement cette main que j'ai bousillée comme un pauvre con, récupérant au passage un arrêt de travail de deux semaines et de la rééducation à prévoir pour espérer pouvoir de nouveau combattre sur un ring ou dans une cage. Ça fait presque une semaine que je tourne en rond chez moi, sans pouvoir parvenir à me vider l'esprit de cette femme qui accapare toutes mes pensées. Son absence me rend dingue, alors que je la maudis chaque jour pour ce qu'elle m'a fait.

Terence me rend visite régulièrement pour vérifier que je n'ai pas encore saccagé mon appart. Il s'inquiète beaucoup pour moi, en même temps, je n'ai jamais eu de ma vie ce comportement et encore moins pour une femme. Je rêve Chiara, je pense Chiara, j'arrive même à me branler en fantasmant sur son corps de déesse. *Je suis pitoyable, je sais et surtout, en manque sévère.*

— Chase ! Je te parle, bon sang ! Réagis, merde !

Je me lève d'un bond.

— Je vais te laisser, Anita, je crois qu'il vaut mieux. Désolé pour tout ça. Tout ce que je te demande, c'est de garder le secret sur mon identité. Je ne te causerai plus d'ennuis. Et merci pour tout.

Je n'attends même pas qu'elle me réponde, tel un robot, je quitte le Sanctuaire sans un regard en arrière. Je crois que j'ai besoin d'oublier cette partie de ma vie, de tourner la page et de passer à autre chose. Terence m'attend sur le parking pour me raccompagner chez moi. Une fois monté dans la voiture, Terence s'empresse de me questionner sur la situation.

— Alors ?!

— Elle m'a gentiment proposé de rester le Dieu dominant du club et oublie toutes mes nombreuses absences des derniers jours.

— Quoi !?

— À ton avis ? Je suis viré ! Tu croyais quoi, franchement ? Elle m'a vite remplacé, les affaires sont les affaires.

— Putain, merde ! Je suis désolé, mon pote. Sans toi, ça ne sera plus pareil. Je pense que je vais quitter le club, moi aussi.

— Ne fais rien de stupide à cause de moi.

— Ce n'est pas à cause de toi que je le fais. C'est juste le déclic qu'il me fallait pour prendre cette décision. J'ai besoin de me poser, j'te l'ai déjà dit. Ce n'est pas en trainant dans cet endroit que je trouverai la femme de ma vie.

— Je le croyais aussi.

Terence regarde la route en réfléchissant puis revient à moi :

— Tu l'as rappelée ?

— Jamais, tu déconnes ou quoi ! Elle nous a manipulés, tous les deux !

— Oui, mais tu l'aimes, et ça, ce n'est pas donné à tout le monde, Chase.

— Ce n'est pas de l'amour ! C'était juste de la fascination. Sa beauté, son tempérament, sa fougue, le sexe avec elle, tout était tellement bon, qu'elle m'a juste tourné la tête, mais ce n'est pas de l'amour.

— Dit celui qui ignore tout de ce sentiment. Crois-moi, c'est de l'amour, et tu devrais bouger ton cul avant qu'il ne soit trop tard. Il vaut mieux avoir des remords que des regrets, Chase. Médite là-dessus. Je sais que c'est moi qui t'ai mis la vérité sous le nez, mais là, tu sombres. Peut-être que ce n'était pas si grave.

Alors que je regarde le paysage défiler devant mes yeux, les paroles de Terence s'insinuent en moi, capables de me faire douter sur mes principes et mes décisions. Et s'il disait vrai ? Et si cette sensation douloureuse au creux de mon ventre et ces cisaillements dans mon cœur étaient la preuve de mon affection profonde pour elle ? Et s'il était déjà trop tard ? Je sais

334

que ma fierté et mon égo m'empêcheront de faire quoique ce soit. Inutile de passer du temps pour une bataille déjà perdue d'avance. Je vais me focaliser sur mon métier de journaliste, peut-être même reprendre la compétition et vite me remettre en selle pour me dégoter une jolie jeune femme capable de me faire oublier cette petite soumise au charme ravageur. Dit comme ça, ça parait si facile, mais la tâche risque pourtant d'être bien plus compliquée qu'elle n'y paraît.

Chapitre 45

CHIARA

LA CONFRONTATION

Je me prépare pour ce cocktail que j'attends impatiemment depuis plusieurs semaines. Grâce à ma nomination au poste de rédactrice en chef, j'ai l'honneur de participer à cet événement qui a lieu régulièrement entre les journalistes qui ont un statut bien précis dans leur journal respectif, et j'en fais désormais partie. Cette soirée va me permettre de me changer les idées. C'est la première que je fais depuis la rupture, car au bout d'un mois sans nouvelle de lui, je suis parvenue à relever la tête et à me décider de continuer à vivre. Même si les premières semaines ont été douloureuses, je suis déterminée à poursuivre mon ascension professionnelle et à voir de nouveau du monde. J'ai fini par me plonger avec acharnement dans mon travail pour m'éviter de penser. Shirley n'a pas cessé de me faire des éloges. Même si les premiers temps étaient laborieux avec ma déprime, j'ai su rebondir et m'investir deux fois plus en passant toutes mes journées et une bonne partie de mes soirées à travailler. Ce cocktail est ma récompense. Je vais pouvoir croiser du beau monde et me faire ma place dans ce milieu parfois sans pitié. Je sais de quoi je parle, j'en ai fait les frais. J'ai laissé mes longs cheveux bruns détachés. Mes quelques boucles me donnent un aspect chic et décontracté à la fois. J'enfile une robe noire assez près du corps qui m'arrive aux genoux et qui dévoile un décolleté pigeonnant. J'ai besoin de me trouver belle, de reprendre les rênes de ma vie pour avoir de nouveau confiance en moi. Je souligne mon regard émeraude avec un fin trait d'eyeliner et redessine mes lèvres pulpeuses avec un rouge flamboyant. Je m'admire dans la glace avec un petit pincement au cœur. Ma préparation m'a fait penser au rituel que je faisais chaque soir pour aller au Sanctuaire, et cela me manque. *Allez Chiara, ne pense plus à tout ça, c'est du passé maintenant.* Ce soir, tout ce petit monde va découvrir la nouvelle Chiara.

La salle où a lieu le cocktail est somptueuse. Comme à la soirée des récompenses, un buffet avec de nombreux canapés en tout genre trône au fond de la salle. J'aime ces cocktails dînatoires qui créent une ambiance conviviale, où l'on peut parler avec tout le monde, et pour ceux qui ne se connaissent pas, faire connaissance. Comme on mange debout, sans place assignée, on peut déambuler à sa guise. Différentes tables mange-debout sont disposées un peu partout pour faciliter la consommation des nombreux plats proposés. Une lumière tamisée, et les nombreuses bougies donnent une ambiance chaleureuse et romantique au lieu. Je suis surprise de voir autant de monde et m'empresse de rechercher Shirley pour ne pas me sentir seule. Dès qu'elle me repère, je la vois s'avancer vers moi avec un grand sourire.

— Bonsoir Chiara, tu es magnifique ! Je suis contente que tu sois là, je vais pouvoir te présenter à de grandes personnalités de ce métier. Ils ont hâte de rencontrer ma nouvelle rédactrice en chef.

— Merci Shirley, je t'avoue être très nerveuse.

— Allez, viens, suis-moi.

Elle m'attire à sa suite vers un groupe de personnes qu'elle me présente. Ils m'accueillent tous avec bienveillance et gentillesse. Je perçois les regards insistants de certains hommes sur mon anatomie, mais ne m'en formalise pas. Un léger sourire se dessine alors sur mes lèvres, flattée par tant d'attention, que ce soit sur le plan professionnel que physique. Malgré le charme indéniable de certains hommes avec qui j'échange, je ne ressens rien en leur présence. Pas de vibration ni de coup de chaleur, pas un seul papillon au creux de mon ventre, non, rien. J'ai l'impression d'être vide de l'intérieur, que mon corps se refuse à un autre homme. Mais soudain, un léger picotement dans mon dos me fait dresser les poils. Cette drôle de sensation que je connais trop bien, cette aura envoûtante qui m'englobe totalement et m'embrase. Je n'ose pas me retourner, de peur de découvrir ce que je redoute tant. Shirley s'avance vers moi pour me parler, puis je vois ses yeux dévier au-dessus de mon épaule, un large sourire dévoilant toutes ses dents.

— Ah le voilà ! Viens Chiara, je dois absolument te présenter quelqu'un.

À peine ai-je le temps de lui répondre, qu'elle me tire la main et me fait me retourner vers le seul capable de me faire vibrer rien qu'en sa présence dans une pièce. Ses yeux bleus translucides me pénètrent avec violence. Figée, je tremble presque face à sa prestance et à son charme ravageur. Il est toujours aussi beau, mais il semble avoir perdu du poids. Shirley coupe cet échange surréaliste et un peu gênant.

— Chase, je suis très heureuse de te voir ici. Je n'étais pas sûre de t'y trouver. Il paraît que tu as été en arrêt de travail pendant un certain temps, tu vas mieux, j'espère ?

Le regard de Chase tombe dans le mien durant une seconde, ravivant les cicatrices laissées sur mon cœur.

— Je m'en remets doucement.

— Qu'est-ce qui s'est passé ?

— Un entraînement qui a mal tourné. Parfois, je n'arrive pas à calmer mes nerfs et j'ai tendance à trop me défouler.

Quand il prononce ces paroles, son regard reste rivé sur moi. Je perçois toujours cette colère, malgré le temps qui a passé depuis, mais aussi une lueur d'envie. Je sais que je ne le laisse pas indifférent, je connais son attitude par cœur, et là, une lutte fait rage en lui.

— Laisse-moi te présenter ma nouvelle rédactrice en chef, Chiara Donatelli.

Chase me tend la main pour me saluer et jouer le jeu auprès de ma patronne. Quand nos doigts se touchent, un courant électrique parcourt mon corps, comme la première fois où nous nous sommes serrés la main.

— Nous nous connaissons déjà. J'ai eu la chance de croiser mademoiselle Donatelli à la remise des récompenses. Je vois que tu choisis bien tes associés. Chiara a la réputation d'être redoutable dans ses investigations.

Le rouge me monte aux joues. Je suis très mal à l'aise devant autant d'aplomb et de provocation. Shirley n'y voit que du feu et continue d'échanger avec lui comme si de rien n'était.

— Je ne regrette absolument pas mon choix ! Chiara est d'un professionnalisme incroyable, et effectivement, elle se donne à fond et avec acharnement dans tout ce qu'elle entreprend. As-tu lu son dernier article sur ce club privé ?

— Excuse-moi Shirley, je crois qu'on m'appelle là-bas, je suis attendu par mon patron. On pourra continuer cette conversation plus tard. Félicitations mademoiselle

Donatelli pour votre promotion, j'espère que ça en valait la peine. Bonne soirée.

Il s'éclipse au fond de la salle en faisant mine de rejoindre un groupe, mais je sais qu'il a voulu éviter le sujet brûlant, celui qui a tout détruit entre nous. Ses dernières paroles me blessent et sa présence ici vient de détruire toutes les tentatives que j'avais mises en place pour l'oublier. Il est arrivé, tel un raz de marée, balayant tout sur son passage. Mon cœur bat à un rythme effréné, mes jambes flageolent. J'ai besoin d'un verre, et vite. Je me dirige vers le bar, laissant Shirley en plan, et commande un mojito.

— Il fait toujours cet effet-là, à la gent féminine. Il faut dire que c'est un sacré spécimen.

Je me retourne, étonnée par les propos de ma cheffe et tente de justifier mon attitude, comme je peux.

— Ce n'est pas monsieur Davis qui me met dans cet état. Ce genre de type arrogant et imbu de sa personne n'est pas du tout mon style. Je crois que la chaleur étouffante de la salle et la faim m'ont donné un malaise.

— Et la solution, bien évidemment, est de te précipiter pour boire un verre d'alcool. Tu as de drôles de pratiques pour te sentir mieux. Tu ne vas pas apprendre à un vieux singe à faire la grimace. Et, je crois que lui aussi en pince pour toi. Il n'arrête pas de te dévorer des yeux depuis qu'il est parti à l'autre bout de la salle. Je te laisse, je dois encore serrer quelques mains.

Shirley est loin d'être dupe, on ne peut pas nier notre attraction réciproque quand nous nous retrouvons l'un en face de l'autre. Même les autres arrivent à le percevoir. Je continue la soirée devant le buffet à m'empiffrer de petits canapés et à boire plus que de raison. Un DJ commence à mettre une ambiance de folie et je ne peux résister longtemps à l'appel de la danse. Je me trémousse aux rythmes endiablés du son électro et ne vois pas tout de suite qu'un homme m'a rejoint. Ses mains commencent à être baladeuses et son corps un peu trop près du mien. Je tente de lui faire comprendre qu'il est beaucoup trop entreprenant, mais sans succès. La musique change sur un slow, et alors que je m'échappe de la piste pour me débarrasser de l'importun, sa main me saisit le poignet et m'attire contre son torse. Une odeur de parfum bon marché mélangée à celui de l'alcool me donnerait presque la nausée. Je tente de l'éloigner en poussant sur ses pectoraux, mais le type légèrement éméché en a décidé autrement. Il enfouit alors son visage dans mon cou, et là, c'est la panique. Je commence à me débattre, chancelante sur mes jambes, quand je sens le corps du type se décoller de moi avec violence. Chase l'a empoigné par le col avec une telle rage, que l'homme en pisserait presque dans son froc. Il lui glisse quelques mots à l'oreille et le repousse violemment vers la sortie. Figée au milieu de la piste de danse, je le regarde s'avancer vers moi avec cette attitude féline, cette aura envoûtante, ce magnétisme renversant. Il me saisit par la taille et se penche vers mon oreille. Son odeur masculine me provoque des palpitations. Son toucher sur mes hanches et la chaleur qui s'y diffuse me font perdre mes moyens. Mon corps reconnaît cette drogue dont il a eu du mal à se passer, et cette seule étreinte le refait plonger dans cette addiction pernicieuse. La chaleur de son souffle contre ma peau déclenche des picotements tout le long de mon échine.

— Tu vas bien ?

Est-il vraiment inquiet ou est-ce seulement le fruit de sa légendaire chevalerie ? Je n'arrive pas à lire en lui. Une tristesse voile ses beaux yeux translucides.

— Mieux maintenant. Et toi ?

— Je ne supportais plus de voir ce sale con te toucher. Si nous n'étions pas au milieu d'une foule, je l'aurais très certainement étripé.

Tient-il toujours à moi ? La haine que j'ai lue en lui dans la salle des supplices me hante toujours.

— Depuis ce fameux soir, je suis un peu… sensible.

— Je suis désolé pour tout ça, je pense être la cause de ta peur. Je ne voulais pas que ça aille si loin. Je voulais que tu le saches.

Malgré moi, une larme perle au coin de mon œil. Vulnérable, je tourne la tête sur le côté, le menton tremblant, la gorge obstruée par une boule qui ne demande qu'à éclater. Chase m'enveloppe de ses bras avec un grand soupir. Sa présence m'avait tant manquée. Je savoure chaque seconde de ce moment, occultant tout ce qui s'est passé entre nous. J'ai besoin de prendre tout ce qu'il me donne à cet instant, comme pour combler le manque qu'il a laissé derrière lui. Mes mains s'enroulent autour de sa taille et ma tête se pose sur son torse musclé. Je le sens se tendre sous mon geste spontané, mais il finit par se laisser aller lui aussi, en me serrant davantage contre lui et en humant le parfum de mes cheveux. Je me moque de ce que peuvent penser les gens autour de nous, nous sommes dans notre bulle où la paix et l'euphorie calment enfin mes souffrances d'hier. Mais soudain, j'entends sa respiration s'accélérer, sa prise se crisper et Chase change d'attitude en une fraction de seconde. Il décide de couper cette intimité salvatrice pour moi. Son visage est dur, ses yeux expriment tant de choses que je n'arrive pas à interpréter. Il se détache de moi à contre cœur, je le sais, et fait s'effondrer en une fraction de seconde toutes mes espérances :

— Tu me manques, Chiara, tu ne peux pas t'imaginer à quel point, mais je ne peux pas.

Il se retourne et quitte la soirée sans un regard en arrière. Mon cœur se serre, l'angoisse revient au galop. Je lutte pour ne pas laisser mes larmes s'échapper. Le vide que je redoute tant est de nouveau là, oppressant, froid. Toutes mes tentatives, depuis des semaines, pour l'oublier, viennent de s'envoler en éclats le temps d'une danse. Je ne parviendrai jamais à l'oublier, personne ne sera en mesure de le remplacer. Cet homme, je l'ai dans la peau et sans lui, je suffoque, je peine à respirer. Il est mon oxygène, mon tout, et je viens de comprendre que j'ai perdu la seule personne que je n'ai jamais aimée.

Chapitre 46

(Josman – Intro)

CHASE

UNE DOUCE TORTURE

— *Tu me manques, Chiara, tu ne peux pas t'imaginer à quel point, mais je ne peux pas.*

Cette phrase me hantera probablement toute ma vie. Il a suffi d'une seconde pour que tout ce que j'ai entrepris ces dernières semaines s'effondre comme un château de cartes. Il a suffi qu'elle soit là, belle à mourir, si vulnérable pour que je sois à deux doigts de craquer. Il a suffi d'un regard pour que j'oublie la douleur liée à sa trahison, le temps que j'ai mis à poser un pansement sur mon âme, les nombreuses séances de kiné et cet état général de léthargie. La voir se faire toucher par un autre parvient toujours à me rendre fou et la sentir sur le point de pleurer m'a momentanément fait tout oublier. Pourtant, quand je l'ai serrée contre moi, tout m'est revenu en pleine face et c'était trop dur.

Je préfère quitter la soirée sans me retourner pour ne pas prendre le risque de craquer face à cette femme dont, je sais, je n'arriverai jamais à me passer. Je m'engouffre dans l'habitacle de ma Mustang et démarre en trombe, faisant crisser les pneus sur le parking. Je me rends compte que je n'ai salué personne, partant comme un voleur de ce cocktail où j'étais un invité d'honneur. Mon pied appuie sur l'accélérateur, ma façon à moi d'exulter toute cette rage et cette frustration de ne plus être dans ses bras. Pourquoi s'infliger cela, alors que je la désire comme ce n'est pas permis ? Pourquoi mon égo et ma fierté me dictent ma conduite et m'empêchent de vivre l'histoire d'amour que je n'ai jamais eu l'occasion d'avoir dans ma vie jusqu'à maintenant ? Comme un camé, je sens déjà les effets néfastes sur mon corps quand elle se trouve si loin de moi. Mes mains tremblent sur le volant et quelques larmes forcent la barrière de mes cils, mon cœur bat à un rythme beaucoup trop rapide. Je suffoque, commence à manquer d'air. J'ouvre les fenêtres en grand et tente de reprendre mon souffle. Une crise de panique me submerge, me tétanisant sur le volant. Ma voiture fonce toujours à vive allure sur la route déserte. Je devrais ralentir, mais ma volonté m'empêche de le faire, comme si finalement plus rien n'avait la moindre importance si Chiara ne fait plus partie de l'équation. Je ferme alors les yeux un instant, me laissant aller à mon destin. Derrière mes paupières, l'image de Chiara apparaît avec son sourire renversant et ses deux émeraudes qui expriment tout leur amour pour moi. *Mon rayon de soleil qui a illuminé ma vie, m'a fait découvrir des sentiments jusqu'alors enfouis au plus profond de mon âme.* Maintenant que j'y ai goûté, je ne peux plus m'en passer. En une fraction de seconde, je comprends que je dois me battre pour cette femme et rouvre les yeux rapidement avant que je finisse ma course sur un platane. Heureusement que la route est une ligne droite. Ma voiture commençait à dévier de sa trajectoire. Quelques secondes de plus et je finissais dans le décor. Je ne comprends pas ce que cette femme arrive à me faire faire… Je pourrais faire don de ma vie pour elle. Je prends un cas de conscience en pleine face. Sans Chiara, c'est trop difficile. Je dois tout faire pour la récupérer. J'ai besoin de temps, je le sais, mais j'ai aussi terriblement besoin d'elle.

Désormais j'en ai la certitude… Je suis tombé amoureux de cette femme.

Chapitre 47

(Noah Cyrus & XXX Tentacion – Again)

CHIARA

L'HEURE DES EXPLICATIONS

Le lendemain

Je fais les cents pas depuis un bon quart d'heures devant le Dojo de Terence. Je me suis décidée à venir discuter avec Chase pour qu'on puisse enfin s'expliquer sur cet article et la raison de ma présence au Sanctuaire. Depuis le cocktail, j'ai réalisé que je ne pouvais pas continuer sans lui. Le manque se fait trop ressentir et le revoir à cette soirée n'a fait que rallumer la flamme de mes sentiments pour lui. Même si je lui en veux toujours pour ce qu'il m'a fait subir dans la chambre des supplices, je souhaite trouver le moyen de lui pardonner et de m'excuser également par la même occasion. Je sais qu'il a repris les entraînements, et ce sont les heures habituelles auxquelles il aime venir à la salle. Prenant mon courage à deux mains, je franchis avec fébrilité la porte du dojo. Comme d'habitude, il y a très peu de monde à cette heure matinale. Je m'avance discrètement en essayant de repérer mon beau dominant que j'aperçois au fond de la salle en train de faire des séries d'abdominaux. Mon cœur se met à battre la chamade à la vue de cet apollon, la sueur luisant sur ses muscles saillants. Je me délecte de ce spectacle des plus sexy, j'imagine caresser ses tablettes de chocolat et lécher la belle friandise qui se trouve juste en dessous. *Chiara, remets-toi et vite, je crois que tu baves !* Le but de ma présence est trop important pour que je me laisse déconcentrer. Au moment où je m'avance pour le saluer, Terence apparaît subitement devant moi et me coupe dans mon élan.

— Je ne rêve pas, c'est bien toi, ici ?

Il est forcément au courant maintenant, donc il sait que je suis Satine. Je me sens plus que gênée étant donné que lui et moi avons eu une petite histoire avant que ça ne devienne sérieux avec Chase.

— Bonjour, Terence. Oui, j'ai besoin de parler à Chase, prononcé-je avec le peu de dignité qu'il me reste.

Je réalise à cet instant à quel point ça a dû chambouler Chase de savoir que son meilleur pote a eu une relation avec moi.

— Je crois que c'est nécessaire, effectivement. Il n'est plus que l'ombre de lui-même depuis plus d'un mois et je m'inquiète pour lui. Je ne pensais pas qu'en apprenant le pot aux roses, il se serait autant fermé. Je réalise à quel point il tenait à toi. Je dois avouer que moi aussi je t'en ai voulu. Nous avons eu des moments très intimes tous les deux et vis-à-vis de Chase, ça me met mal à l'aise de savoir que j'ai flirté avec la seule copine qu'il n'a jamais eu.

— Je suis désolée pour tout ça ! Je ne pensais pas que ça irait si loin et je ne savais pas qui tu étais jusqu'à ce fameux baisemain. C'était déjà trop tard.

Terrence tourne la tête sur le côté, m'imposant les reliefs de son visage et me privant de son regard. Puis soudain, il revient à moi et me foudroie des yeux.

— Tu nous as manipulé, Chiara, et sache que ça va être difficile pour moi de te le pardonner. Tu as failli tout foutre en l'air entre lui et moi, alors qu'on est amis depuis des années. Je dois t'avouer que Satine m'a tourné la tête et que je comprends pourquoi Chase était si accro à toi.

— Je suis tellement désolée... Je...

— Il ne s'agit plus de moi, Chiara, me coupe-t-il calmement. Vous avez besoin de vous expliquer, soit pour tourner la page définitivement et repartir le cœur léger, soit pour tenter de réparer les choses entre vous, mais pitié, bougez-vous ! Je ne supporte plus de le voir comme ça.

Chase ne le sait peut-être pas, mais il a un ami en or.

— Je te laisse avec lui, je pense qu'il sera en mesure de t'écouter aujourd'hui, je crois qu'il est prêt pour ça.

— Merci Terence. Tu es un véritable ami pour lui. Je sais que tu m'en veux, mais j'espère qu'un jour, tu pourras me pardonner.

Il me fait un signe de tête et repart en direction de son bureau. Chase ne m'a toujours pas vue et continue ses séries, imperturbable. Je me tiens tout près de lui, et attends que nos regards se croisent pour entamer la conversation. Après avoir fini ses exercices, il se relève enfin et se statufie devant moi quand il réalise enfin que je suis là. Mon cœur cogne si fort dans ma poitrine qu'une douleur sourde vient vriller mes tempes.

— Salut, parviens-je à dire.

— Salut.

J'avale péniblement ma salive et je peux voir à sa pomme d'Adam que lui aussi.

— Chase, je crois qu'il faut qu'on parle. On ne peut pas continuer comme ça, comme si rien ne s'était passé entre nous. Ça me bouffe chaque jour de ne pas avoir eu le temps de m'expliquer, et ça m'a brisé le cœur de voir avec quelle facilité tu as pu m'ignorer pendant tout ce temps, sans même me laisser la chance de te faire comprendre mes actes.

Tout est sorti spontanément, sans même réfléchir à mes paroles et à l'impact qu'elles pourraient avoir sur lui, mais je m'en fous. J'avais besoin de lui balancer tout ce que j'avais sur le cœur et *putain c'que ça fait du bien* !

— Parce que tu crois que j'm'en fous ? rétorque-t-il sur le même ton que moi. Tu as l'impression que je le vis bien et que je suis déjà passé à autre chose ? Tu crois quoi !? Je n'arrive même pas à me regarder dans une glace, tellement je m'en veux de ce que je t'ai fait dans la salle des supplices !

Chase est rempli de colère. Ses muscles se tendent, sa mâchoire se crispe et sa voix se fait plus grave et plus forte. Je vois une multitude d'émotions traverser son regard rougeoyant. Il lutte contre lui-même et ses sentiments qu'il peine à contenir. Car malgré la rage que je décèle en lui, j'y vois également beaucoup de tristesse et de regrets.

— Je comprends que tu m'en veuilles autant, mais je ne pensais pas que cette histoire nous mènerait aussi loin. Je n'avais pas prévu de te rencontrer à l'extérieur du Sanctuaire, ni d'apprécier ta compagnie en dehors et encore moins de ressentir autant de choses pour toi, Chase ! Pour moi, c'était impossible d'envisager quoique ce soit avec le Dieu du sexe d'un club libertin ! Je me suis enfoncée chaque jour un peu plus dans mes mensonges, préférant me donner à fond dans cet article pour ne plus éprouver tous ces sentiments incontrôlables pour toi. Pourquoi l'as-tu si mal pris ?!

Mes larmes sont sur le point de franchir la barrière de mes cils. J'essaie de garder un minimum de contrôle, mais Chase se rapproche davantage de moi, déclenchant des palpitations dans ma cage thoracique et me faisant perdre tous mes moyens.

— Putain, Chiara ! Tu ne comprends pas ! J'ai tout fait pour t'en vouloir, pour te haïr. J'avais toutes les raisons pour le faire, mais voilà, la réalité, c'est que tu es comme un remède à mon problème. Ton contact est semblable à une extase permanente, et je sais que je ne peux pas combattre cette alchimie qui existe entre nous depuis le départ.

Cette fois, je ne peux plus retenir mes larmes.

— Si tu savais comme j'ai peur de te laisser partir, Chiara. J'ai peur de perdre définitivement le contrôle de ma vie ! Personne d'autres que toi ne me connaît aussi bien… mes traumatismes, mes doutes, mes désirs, mes envies. Je n'ai fait que me cacher, toute ma vie, derrière des ombres pour me protéger de tout ce qui pouvait ressembler à des sentiments. Mais depuis que tu es entrée dans mon quotidien, c'est comme si tu avais allumé les lumières, comme si tu apportais toutes les couleurs à ma vie.

Il pose sa main sur mon visage et je crois, défaillir de soulagement. De son pouce, il sèche l'une de mes larmes et poursuit sa déclaration :

— Chiara, il n'y a personne de mieux que toi et je veux m'accrocher parce que je ne peux pas continuer sans toi ! Ton corps me manque, ton odeur, ta peau, ton sourire, ta fougue, tout me manque et j'en crève, putain ! Si tu savais comme ça me fout en l'air de ne plus t'avoir à mes côtés ! Je ne pensais jamais pouvoir dire ça un jour, mais je crois que je suis accro à toi et que je ne peux plus me passer de toi. C'est quand on rencontre la bonne personne qu'on comprend tout et je crois que tu es cette personne, et sûrement pas un simple plan cul !

Je suis tétanisée devant ces mots incroyables. Je réalise alors pourquoi il a eu tant de haine et de colère vis-à-vis de moi. Même s'il ne me l'a pas dit franchement, je sais qu'il éprouve des sentiments profonds pour moi et ça me réchauffe le cœur.

— Moi aussi, je ne peux plus me passer de toi, Chase. Et j'en souffre chaque jour de ne pas t'avoir à mes côtés.

Il me fixe de son regard embué. Il est bouleversant quand il se montre aussi vulnérable, tel un petit garçon qui attend qu'on le cajole. Je pose mes mains sur son torse et caresse ses pectoraux. Face à mon geste, Chase ne recule pas, ne bouge pas et ferme les yeux comme pour mieux apprécier cette caresse qui m'électrise. Je décide alors de m'approcher davantage. Je me colle contre lui et dépose ma tête sur son cœur qui bat à un rythme effréné. L'odeur de son parfum mélangée à celle de sa sueur est aphrodisiaque, sensuelle, sauvage et mon corps réagit instinctivement à cet effluve. Mon ventre se contracte et mon entrejambe palpite de désir. Comme s'il voulait résister à tout prix et lutter encore un peu, Chase ne bouge toujours pas. Les yeux toujours clos, sa respiration est de plus en plus chaotique. Mais la chaleur de ses bras finit par me serrer si fort que j'ai l'impression que nos corps pourraient fusionner. Son menton repose sur le sommet de mon crâne et ses baisers dans mes cheveux libèrent tout le mal-être que je ressentais jusqu'à présent. Chase prend alors la parole :

— On a besoin de temps, Chiara. Cette conversation était utile et nécessaire, mais je veux faire les choses bien, sans précipitation. J'ai besoin de comprendre, de me familiariser avec tous ces sentiments qui m'assaillent. Je ne veux plus foirer, tu comprends ? J'ai besoin de retrouver ta confiance, d'être sûr, car je ne supporterai pas de te perdre une seconde fois.

Je ne saisis pas ce qu'il me demande et commence à angoisser à l'idée qu'il ne me pardonne toujours pas.

— Qu'est-ce-que ça signifie ?

— Je ne veux pas qu'on soit dicté par le sexe. Pas cette fois. Je veux te séduire de nouveau, devenir le mec le plus romantique que tu n'as jamais connu et faire en sorte que tu ne doutes plus jamais de ce qu'il est possible d'envisager avec moi. Plus de mensonge, ni aucune manipulation, Chiara, plus jamais.

— Je te le promets. Et j'ai hâte de découvrir le romantique qui se cache en toi !

Chase me serre un peu plus contre lui et dépose un chaste baiser sur ma tempe avant de commencer à s'éloigner vers les vestiaires.

— Je crois qu'on a tous les deux besoin de digérer tout cela. Je te rappelle très vite, ok ?

Sans me laisser le temps de lui répondre, il se retourne et disparaît. Je suis frustrée de son attitude si affectueuse et si distante à la fois. Connaissant Chase, j'aurais pensé qu'il se jetterait sur moi pour me dévorer d'un baiser passionné, mais ce n'a pas été le cas. J'avais face à moi un homme transformé, plus sensible, fragile, plus vrai. Comme si son armure de parfait dominant venait de se briser pour laisser place à un homme perdu dans des sentiments qu'il n'a jamais ressentis de sa vie. Je sais que je dois lui laisser du temps pour se familiariser avec tout ça et pour qu'il ait de nouveau confiance en moi. J'admire cette nouvelle facette de sa personnalité qui ne fait qu'accroître l'amour que j'éprouve pour lui, car oui, j'en suis certaine, j'aime Chase à en crever et je vais tout faire pour le récupérer.

Chapitre 48

CHASE

PRENDRE SUR SOI

Une fois la porte du vestiaire passée, je relâche la pression en m'asseyant sur un banc. J'ai besoin de reprendre mes esprits après cette étreinte qui m'a littéralement galvanisée. J'ignore comment j'ai pu me contenir autant, alors que je n'avais qu'une seule envie, la plaquer contre le mur pour l'embrasser à en perdre haleine. Je me suis surpris moi-même à lui exprimer avec autant de facilité tout ce que j'avais sur le cœur et ce qu'elle me fait ressentir. J'ai apprécié qu'elle ait fait le premier pas pour enfin crever l'abcès. Nous en avions tous les deux besoin, même si l'endroit n'était pas forcément approprié. Heureusement que le dojo est quasiment vide à cette heure-ci, il est inutile que tout le monde assiste à nos déclarations. Mon cœur est regonflé d'espoir. Elle ne peut pas se passer de moi, moi non plus d'ailleurs. Je suis bien décidé à reconquérir cette femme qui a bouleversé mon existence. Même si cela va prendre du temps pour réparer nos erreurs passées, je crois qu'elle en vaut la chandelle. Je sais qu'aucune autre femme ne pourra me la faire oublier. Elle seule est capable de me faire frémir de désir, de déclencher en moi toutes ces sensations de dingue auxquelles je suis devenu complètement accro. J'ai besoin de la revoir et vite. Chaque moment passé avec elle est une bouffée d'oxygène et je sais que je ne tiendrai pas longtemps avant de l'appeler pour l'inviter à dîner. Après m'être remis de toutes ces émotions, je me glisse sous la douche, plus apaisé et serein que jamais. Cette conversation aura eu le mérite d'alléger ma peine et d'apaiser cette souffrance qui ne me quittait plus depuis la révélation.

$$***$$

Une semaine plus tard

Une semaine... j'ai tenu une semaine sans lui donner de nouvelles depuis nos explications au dojo. Je dois être patient, la rendre fébrile, me faire désirer pour que son attachement soit total. Lui montrer qu'il n'est pas si facile de me faire replonger dans ses bras. Je souhaite qu'elle me désire à un point de non-retour, que mon image peuple ses rêves la nuit et ses pensées le jour, qu'elle se caresse seule dans son lit en revivant nos étreintes endiablées. Pourtant j'ai fini par la contacter récemment.

Lors de mon appel téléphonique, ma voix s'est faite suave, caressante, chaude pour attiser les braises de ses ardeurs. Chiara était troublée, hésitante et heureuse aussi d'échanger avec moi. Elle n'a pas pu cacher son excitation de me revoir autour d'un repas dans l'un des meilleurs restaurants de la ville. Je sais que je vais devoir prendre sur moi pour ne pas me jeter sur elle comme un mort de faim. Cette envie irrépressible de goûter de nouveau à sa peau, me brûle les entrailles. Ce besoin vital de la posséder, de l'enlacer et de la serrer fort dans mes bras pour me shooter à son odeur diaboliquement envoûtante, se fait de plus en plus pressant. Je suis un camé, oui, un véritable drogué de cette journaliste, de la soumise la plus bandante et parfaite que je n'ai jamais initiée. Pour cette soirée, j'ai mis les petits plats dans les grands. J'ai sorti le costard super chic d'un grand couturier et j'ai laissé ma chemise suffisamment ouverte pour dévoiler mon torse qu'elle adore tant caresser. Cheveux plaqués en arrière, rasé de près, je finis de me préparer en appliquant la dernière touche pour la faire succomber : mon parfum préféré, le plus enivrant de tous. Enfin prêt, je monte dans ma Mustang et part à la reconquête de ma dulcinée. Arrivé devant le restaurant, je me sens un peu plus fébrile, moins sûr de moi, chose qui ne m'arrive jamais en temps normal, mais qui devient récurrente depuis qu'une magnifique brune est entrée dans ma vie. Je me présente à l'accueil et suis le serveur jusqu'à la table que j'ai réservée. Je suis un peu en avance, je voulais absolument arriver avant Chiara pour la recevoir comme il se doit. Comme si je sentais sa présence, je tourne la tête vers l'entrée et découvre une déesse vêtue d'une robe absolument sublime qui met en valeur ses formes renversantes. Sa prestance est si envoûtante que tous les hommes de la salle ne peuvent s'empêcher de la dévorer des yeux. Un sentiment de fierté m'assaille, car oui, cette femme splendide est avec moi et bientôt, elle m'appartiendra. Je lui fais signe pour qu'elle puisse me repérer plus facilement, ces chacals n'ont pas besoin de la reluquer davantage. Ses yeux pétillent quand elle me découvre enfin et son sourire malicieux me donne presque la trique. Ses cheveux souples caressent ses épaules dénudées et une fente vertigineuse dévoile sa sculpturale jambe à chacun de ses pas. Son décolleté presque outrageux risque de me faire perdre tous mes moyens. *C'est sûr, elle veut ma mort !* Je me lève dès qu'elle arrive à ma hauteur, fais le tour de la table et saisis sa taille d'une main pour la rapprocher de moi. Je me penche vers son visage pour y déposer un tendre baiser sur sa joue et murmure à son oreille tout en inhalant son parfum magnétique :

— Tu es sublime ce soir, Chiara et tu ne me laisses pas indifférent.

Elle tourne son visage face au mien, et me répond à quelques centimètres à peine de ma bouche :

— C'était le but, ne surtout pas te laisser indifférent.

Ma volonté vacille, ses yeux d'un vert hypnotique, tels ceux d'un félin prêt à se jeter sur sa proie, me fixent avec une telle intensité que je commence à me liquéfier sur place. Quand elle dépose sa main sur mon torse et caresse furtivement ma peau découverte, un frisson d'excitation se propage à une vitesse folle jusqu'à ma queue qui commence à se dresser avec ardeur. La soirée risque d'être longue sans pouvoir la toucher. Nous n'avons même pas encore entamé le repas, que je suis déjà à deux doigts de lui faire l'amour sur la table. Je me mets une gifle mentale pour reprendre mes esprits et lui recule la chaise pour l'inviter à prendre place. J'ai besoin de couper au plus vite cet échange sensuel et enivrant. Je m'assois en face d'elle et commande une bouteille de Champagne pour fêter nos retrouvailles. Le repas passe à une vitesse folle.

Nous échangeons sur ma rééducation et les raisons pour lesquelles je me suis bousillé la main et évitons de parler travail. Le sujet est encore trop sensible. Sans aucun filtre ni faux-semblants, je lui déballe tout. Mon mal-être depuis notre séparation, ma culpabilité, ma rancœur vis-à-vis d'elle, cette trahison qui me bouffe chaque jour, mais aussi le manque d'elle à tous les niveaux. Elle sait tout et je m'apaise à chacune de mes confidences. Ce poids qui ne cessait de comprimer mon cœur se fait de plus en plus léger, me libérant enfin de sa douleur. Elle a dû le sentir, et elle a fini par s'expliquer sur sa démarche d'entrer au Sanctuaire. La façon dont elle a pu être parrainée, l'opportunité qu'elle y a trouvé pour écrire l'article qui lui donnerait la chance d'être promue rédactrice en chef. Elle n'avait rien prévu et ne s'attendait surtout pas à tomber sur moi au gala et encore moins me reconnaître. Je me demande encore comment j'ai pu ne pas comprendre dès que nos regards se sont croisés. Maintenant que je sais, je me rends compte que pourtant, c'était une évidence, mais c'est comme si mon esprit refusait de voir la réalité. Elle a lutté pour ne pas céder face à Chase pour éviter ce bazar, mais c'était sans compter sur mon acharnement et mon charme irrésistible. Déjà attirée et transcendée par le savoir-faire d'Eros, elle a définitivement craqué en côtoyant ma véritable personnalité en tant que Chase. Du coup, mon égo se regonfle à bloc quand il entend toutes ces déclarations rassurantes. Nous aurions dû avoir cette discussion bien plus tôt, mais la haine et la colère m'ont empêché d'y voir plus clair. Néanmoins, je suis étonné qu'elle ne m'attaque pas concernant le fait d'avoir papillonné entre elle et Satine. Concrètement, je ne savais pas qu'il s'agissait de la même femme, donc techniquement, j'ai joué sur les deux tableaux.

— Tu vas toujours au Sanctuaire ? me demande ma belle, la voix moins assurée.

Tiens… On se rapproche du sujet à problèmes.

— Figure-toi que j'ai été viré !

— Non ! Sans blague ?

— Je n'y allais plus, alors c'est normal.

Chiara pose son verre de vin et son regard se voile d'une angoisse perceptible.

— Est-ce que… enfin… Est-ce que ça te manque ?

— Non, ça m'a libéré. Je ne pouvais plus continuer ce rôle qui ne me correspondait plus. Avant même notre séparation, je ne baisais plus qu'avec toi. Aucune autre de mes soumises ne me satisfaisait. Tu étais la seule, je ne voyais que toi et tu suffisais à me contenter largement.

— Mais… Quand tu me fréquentais en tant que Chiara, au début, tu continuais avec Satine sans savoir que c'était moi…

Merde… je vais devoir être prudent avec mes mots.

— Chiara, je ne t'aurais jamais trompée avec une autre. J'ai fait ça parce que sans le savoir, j'étais attiré par la même femme. J'étais même perdu. Je ne comprenais pas pourquoi je ressentais les mêmes choses pour vous deux. Mais c'est parce que c'était toi. Quand c'est devenu sérieux entre nous, j'ai tout cessé avec Satine, mais je ne couchais déjà plus avec personne d'autre depuis un moment.

Ses épaules s'affaissent face à mon explication.

— J'étais tellement mal que tu joues sur les deux tableaux. Je commençais à éprouver des sentiments pour toi, mais je pensais qu'il était impossible d'avoir une relation longue durée avec toi.

— C'était le cas… jusqu'à aujourd'hui.

— Vraiment ?

— Je veux essayer, car pour le moment, c'est difficile pour moi de continuer sans te voir ne serait-ce qu'une journée. Je ne te promets rien, Chiara, car c'est tout nouveau pour moi, mais si tu veux bien à nouveau de moi dans ta vie, je me ferais un plaisir de te montrer ce qu'Eros est capable de te faire à la nuit tombée et ce que Chase Davis te fera découvrir la journée.

— C'est terriblement tentant.

Elle mordille sa lèvre inférieure et y passe sa langue en disant ses dernières phrases, me laissant avec une gaule d'enfer sous la table. Mes yeux ne peuvent s'empêcher de plonger dans son décolleté des plus alléchants. Mais quand je sens son pied se nicher au creux de mon entrejambe pour caresser ma queue avec ses orteils délicats, je suis au bord de la rupture. Moi qui voulais la faire languir avant de céder à toutes les tentations qu'elle voudra satisfaire, je me retrouve vidé de mes forces. Il m'est impossible de la repousser et je la dévore des yeux pendant qu'elle continue de malaxer ma bosse proéminente qui étouffe dans mon pantalon devenu trop serré. Elle continue de me provoquer en plongeant son doigt dans sa glace à la vanille et en le léchant avec sensualité tout en y laissant quelques gouttes sur ses lèvres pulpeuses. Cette image des plus érotiques me rend dingue et mon self contrôle commence dangereusement à se faire la malle.

— Arrête ça, Chiara…

Si elle continue ainsi, je vais la baiser sur cette putain de table et la faire hurler mon nom. Sa main délicate caresse son cou pour descendre jusqu'à son décolleté.

— À quoi tu joues, Chiara ?

— À te rendre dingue.

— Mais je suis déjà fou de toi, tu ne peux pas savoir à quel point. Et là, si tu continues, je ne vais pas pouvoir me retenir très longtemps avant que je ne te saute dessus pour vénérer ce corps qui m'a tant manqué.

Chiara retire son pied de mon entrejambe puis se lève de sa chaise. Elle contourne la table pour se positionner à mes côtés. Elle se penche à mon oreille, dévoilant davantage sa poitrine opulente et me susurre à l'oreille les mots qui vont définitivement briser mes derniers remparts :

— J'ai une folle envie de toi et je ne peux plus attendre. Je vais aux toilettes, j'ai besoin de me rafraîchir. Je n'en ai pas pour longtemps, sinon, tu sais où me trouver.

Chapitre 49

(Stileto feat Kendyle Paige - Cravin)

CHIARA

UN DÉSIR ARDENT

Je me dirige vers les toilettes du restaurant, les joues rougies par le désir et l'entrejambe palpitant d'excitation. Je ne pensais pas me lâcher autant en l'aguichant toute la soirée et en allumant un brasier qui n'a fait que me consumer. Son regard charmeur, son odeur virile, sa voix suave m'ont bouleversée, renversée, exaltée si bien que je ne désire plus que le sentir en moi, imaginant ses mains caresser mon corps entier, sa bouche dévorer ma peau et sa langue cajoler les endroits les plus érogènes. Les mains moites et le cœur tambourinant à un rythme effréné, je m'asperge le visage pour me rafraîchir un peu et pour réfréner mes ardeurs qui ne cessent de me torturer. La douce Chiara a fait place à la femme débridée, allumeuse et nymphomane. Mon rôle de Satine a su libérer mes envies et mes fantasmes et surtout, m'a permis d'assumer cette facette de ma personnalité. Alors que je tente de me remettre de mes émotions face aux miroirs des sanitaires, la porte s'ouvre avec fracas, me faisant sursauter de peur. Mais quand le reflet de mon dominant apparaît derrière moi dans la glace, une frénésie s'empare de nous. Je me retourne pour lui faire face et scrute ses billes translucides avec intensité alors que lui me couve du regard avec avidité. Ses yeux me déshabillent avec sensualité. Et sans crier gare, il réduit l'espace qui nous sépare en un claquement de doigts, me saisit la main et m'entraine dans une cabine spacieuse, réservée aux handicapés. Il prend le temps de fermer la porte à clé derrière lui, puis, d'un geste rapide, me plaque contre le mur, soulève et maintient mes poignets au-dessus de ma tête en écrasant ma poitrine avec son torse puissant. Sans prononcer un seul mot, il frôle ma joue avec son nez puis dépose de délicats baisers dans mon cou jusqu'à ce que je sente ses dents s'enfoncer dans ma chair tendre. Un gémissement s'échappe alors de ma bouche. Son front collé au mien, Chase lutte pour ne pas me dévorer sur place. Sa respiration est chaotique, son regard brûlant. Ses lèvres sont à quelques millimètres des miennes. Sa langue me lèche alors la lèvre inférieure, vite remplacée par ses dents qui la mordillent. Ne tenant plus, ma bouche s'écrase contre la sienne dans un baiser passionné. Nos langues se cherchent, se redécouvrent, assoiffées de sensations et du goût de l'autre. Toujours emprisonnée entre ses doigts qui menottent mes poignets, je me laisse aller sous ses assauts endiablés. Ses mains glissent le long de mes bras et empoignent avec désir mes seins gonflés d'excitation. Il les malaxe, les palpe sans ménagement et descend ma robe avec urgence, dévoilant ma poitrine nue, mes tétons pointant d'envie. Sa bouche fond sur mes mamelons et prend un plaisir à les suçoter, les aspirer et les lécher avec appétit. Je ne peux empêcher mon corps de se tortiller sous ses émulations divines. Mes bras enfin libres de tout mouvement, je l'attrape par la nuque, fourrage dans ses cheveux pour l'inciter à continuer sa délicieuse torture. Son sexe bandant se presse contre mon pubis. Je ne peux m'empêcher de me frotter contre sa proéminence, déclenchant un râle guttural chez mon partenaire qui peine à se contrôler. Je suis quasiment nue dans les toilettes, recouverte d'un simple string en dentelles qui finit de rendre dingue Chase. Essoufflé, ses mains palpant à tour de rôle mes fesses et ma poitrine, il continue d'attiser cette fureur. Pressée de le sentir davantage, je lui arrache sa chemise pour engouffrer mon visage dans son cou, sentant les effluves de sa peau. Mes lèvres caressent sa clavicule jusqu'à ses pectoraux. Ma langue vient titiller ses tétons pendant que mes mains continuent leur exploration sur son ventre. Puis d'un geste sûr, j'empoigne sa queue gonflée de désir à travers son pantalon et commence à l'aduler avec vigueur. Chase tente en vain d'étouffer ses gémissements. Il me saisit par le cou et dévore ma bouche, aspire mes lèvres et me soulève par les fesses pour que je puisse enrouler mes jambes autour de ses hanches. Le dos toujours collé au mur, mon dominant frotte avec ferveur son membre contre mon intimité ruisselante. Mes bras accrochés à son cou, il me lâche d'une main pour écarter le fin tissu de mon string et y pénètre deux doigts dans la chaleur et l'humidité de ma chatte brûlante. Tous mes sens sont en émoi et cette envie insatiable de lui devient insupportable. J'ai besoin qu'il me libère et comme s'il entendait mes suppliques, il entreprend de cajoler mon clitoris, alternant entre pénétrations, pincements et frottements, déclenchant rapidement un orgasme dévastateur. Je murmure son nom et exprime ma jouissance le plus discrètement possible. Tremblante, je parviens à lui exprimer l'urgence de mon désir dans une plainte à peine audible :

— J'ai envie de toi, Chase, maintenant ! J'ai besoin de te sentir en moi.

— Tes désirs sont des ordres, ma petite dominatrice.

Il me dépose au sol et s'acharne sur sa braguette pour sortir son membre gonflé, tendu à l'extrême, une goutte de sa semence dégoulinant sur son gland luisant. Devant cette vue des plus appétissantes, je ne peux m'empêcher de m'accroupir à sa hauteur et d'en lécher le contour. Le goût de son nectar me galvanise et me pousse à le sucer avec avidité sous ses râles entrainants. Chase me saisit la tête de ses mains et m'impose sa cadence profonde et rapide. Son gland au fond de ma gorge me provoque quelques hauts le cœur, mais le voir dans cet état d'extase m'excite tout autant que lui. J'entreprends de lui masser les bourses au même rythme que mes coups de langue, le plongeant au bord du précipice.

— Arrête ou je vais jouir dans ta magnifique bouche ! J'ai besoin de sentir ta petite chatte autour de ma queue, ça devient urgent ! chuchote-il d'une voix hachurée.

Je me relève et Chase me plaque face au mur. Il écarte mes jambes avec lenteur, m'incite à me pencher davantage et commence à presser son gland à l'entrée de ma fente. D'un coup de reins profond, il entre en moi, remplissant entièrement mon écrin. Je soupire de plaisir. Après seulement quelques va-et-vient, la jouissance me submerge, m'emporte dans un état second. Ces retrouvailles devenaient vitales pour nos corps en manque de ces délicieuses sensations. Chase se retire et me retourne face à lui. Il me soulève par les fesses et me dépose sur le meuble vasque pour me pénétrer à nouveau tout en me fixant de ses yeux emplis de désir. Le martèlement de ses coups de boutoir me transcende et ses baisers profonds expriment l'intensité de nos émotions à cet instant hors du temps. J'enroule mes mains autour de son cou pour fusionner davantage avec son corps et pour lui exprimer tout l'amour que je ressens en lui rendant ses baisers langoureux. Au même moment, quelqu'un pénètre dans les toilettes. Chase ralentit ses mouvements et pose sa main sur ma bouche, rendant la chose encore plus excitante. Il peine à retenir son souffle bruyant, mais il résiste jusqu'à ce que nous entendions la personne partir. Dans un dernier élan, son front contre le mien, Chase éjacule en moi par de puissants jets en poussant un gémissement rauque. Nos souffles se mélangent, nos cœurs battent à l'unisson, nos gestes sont tendres l'un envers l'autre. Tout est si différent, si intense, décuplé. *Je viens de prendre un véritable pied !* Je sais à cet instant que cet homme est fait pour moi, que je ferai tout pour le garder à mes côtés. Comme poussée par l'euphorie, je le fixe dans les yeux et exprime tout ce que j'ai sur le cœur.

— Chase, je t'aime.

Sans détacher son regard du mien, un léger rictus apparaît au coin de ses lèvres tentatrices. Il dépose un chaste baiser sur mon front et finit par briser le silence :

— Je crois que moi aussi, je t'aime.

Je ferme les paupières pour savourer ce moment, puis je les rouvre pour me noyer dans son océan apaisé.

— Je t'aime et c'est une première pour moi, Chiara. Il va falloir que tu m'apprennes à t'aimer comme il se doit, car je suis novice dans ce domaine.

Je souris face à son manque d'expérience dans ce domaine alors que de son côté, il m'en a tellement appris. C'est comme si la boucle était bouclée.

— À chacun son initiation alors !

— Tu n'as désormais plus grand-chose à apprendre, tu es parfaite… oui, parfaite pour moi. Ma petite soumise qui m'excite tout autant en dominatrice.

Nos rires explosent dans la cabine où nos rancœurs et nos blessures ont laissé place au désir et à l'amour. Le liquide chaud dégoulinant entre mes cuisses m'indique soudainement que nous n'avons pas pris de précautions, trop pressés de goûter aux joies du sexe l'un avec l'autre. Chase devine mon embarras et tente de me rassurer.

— C'est la première fois de ma vie que je fais ça sans préservatif, je te le jure. Et au Sanctuaire, nous étions obligés de faire des tests régulièrement. Tu n'as rien à craindre. Je suis plutôt heureux d'avoir fait sans avec toi, c'est tellement bon de te sentir réellement, sans barrière, juste l'humidité et la chaleur réconfortante de ton vagin. Tellement, que j'ai hâte de recommencer.

Il m'enveloppe de ses bras et me serre tout contre lui.

— Toi non plus, tu n'as rien à craindre. Je prends la pilule depuis des années et pour moi aussi, c'est une première sans protection.

— Alors, c'est sûrement un signe. Je sais que tu es la bonne, Chiara, celle faite pour moi.

Je respire un grand coup. Ces dernières semaines ont été si difficiles que le soulagement pourrait me faire sombrer dans un coma salvateur.

— Et maintenant, on fait quoi ?

Chase sourit face à mon côté femme/enfant, puis finit par me répondre :

— On apprend à vivre ensemble, à se découvrir chaque jour un peu plus. Laissons les choses se faire naturellement. J'ai envie qu'on se fasse confiance à nouveau, qu'on recommence sur de nouvelles bases sans précipitation. Je veux savourer l'instant présent entre tes cuisses, dans tes bras, autour d'un repas, en partageant nos hobbies.

— Le programme est très alléchant. Je pensais que j'allais galérer un peu plus avant de pouvoir te faire céder de nouveau.

— C'est ce que j'avais prévu, mais c'était sans compter sur ton charme ravageur, ta sensualité provocante et ton magnétisme envoûtant. À quoi bon lutter, quand tout est perdu d'avance.

— Vous avez les mots pour me faire craquer davantage, monsieur Davis.

— Et vous la pertinence nécessaire pour me faire succomber rapidement une seconde fois. Je crois que je ne me lasserai jamais de te baiser, de te vénérer et de te faire l'amour.

— Et si on rentrait pour mettre à exécution toutes ces fabuleuses idées ?

Chase m'embrasse comme si j'étais la chose la plus précieuse dans sa vie. Puis tout contre mes lèvres, il dit cette chose... Une chose qui marquera le premier jour du reste de nos vies :

— Je te suis... jusqu'au bout du monde, si tu veux.

Épilogue

CHIARA

Cinq mois plus tard

— C'est bon, tu es prête ? Tadam !

— Waouh ! Je n'ai pas les mots, cette maison est sublime, Chiara ! Je crois que je vais te rendre visite très régulièrement et profiter de cette magnifique terrasse que j'aperçois au loin !

Je fais visiter à Eva la nouvelle maison que Chase et moi avons achetée. Entre mon boulot qui me prend deux fois plus de temps et ma nouvelle vie de couple trépidante, je n'ai plus autant d'occasions de partager nos petits moments avec ma meilleure amie.

Chase et moi avons beaucoup évolué. Notre complicité est plus forte que jamais. Nos expériences mutuelles nous ont ouvert de nouvelles portes, à deux. Bien entendu, nous sommes exclusifs, mais pour pimenter notre vie et rester en adéquation avec qui nous sommes, nous avons rejoint un club. De temps en temps, nous y allons pour regarder les autres et faire l'amour devant eux. Cette forme de libertinage nous convient parfaitement et fait un clin d'œil à notre première rencontre. La symbiose parfaite qui nous unit nous a vite menés à l'achat de cette maison.

L'idée de ce chez nous est venue de Chase. Cet homme est capable de me surprendre toujours un peu plus chaque jour. Lui, qui était pourtant contre les relations longue durée, a vite fait de changer d'avis. Tous les deux, c'est une telle évidence que ça ne pouvait pas en être autrement. Toujours fourrés l'un chez l'autre, la décision a été facile à prendre et avec nos deux salaires réunis, nous avons pu nous dégoter une jolie petite maison avec jardin. Jamais je n'aurais pensé qu'en fréquentant un club libertin particulier, cela m'amènerait directement vers une vie de couple épanouie avec celui qui est devenu l'homme de ma vie.

Arrivée sur la terrasse du jardin, je propose à Eva de s'installer sur les transats pour discuter un peu.

— Alors, vous emménagez quand ?

— Dans deux semaines, si tout va bien. On apporte des cartons et quelques meubles dès qu'on a le temps, mais le plus gros est prévu plus tard.

— Je suis si heureuse pour toi ! Jamais je n'aurais cru que toute cette histoire allait t'amener ici.

— Et moi donc ! Comme quoi la vie nous réserve souvent des surprises.

— Tu m'étonnes, et quelle surprise ! Tu te rends compte ? Tu es avec le grand Éros, un canon de beauté dont toutes les filles rêvent.

— Eros, c'est de l'histoire ancienne ! maintenant, c'est mon Chase, et à part moi, il n'initie plus personne. Et depuis quand tu baves autant sur mon mec ?!

Je la taquine, mais je n'hésite jamais à montrer les crocs. *Il est à moi.*

— Depuis que tu m'as fait miroiter toutes ces choses incroyables que tu as vécues au sein du Sanctuaire en me racontant en détail tous les plaisirs que tu as ressentis avec ton beau dominant ! Tu étais censée me parrainer, figure-toi ! Moi aussi, j'aurais aimé découvrir toutes les possibilités qu'offre ce lieu insolite.

— Je suis désolée, il est vrai que rien ne s'est passé comme prévu. Mais Terence y travaille toujours, si tu veux, je pourrai lui demander de t'y faire entrer.

Terence et moi avons définitivement enterré ce qu'il y a eu entre nous. Chase n'en a jamais reparlé, mais tout comme moi, il n'hésite pas à montrer les crocs si notre ami tente un énième baisemain.

— Tu crois que ce serait possible ? Tu seras pardonnée si tu y parviens ! Et me faire initier par un mec tel que Terence, je ne dis pas non. Il est très séduisant, mais bizarrement, je n'ai pas l'impression qu'il soit très réceptif à mon charme.

— C'est compliqué. Il a du mal à se remettre de la révélation. Chase m'a expliqué qu'il tenait beaucoup à Satine et qu'il cherche sa copie. Tu sais bien que tu es très différente.

Mon amie ne se démonte pas pour autant :

— Oh, après tout, tu as bien réussi à changer Chase. J'y arriverai peut-être avec Terence, dit-elle en levant plusieurs fois les sourcils.

Sacrée Eva !

— Tu sais, il m'a changée lui aussi. Il a fait s'épanouir la Satine qui est en moi. Aujourd'hui, à notre façon, nous sommes toujours libertins, mais tout en respectant les limites.

— C'est pour cette raison que je souhaite expérimenter toutes ces choses avant que je ne me trouve un homme avec lequel je voudrais faire ma vie. Et je crois que le Sanctuaire est le lieu idéal pour commencer. Moi aussi, je veux un mec qui sera ouvert à un peu de piment.

Eva me fait un petit clin d'œil et nous éclatons de rire à l'unisson. C'est marrant de voir que cette fille complètement délurée, qui aime profiter du moment présent et des coups d'un soir, puisse enfin envisager une vie de couple. Finalement, elle n'est pas si différente de celui que j'aime. Elle a des envies, mais des réticences. J'aimerais lui prouver que tout est possible. Je crois qu'une petite discussion sérieuse avec Terence s'impose, car lui aussi a envie d'être en couple.

Nous continuons de faire le tour du propriétaire et finissons notre après-midi entre filles dans notre café habituel pour reprendre quelques forces. Je dois rejoindre Chase à l'appartement pour continuer à remplir les cartons. J'avoue que ça n'avance pas vite et qu'il a tendance à procrastiner tout ce qui touche à l'engagement. J'accepte cette facette de lui et je ne le remercierai jamais assez pour m'avoir appris le désir, le plaisir et la sensualité. Grâce à lui, je suis devenue une femme épanouie, rayonnante et heureuse. Maintenant, c'est au tour de ma meilleure amie d'apprendre qu'il est parfois utile de lâcher prise et de se laisser porter par la vie.

CHASE

Ça fait déjà plus d'une heure que Terence et moi-même remplissons les cartons de bibelots et d'affaires en tout genre. Le déménagement approche à grand pas et nous n'avons que trop rarement de créneaux de libre pour s'afférer à faire cette tâche dont je me serais bien passé. Chiara est partie depuis le début d'après-midi avec Eva pour lui faire visiter la maison et apporter dans le même temps quelques affaires. Depuis que nous avons obtenu les clés de cette demeure, nous faisons la navette entre nos apparts respectifs et la maison dans laquelle je vais enfin emménager avec ma belle. Je me surprends moi-même à vouloir si rapidement toutes ces choses avec elle, même si parfois, j'en ai peur. Le fait de vivre ensemble est une étape que je n'avais jamais envisagée avant de la rencontrer. Ce sentiment d'amour est capable de vous changer du tout au tout, enfin presque. Sexuellement, il a été difficile pour moi de tout bouleverser, mais avec les bons compromis, nous avons réussi à nous entendre et je crois que nous sommes tous les deux comblés par nos nouvelles pratiques. Cette femme me montre chaque jour tout l'amour qu'elle me porte et c'est tellement grisant de se sentir aimé à ce point par une personne C'est si fort que le besoin viscéral de lui en donner le double en retour se fait ressentir. Je serais prêt à tout pour elle, pour la rendre heureuse, même des plus dures concessions, pour ne jamais la perdre. Car sans elle, je sais que la vie n'aurait aucune saveur. C'est elle, mon rayon de soleil, ma raison de continuer dans mon quotidien, celle qui a su me faire ressentir les émotions les plus intenses de ma vie.

La morosité de Terence commence à sérieusement m'agacer. Pris entre deux feux, il ne sait toujours pas s'il doit quitter le Sanctuaire. Sans moi au club, il a perdu tous ses repères. Il tente de retrouver la ferveur et l'intensité de ma petite soumise dans d'autres relations, mais aucune ne semble lui faire oublier celle capable de rendre invisible toutes celles qui l'entourent. Je ne suis pas jaloux que Terence cherche une femme qui ressemblerait à Chiara. Je crois qu'il n'est pas encore prêt à quitter le club. Il a besoin d'explorer encore un peu avant d'avoir le déclic que j'ai eu. Mais son jour viendra, à lui aussi, j'en suis convaincu.

Le claquement de la porte me sort de mes réflexions et la beauté fatale de ma brune irradie la pièce dès son entrée. Toujours en admiration devant son charme ravageur, je ne me gêne pas pour la dévorer des yeux et contempler avec insistance les parties les plus sensuelles de son corps. Son sourire coquin me confirme qu'elle a, à cet instant, les mêmes pensées lubriques que moi. Sur ce sujet-là, nous sommes toujours sur la même longueur d'onde. Dommage que Terence soit dans les parages, car je l'aurais bien volontiers plaquée contre le mur pour la baiser avec force jusqu'à ce qu'elle crie mon nom.

— Salut les gars ! Alors, le boulot avance ?

— Dit celle qui se la coule douce toute la journée avec sa copine.

Je me relève et m'avance vers elle pour la prendre dans mes bras. Je chuchote alors à son oreille :

— Tu m'as manqué. Et te voir dans cette tenue me donne une envie folle de te faire l'amour.

— On aura toute la soirée pour assouvir tous tes désirs, si tu veux, mais là maintenant, ça ne va pas être possible. Profitons de l'aide précieuse de Terence pour avancer un peu.

Je l'embrasse tendrement avant de la laisser s'occuper de la vaisselle à emballer. Après plusieurs heures de travail acharné, nous décidons d'arrêter pour la journée. Je propose une bière à tout le monde et m'écroule sur le canapé avec ma femme dans les bras. Nous discutons de tout et de rien jusqu'à ce que Chiara aborde un sujet que je ne pensais pas entendre aussi tôt.

— Au fait, Terence, j'aurais un service à te demander.

L'air surpris, mon pote écoute avec intérêt ma belle.

— Tout ce que tu veux.

— Eva, que tu connais un peu, souhaiterait entrer au Sanctuaire. Je lui avais promis de la parrainer, mais avec tous les événements qui ont suivi, ça n'a jamais pu se faire. Je me demandais si tu pouvais la faire entrer en la parrainant et si tu pouvais l'aider à trouver la personne idéale pour l'initier. Vous n'aurez qu'à en discuter autour d'un verre, pourquoi pas !

Terence sourit et soupire en levant les yeux au ciel.

— Tu n'essaierais pas de me rencarder avec ta copine, par hasard ?

Oui. Totalement ! Je la connais par cœur et ensuite, elle va nier.

— Non, du tout, juste voir ensemble si tu peux l'aider, oui ou non.

Qu'est-ce que je disais !

— Ok, je vais voir avec elle. Mais je te préviens, je la fais rentrer, mais je ne l'initie pas !

— On peut savoir pourquoi ? Elle est plutôt très jolie et très sympa.

— Je ne peux pas nier qu'elle me plait beaucoup physiquement, mais c'est beaucoup trop facile avec elle. Ta copine semble superficielle et ce n'est pas ma came.

Je me permets alors de m'immiscer dans la conversation. Il ne va pas s'en tirer à si bon compte.

— Et depuis quand tu as besoin de connaître la personne pour la baiser et l'initier ? On ne te demande pas de te marier avec, juste de profiter d'une belle et sexy jeune femme qui ne demande qu'à apprendre tous les plaisirs de ce lieu de luxure.

Chiara renchérit sans lui laisser le temps de rétorquer.

— Oui, et puis tu juges sans même la connaître ! Eva est une fille formidable, sensible qui a souffert dans sa vie amoureuse. C'est pour cette raison qu'elle a besoin de profiter, c'est sa façon à elle d'oublier. Aide-la à lâcher prise, Terence. Et si ce n'est pas avec toi, trouve-lui celui capable de le faire, quelqu'un en qui tu as confiance, quelqu'un qui ne lui fera aucun mal.

— Je verrai ce que je peux faire. Mais pour le parrainage, compte sur moi. Après, tu sais très bien que ce sont les dieux qui décident de son sort.

— Je ne me fais aucun souci pour elle.

Le sourire en coin de Chiara, en disant ces paroles, confirme qu'Eva est loin d'être la fille délurée qu'elle montre. Je suis certain que derrière cette façade se trouve une femme redoutable, capable de briser la barrière que Terence s'est érigée. Je sens que les prochains mois seront palpitants ! Les aventures au Sanctuaire ne sont pas prêtes de s'arrêter. Ce lieu d'exception où les fantasmes et les envies les plus inavouables sont assouvis avec passion, où même l'amour est capable de s'inviter au milieu des ébats torrides et lâcher prise pour plonger dans cet univers de volupté. C'est la plus délicieuse des manières de se sentir vivant.

Fin

Remerciements

Je voulais d'abord vous remercier, vous, lecteurs, d'avoir pris le temps de découvrir l'histoire de Chiara et de Chase. J'espère que vous aurez apprécié l'univers du Sanctuaire dans lequel ils vous ont emmenés.

Un immense merci à mes alphas, Marie-Laure et Lilo qui m'ont accompagnée durant l'écriture et qui m'ont aidée à peaufiner cette romance qui leur a donné chaud !

À mes bêtas Maeva, Julie, Laetitia, Maureen, Pause Kfé, Sandra et Sophie qui ont cru à mon histoire et à qui j'ai brisé le cœur pour les plus romantiques d'entre elles ! Un petit clin d'œil particulier à Maeva qui a su me donner un coup de pouce à différents moments.

Je voulais également remercier ma maison d'édition, Studio 5 et à son éditrice Layla pour m'avoir donné la chance d'éditer cette histoire et pour m'avoir accompagnée durant toute la correction en voulant toujours l'améliorer malgré les doutes, les interrogations et les remises en question. Merci pour ta patience.

Et enfin, je voulais remercier ma famille qui m'encourage dans l'écriture et qui me suit assidûment. Je vous aime !